U0652709

多元文化互动视域下
社会主义核心价值体系
话语权研究

邱仁富 著

人民出版社

责任编辑:池　溢
装帧设计:胡欣欣
责任校对:黎　冉

图书在版编目(CIP)数据

多元文化互动视域下社会主义核心价值体系话语权研究/邱仁富 著. —北京:
　人民出版社,2019.10
ISBN 978－7－01－021006－3

Ⅰ.①多… 　Ⅱ.①邱… 　Ⅲ.①社会主义核心价值观-研究-中国
　Ⅳ.①D616

中国版本图书馆 CIP 数据核字(2019)第 133948 号

多元文化互动视域下社会主义核心价值体系话语权研究

DUOYUAN WENHUA HUDONG SHIYU XIA SHEHUIZHUYI HEXIN
JIAZHI TIXI HUAYUQUAN YANJIU

邱仁富　著

人民出版社 出版发行
(100706　北京市东城区隆福寺街 99 号)

北京盛通印刷股份有限公司印刷　新华书店经销

2019 年 10 月第 1 版　2019 年 10 月北京第 1 次印刷
开本:710 毫米×1000 毫米 1/16　印张:20
字数:221 千字

ISBN 978－7－01－021006－3　定价:62.00 元

邮购地址 100706　北京市东城区隆福寺街 99 号
人民东方图书销售中心　电话 (010)65250042　65289539

版权所有·侵权必究
凡购买本社图书,如有印制质量问题,我社负责调换。
服务电话:(010)65250042

序

　　仁富的新作《多元文化互动视域下社会主义核心价值体系话语权研究》就要出版了，他很客气地问我是否可以写个序，或长或短都行。我略有迟疑，但旋即答应了。

　　所迟疑者，是觉得自己的权威性不够。当然，我也写过不少序，但绝大多数是给自己的学生写。那些其实并不是真正的"序"，而更多的是论文指导工作的简单延伸，是对学生博士论文出版的一种鼓励。学生就好比刚学会开车的新手上路，在心理上很需要师傅坐在副驾驶上加以指点。博士论文的出版，是学术新手第一次上路，或更确切地说是第一次上高速，走远程。当导师的写一篇序放在前面，就好比是自己坐在副驾驶上，与学生一同出车了。所以，这样的序体现的主要是师生之情，而不是学术之评。因此，对这样的任务，我心里没有压力，基本上是有求必应，而且有一种教书育人的成就感。

　　但仁富可不是我的学生，我也不能轻忽地把他当学生看待。他是思想政治教育研究中有作为的青年学者，也是我一直关注的一批青年才俊中的一位。我原来已经看过他写的书，特别是关于思想政治教育话语权的著作，那是国内学界中最早的专著。既然他写书不是第一回，而且早就成了常态，那本来是不用我加以鼓励的，但他重感情、爱学习，有时虚心向我"请教"，现在又虚心请我作序，因而我虽有所迟疑，但还是答应了。如果年岁的增长和花白的头发使我有资格来鼓励年轻学人，那我也义不容辞，并将计就计地享受一把了。

当然，如果真要做学术评介类型的序，是有前提的：一是要有一定社会身份，特别是公认的学术身份；二是对本书的主题有学术上的造诣，并能够发表权威性意见；三是认真地通读过作者的书稿，而不只是翻阅或浏览而已。从这几个方面来说，我自觉不具备这样的前提，所以我仍然按以往写序的散文式风格，写一点随感。

在我看来，仁富的这本书主要有三个关键词，即文化、价值、话语。这三者都是近年来学界关注和研究的热点，是学术研究的前沿性问题。由此可见，仁富的学术关注点和兴奋点，都是比较靠近前沿的，有时还要领先一步。同时，这三者也都是热点中的难点问题，虽然持续发热，但它们都没有被烧透，其蕴含的学术能量还都远远没有发挥完毕。仁富以年轻人特有的豪情，同时就三个问题展开研究和攻关，其勇气可佳，其成绩可喜。该书从多元文化开始，然后转向核心价值，最后落脚话语权建构，有一种清晰的线索，体现了论题逐步深化的过程。跟着他的思路走，就比较容易把握其所展开的思想观点了。

另外，我还想就"话语"说几句。在这个问题上有三个概念：一是"话语体系"，二是"话语权"，三是"话语力"。关于第一个词我没有什么意见，但对于后面两个，我有点个人癖好。我更喜欢"话语力"，而不太喜欢"话语权"。我不否认有"话语权"这回事，

2

也不否认我们在国际上要争"话语权"，但我觉得我们是一个权力文化太盛的国家，大家容易把"权力"泛化和庸俗化，不论什么东西都爱从"权"上去认识和评判，这不是什么好事。因而在这样的情况下建议少用"话语权"，多用"话语力"。这样不仅清楚易解，而且还可以淡化一点"权力"意识。从这方面来看，仁富的这本书还有一个小小的优点是，对"话语权"的建构是从"话语力"的角度来阐述的。

刘建军

2019 年 1 月 24 日于中国人民大学

目　录

导　论

　　多元文化互动是人类文明进程的重要表征，人类实践不断前进为多元文化互动提供了基础和空间。人类的文明史本质上说包含着多元文化的交流史，蕴含着丰富的多元文化互动现象，体现了文化的相互性。

　　世界之丰富多彩与多元文化密切相关。多元文化互动包含文化之间的交流、对话、共生、冲突等形式，而"冲突论"尤为引起世界的广泛关注。当然，这得归功于美国学者塞缪尔·亨廷顿（Samuel P. Huntington），其"文明冲突论"使多元文化互动的冲突形式得以昭示世人，引起重视。亨廷顿无疑是这个时代研究冲突论的代表，他指出："在这个新的世界里，最普遍的、最重要的和危险的冲突不是社会阶级之间、富人和穷人之间，或其他以经济划分的集团之间的冲突，而是属于不同文化实体的人民之间的冲突。"① 他还引用瓦茨拉夫·哈维尔（Vaclav Havel）等人的言论："文化的冲突正在增长，

---

　　① ［美］塞缪尔·亨廷顿：《文明的冲突与世界秩序的重建》，周琪等译，新华出版社1998年版，第7页。

而且如今比以往历史上任何时候都更危险。"① 在文化史上，"文明冲突论"曾风靡一时，在多个国家引起轰动，据说亨廷顿的著作《文明的冲突与世界秩序的重建》被翻译成一百多种语言，其冲突论在国际社会上也得以广泛传播。

对冲突论本身进行争论，有支持的，也有反对的。当然，国内很多学者是持反对意见的，比较典型的代表人物是费孝通。他说："若干主要文化正处在大规模的接触、冲突、嫁接，一直到融合的过程中，我在考虑是否应当引进'场'这个概念来认识这个过程。我注意到现在西方的欧美国家出现了一种把文化和国家这个制度挂钩的倾向。把国家的领土概念引申到文化领域中来，把不同文化划出界限，以强调文化冲突论。我意识到这种看法是有很大危险的。"② 费老对亨氏的理论进行了批判，并就如何化解文明的冲突提出方略。费孝通认为，文化冲突要改变"边界"的概念，走向"边际"的概念，或许就能为多元文化互动避免冲突，导向融合。他说："如果把边界的概念改称'场'的概念，也许可以纠正这个倾向。'场'就是由中心向四周扩大，一层层逐渐淡化的波浪，层层之间只有差别而没有边界线，而且不同中心所扩散的文化场在同一空间相互重叠。也就是在人的感受上可以有不同的生活方式、不同的规范，可以自主地选择。把冲突变成嫁接、互补，导向融合。"③

---

① 转引自〔美〕塞缪尔·亨廷顿：《文明的冲突与世界秩序的重建》，周琪等译，新华出版社 1998 年版，第 7 页。

② 费孝通：《费孝通集》，中国社会科学出版社 2005 年版，第 440 页。

③ 费孝通：《费孝通集》，中国社会科学出版社 2005 年版，第 440—441 页。

遗憾的是，很多人都把焦点聚焦在文明冲突论上。事实上，这种聚焦更多的是关注到冲突本身，而没有看到冲突论背后的多元文化互动是更加需要从深层次去挖掘。文明冲突论再次彰显了多元文化互动在人类文明进程中的重要地位，也暗示出人类的未来社会发展如果不能很好地处理多元文化互动，其后果是不堪设想的。

中华民族文化绵延几千年，从文化学角度看，多元文化互动为"中华民族多元一体格局"的形成奠定了基础，"中华民族多元一体格局"也为多元文化互动创造条件。费孝通提出"中华民族多元一体格局"① 这一概念，表明中华多民族之间的"共休戚、共存亡、共荣辱、共命运"，凸显多民族之间的多元文化互动与共生发展，彰显了多元文化互动的凝聚力、向心力和话语力，对新时代铸牢中华民族共同体意识具有重要作用。

在全球化的今天，多元文化互动远超传统多民族文化互动的格局，远胜过去的"丝绸之路"所带来的多元文化互动。全球化，尤其是文化全球化，消解了各国的文化藩篱，使世界性的文化因现代信

---

① 费孝通认为，中华民族多元一体格局，"它的主流是由许许多多分散孤立存在的民族单位，经过接触、混杂、联结和融合，同时也有分裂和消亡，形成一个你来我去、我来你去，我中有你、你中有我，而又各具个性的多元统一体。这也许是世界各地民族形成的共同过程。中华民族这个多元一体格局的形成还有它的特色：在相当早的时期，距今三千年前，在黄河中游出现了一个由若干民族集团汇集和逐步融合的核心，被称为华夏，像滚雪球一般地越滚越大，把周围的异族吸收进入了这个核心。它在拥有黄河和长江中下游的东亚平原之后，被其他民族称为汉族。汉族继续不断吸收其他民族的成分而日益壮大，而且渗入其他民族的聚居区，构成起着凝聚和联系作用的网络，奠定了这个疆域内许多民族联合成的不可分割的统一体的基础，成为一个自在的民族实体，经过民族自觉而称为中华民族"。参见费孝通：《中华民族多元一体格局形成的特点》，《群言》1989 年第 3 期。

息技术而迅猛传播，打破了传统多元文化互动的格局，使各民族文化都已成为世界性流动的文化。正如马克思和恩格斯在《共产党宣言》中所说："资产阶级，由于开拓了世界市场，使一切国家的生产和消费都成为世界性的了。使反动派大为惋惜的是，资产阶级挖掉了工业脚下的民族基础。古老的民族工业被消灭了，并且每天都还在被消灭。它们被新的工业排挤掉了，新的工业的建立已经成为一切文明民族的生命攸关的问题；这些工业所加工的，已经不是本地的原料，而是来自极其遥远的地区的原料；它们的产品不仅供本国消费，而且同时供世界各地消费。旧的、靠本国产品来满足的需要，被新的、要靠极其遥远的国家和地带的产品来满足的需要所代替了。过去那种地方的和民族的自给自足和闭关自守状态，被各民族的各方面的互相往来和各方面的互相依赖所代替了。物质的生产是如此，精神的生产也是如此。各民族的精神产品成了公共的财产。民族的片面性和局限性日益成为不可能，于是由许多种民族的和地方的文学形成了一种世界的文学。"① 精神生产的世界性，即精神生产资源配置的世界性，使得多元文化互动从文化主体之间的简单交流与互动，逐渐转向多元文化的深度融合，也必然引发多元文化之间的更深层次的冲突和对抗。

文化全球化不以人的意志为转移向世界进行非领土扩张，在这个进程中强势文化的扩张引起了世界许多国家，特别是一些发展中国家的恐慌，他们堪忧西方国家的强势文化对其民族文化的解构。有学者担心文化全球化会导致文化单一化、单级化，甚至是美国化，并最终

① 《马克思恩格斯选集》第1卷，人民出版社1995年版，第276页。

导致文化同质化，弱势文化将被文化帝国主义所吞噬。正如文学理论家爱德华·沃第尔·萨义德（Edward Waefie Said）所言："一切文化都倾向于把外国文化表现为易于掌握或以某种方式加以控制。但是，并非一切文化都能表现外国文化并且事实上掌握或控制它们。"① 只有强势文化才有掌握或控制其他弱势文化的可能，而不是相反。强势文化在很大程度上的确给弱势文化带来很大的冲击，弱势文化的价值观念体系尤其容易被解构，甚至被摧垮，这也是为什么西方发达国家总是喜欢通过文化软实力来控制发展中国家，在无硝烟的战争中把对手摧毁。然而，文化全球化到底带来什么样的后果？是文化帝国主义、文化同质化？能否在不同文化之间找到更加理性的生存方式？不同文化之间如何寻求一种共存方式，即是说，如何寻求一种能促进不同文化之间共存共生、互惠互补、共同发展、共赢发展的生存方式？这些问题已成为人们普遍关注和不可回避的重大课题。

英国学者约翰·汤姆林森（John Tomlinson）感慨："全球化从根本上使我们赖以生存的地方（Places）与我们的文化实践、体验和认同感之间的关系发生了转型。"② 这个转型表征着多元文化互动在全球化趋势下，人们的实践、体验、认同感等发生了转型，这个转型既包括对原有文化认同的巩固和深化，又包含着对原有传统文化的异化和放弃，甚至被强势文化所吞噬，进而对他者民族文化的认同等。不

① ［美］爱德华·W.萨义德：《文化与帝国主义》，李锟译，生活·读书·新知三联书店 2003 年版，第 139 页。

② ［英］约翰·汤姆林森：《全球化与文化》，郭英剑译，南京大学出版社 2002 年版，第 156 页。

管如何，这种转型已成为影响社会发展的变量。因为，全球化，尤其是文化全球化使得单一的民族文化不再坚守自己的疆域，自觉不自觉地与外域文化进行交流，即"民族的片面性和局限性日益成为不可能，于是由许多种民族的和地方的文学形成了一种世界的文学"①。民族文化的世界性以及世界文化的民族性使得多元文化互动的深度和广度都是前所未有的。

于是，谁掌握了话语权，谁就在多元文化互动中占有主动权，在文化的较量中就能占据有利地位。任何一个民族，都企望在多元文化互动中掌握说话的权力，这对一个民族文化而言，关乎其未来，甚或影响一个国家的前途和命运。

然而，文化的核心在于价值观，把握价值观的话语权，在多元文化互动中对掌握话语权具有决定性意义。因此，多元文化互动中的话语权较量，本质上说是多元文化的核心价值观之间的话语权较量。

党的十九大报告把社会主义核心价值体系纳入新时代中国特色社会主义思想和基本方略之中，表明社会主义核心价值体系在当代中国构筑中国精神、中国价值、中国力量的特殊作用，在凝聚人心、为人民提供精神指引方面的特殊作用。

当前，在推进"四个全面"（即全面建成小康社会、全面深化改革、全面依法治国、全面从严治党）战略布局实施过程中，在建设社会主义现代化强国和实现中华民族伟大复兴的中国梦的历史征程中，如何建构社会主义核心价值体系的话语权，既关系到多元文化互

---

① 《马克思恩格斯文集》第 2 卷，人民出版社 2009 年版，第 35 页。

动中中华文化能否获得主动权、主导权和话语权的问题，也关系到中国发展的未来。贯彻"四个全面"，从文化角度看，必须牢牢掌控话语权。此外，如何从多元文化互动的角度来建构社会主义核心价值体系的话语权，对深化社会主义核心价值体系的理解和把握，都具有决定性的意义和价值。事实上，多元文化互动也为研究社会主义核心价值体系话语权的建构提供了丰厚的文化滋养和土壤。

第 一 章

多元文化互动的历史镜像

　　文化的多样性是世界文明多样性的基础，多元文化互动是世界文化多样性的重要存在方式。多元文化之间不是边界的概念，而是边际的概念，多元文化之间不是"邻国相望，鸡犬之声相闻，民至老死，不相往来"（《道德经·第八十章》），多元文化互动为世界多样性发展提供根本动力，为人类文明多样性发展提供根本力量。多元文化互动深层次地触及多元价值对话，以及话语建构价值的问题，直接影响到话语权问题。

一、多元文化互动的内涵

多元文化互动，从本质上说，在于不同文化之间沟通、交流、对话、碰撞、冲突的形式和类型。多元文化互动至少包括两个方面：一是多元文化的存在，这是主体；二是不同文化之间的互动，这是关键。因而，探讨多元文化互动，不仅要深入把握多元文化之间如何"美人之美"，还必须要深入研究不同文化之间是如何互动的。要解决这些问题必须从马克思的交往理论、社会互动理论出发去探索互动本身的魅力。

（一）互动的基本内涵

互动在汉语世界里是"互"和"动"的统一。所谓"互"，即"交互"。依据《古代汉语词典》解释：互：①交错。《汉书·谷永传》："百官盘互，亲疏相错。"②差错。《后汉书·乐恢传》："天地乖互，众物夭伤"① 等含义。所谓"动"：①活动，举动，与"静"相

---

① 《古代汉语词典》，商务印书馆 1998 年版，第 608 页。

对。《论语·雍也》："知者动，仁者静。"②行动。《国语·周语上》："夫兵戢而时动，动则威。"③震动，感动。《孟子·告子下》："所以动心忍性，曾益其所不能。"① 等含义。依据以上解释，可以看出互动在汉语世界里主要是指相互作用、相互影响、相互制约、交错行动、相互行动、交互行动、相互联动等含义。体现在人与人之间、人与事物之间、事物与事物之间的相互交流、相互交往、相互合作、相互冲突等形式。关于互动，马克思的交往理论、社会互动理论等一系列的理论有着深刻的阐释，对进一步把握互动的内涵具有重要价值。

（二）互动的理论类型

1. 交往是互动的重要表现形式

交往是互动的重要表现形式。互动在马克思的理论里主要体现在交往层面。马克思关注交往，主要体现在以下几个方面：一是物质生产和物质交往；二是社会（实践）交往；三是交往的性质评价。

其一，物质生产和物质交往是作为主体的人的劳动的根本体现。在马克思看来，人类的交往首先是作为主体的人的存在交往，作为个体的人，首先需要的是物质生产和物质交往来满足生存和发展的需要。马克思说："迄今为止的一切交往都只是在一定条件下个人的交往，而不是作为个人的个人的交往。这些条件可以归结为两点：积累起来的劳动，或者说私有制，以及现实的劳动。如果二者缺一，交往

---

① 《古代汉语词典》，商务印书馆 1998 年版，第 330 页。

就会停止。"① 马克思非常强调从劳动出发，人类的交往最根本的在于劳动交往，人只有不断从事物质生产才能满足生产的需要。因而，物质生产是最根本的，决定了其他精神层面的交往活动。"生产力与交往形式的关系就是交往形式与个人的行动或活动的关系。（这种活动的基本形式当然是物质活动，一切其他的活动，如精神活动、政治活动、宗教活动等取决于它。）"② 个体的物质活动决定了其他活动的基础，唯有建立在物质活动（包括物质生产和物质交往）的基础上，人的交往才有可能。"思想、观念、意识的生产最初是直接与人们的物质活动，与人们的物质交往，与现实生活的语言交织在一起的。人们的想象、思维、精神交往在这里还是人们物质行动的直接产物。"③ 这就凸显了人的物质生产和物质交往活动的基础性和决定性作用。

但是，物质生产和物质交往这两种活动还不能简单地混合在一起，事实上，物质生产活动和物质交往活动之间有着重大区分。在马克思看来，人类的物质生产开始是为了满足自己的生存和发展的需要，其最初的状态是个人的物质生产与他们的个性相适应，即"生存于一定关系中的一定的个人独力生产自己的物质生活以及与这种物质生活有关的东西，因而这些条件是个人的自主活动的条件，并且是由这种自主活动产生出来的。这样，在矛盾产生以前，人们进行生产

---

① 《马克思恩格斯选集》第 1 卷，人民出版社 1995 年版，第 127 页。
② 《马克思恩格斯选集》第 1 卷，人民出版社 1995 年版，第 123 页。
③ 《马克思恩格斯文集》第 1 卷，人民出版社 2009 年版，第 524 页。

的一定条件是同他们的现实的局限状态，同他们的片面存在相适应的"①，这种适应实质上就是一种自给自足的自然经济状态。在这种状态下可能不构成个人相互交往的条件。然而，随着生产力的发展，个体的劳动及其成果难以满足个人的需要，他们通过交往来实现自身的需要，即通过物质活动的交往，在满足别人需要的过程中实现自身的需要。这就必须要使自身的劳动纳入到整个社会劳动范畴之中。马克思指出："人是依赖于人的，这种依赖性随着社会的发展而增长，以致任何个人的任何劳动如果不构成大的社会劳动的一部分，这种劳动就未必……会有丝毫价值。"② 个体的劳动纳入社会劳动的范畴，构成社会劳动的一部分，从而生成具有社会意义的劳动成果和产品，这就为物质交往提供基础。

其二，社会（实践）交往是马克思交往理论的重要内容。马克思把交往放置在社会变革的历史洪流之中。在《德意志意识形态》中，马克思和恩格斯把社会交往作为社会变革的重要体现。他们认为："共产主义和所有过去的运动不同的地方在于：它推翻一切旧的生产关系和交往关系的基础，并且第一次自觉地把一切自发形成的前提看作是前人的创造，消除这些前提的自发性，使它们受联合起来的个人的支配。因此，建立共产主义实质上具有经济的性质，这就是为这种联合创造各种物质条件，把现存的条件变成联合的条件。共产主义所造成的存在状况，正是这样一种现实基础，它使一切不依赖于个

---

① 《马克思恩格斯选集》第 1 卷，人民出版社 1995 年版，第 123 页。

② 《马克思恩格斯全集》第 26 卷第 3 册，人民出版社 1974 年版，第 347 页。

人而存在的状况不可能发生，因为这种存在状况只不过是各个人之间迄今为止的交往的产物。这样，共产主义者实际上把迄今为止的生产和交往所产生的条件看作无机的条件。然而他们并不以为过去世世代代的意向和使命就是给他们提供资料，也不认为这些条件对于创造它们的个人来说是无机的。有个性的个人与偶然的个人之间的差别，不是概念上的差别，而是历史事实。"① 马克思和恩格斯从社会关系和交往基础的改变来论述未来社会发展，个人之间的交往被视作"无机的条件"，强调在共产主义社会里，个人之间是一种联合，是有机的联合。

其三，人类的交往可以分为平等交往和不平等交往。人的本质"在其现实性上，它是一切社会关系的总和"②。马克思把人的本质定义为社会关系的总和，也就奠定了马克思的交往理论的逻辑起点。人总是处于一定社会关系中的人，也就是处于一定交往关系中的人，在一定的交往关系中"人们创造自己的历史"。在这一过程中存在两种基本的交往形式，马克思称之为不平等和奴役、平等和互助两种。"两个人的模式既'适用'于不平等和奴役，也同样'适用'于平等和互助"③，从而揭示了人与人之间的交往，如果处于不平等状态，如同奴役；如果处于平等状态，那就等于互助。由此，马克思辩证地把交往的平等与互助统一起来。这种关系随着生产力的发展也将不断获得更新和发展，即交往形式的先后更替也就不可避免。"起初是自

---

① 《马克思恩格斯选集》第1卷，人民出版社1995年版，第122页。
② 《马克思恩格斯文集》第1卷，人民出版社2009年版，第505页。
③ 《马克思恩格斯选集》第3卷，人民出版社1995年版，第440页。

主活动的条件，后来却变成了它的桎梏，它们在整个历史发展过程中构成一个有联系的交往形式的序列，交往形式的联系就在于：已成为桎梏的旧交往形式被适应于比较发达的生产力，因而也适应于进步的个人自主活动方式的新交往形式所代替；新的交往形式又会成为桎梏，然后又为别的交往形式所代替。"① 这是一个螺旋式上升的过程，交往的新旧更替体现了与之相适应的生产力的发展，人们的交往形式会随着生产力的发展和社会的进步而不断自我更新。事实上，从农业文明到信息文明，从现实世界到虚拟世界的拓展，人类的交往方式也发生了根本性的变革，虚拟世界的交往方式在一定意义上颠覆了传统的交往形式和交往思维，尤其是互联网思维的出现，使得人类的交往形式发生了更大的变化。

由此，从马克思的交往理论中可以得到启示，就一般意义而言，交往与人的物质活动及其需要联系在一起，与社会的生产力发展联系在一起，与人的实践活动联系在一起。分析多元文化互动必须要充分考虑这些因素，文化之间的互动从根本上说与这些因素密切相关。

2. 符号互动理论及其影响

符号互动理论（Theory of Symbolic Interaction）由乔治·贺伯特·米德（George Herbert Mead）创立，后经布鲁默（Herbert Blumer）、戈夫曼（Erving Goffman）等人不断丰富和发展。符号互动理论认为："不同于那些低等动物，人被赋予了思考的能力；这些能力通过社会互动而形成。在社会互动中，人们通过学习意义和符号去锻

---

① 《马克思恩格斯选集》第 1 卷，人民出版社 1995 年版，第 123—124 页。

炼他们特有的思考能力。意义和符号使得人们可以开展他们特有的行为和互动。根据对情境的理解，人们可以修改或者改变在行为和互动中使用的意义和符号。人们可以修改和改变这些符号，有一部分原因在于他们具有与自己互动的能力，这使得他们可以检验行为可能的来源，评估与他们相关的利益得失，然后选择其中之一。这些关于行为和互动的相互缠绕的模式组成了团体和社会。"① 从这个基本原理可以看出，符号互动理论，首先假设人与动物不同，人具有理性和独立思考的能力，符号互动实质上是主体行为之间的互动，关键在于主体本身，是人通过意义和符号去开展人类的行为活动。符号互动理论主要体现在三个层面：一是主体通过意义和符号体现主体的行为能力、行为活动的互动。在这个互动中意义和符号起到桥梁作用，是一种中介和规范。二是主体与符号本身进行互动。所谓主体与符号本身进行互动，主要是主体在行为互动中可以修改和改变符号和意义，即主体赋予符号特殊意义。一定的符号和意义也在建构主体的行为方式、思维方式和行为互动。三是主体与自己互动。"人们可以修改和改变这些符号，有一部分原因在于他们具有与自己互动的能力，这使得他们可以检验行为可能的来源。"② 米德区分"主我"和"客我"，指出人在成长过程中不仅要跟别人进行互动，还要与自己互动。

---

① George Ritzer, *Modern Sociological Theory*, McGraw Hill, 2004, pp. 217-221。转引自文军：《西方社会学理论：经典传统与当代转向》，上海人民出版社 2006 年版，第154—155 页。

② George Ritzer, *Modern Sociological Theory*, McGraw Hill, 2004, pp. 217-221。转引自文军：《西方社会学理论：经典传统与当代转向》，上海人民出版社 2006 年版，第155 页。

　　米德创立符号互动理论，主要基于以下假设："一是人类有机体在生理上的脆弱迫使他们在群体中相互合作，以求得生存。二是存在于有机体内部或有机体之间的有利于合作因而也最终有利于生存与适应的行为将被保存下来。"① 这两个假设表明人既要与群体互动，相互合作以求生存，又要与自身内部要素之间进行互动，进而社会是人的符号互动。

　　布鲁默进一步发展了符号互动理论，他的假设是："人们在面对事情的时候，是根据事情对于他们所具有的意义来决定如何行事的；这些事情的意义来自或者说发生于一个人与自己同伴之间的社会互动；人在应对自己所遭遇的事情时，会用一套解释步骤，而这些意义就是在这个过程中得到处理和调整的。"② 他把符号互动理论概括为三个特征："第一，人类社会是由具有自我意识的个人组成的；第二，个人的行为是构造而非不经意的举动；第三，群体或集体行动是由联合个人行动而成的，由人们彼此解释或考虑各自的行动所产生的。"③ 从布鲁默的符号互动理论可以看出，符号互动因个体对事情的意义判断来决定，如果判断事情有意义或者有用才会采取行动，即才能产生互动。这就容易造成个体的主观性、随意性过度彰显，个体总是关注他所关注的东西，因而容易遮蔽其不关注的社会互动问题，

---

　　① ［美］乔纳森·H. 特纳：《社会学理论的结构》，吴曲辉等译，浙江人民出版社1987年版，第375页。

　　② 转引自文军：《西方社会学理论：经典传统与当代转向》，上海人民出版社2006年版，第161页。

　　③ 转引自文军：《西方社会学理论：经典传统与当代转向》，上海人民出版社2006年版，第161页。

忽视由社会结构所形成的社会互动的必然性因素，即马克思所论述的"人的本质是社会关系的总和"中的关系的客观性问题。

此外，符号互动理论的代表人物之一戈夫曼区分了两种不同的互动：焦点互动和非焦点互动。焦点互动集中于面对面（Face to Face）的人际互动，而非焦点互动则是一种偶然性、随机性的互动。这种区分对分析多元文化互动中的哪些文化可以是焦点互动、哪些文化是非焦点互动等具有一定的参考价值，对深化多元文化互动的内涵理解具有重要意义。

（三）多元文化互动的内涵

多元文化互动，作为互动的重要范畴既有互动的基本特征，又有文化的特质。从对互动的考察以及马克思的（交往）互动理论、符号互动理论可知，互动作为一种社会存在方式，体现了人与人、人与群体、人与社会等各个层面的复杂关系，触及人的自我意识、独立思考的能力、主体意识和利益意识、价值判断和价值选择等问题。多元文化互动是基于多元文化的复杂性境遇来谈的，试图为多元文化寻找多样性的出路，并就这些出路进行批判，在这个过程中揭示多元文化互动的本质问题。

为此，笔者认为，多元文化互动指称不同文化之间相互作用、相互交流、相互合作、相互影响、相互行动、交互行动的一种过程和存在状态，并对文化之间的交流进行总体观照和价值批判。多元文化互动的内涵主要体现在以下几个方面。

1. 多元文化互动作为一种过程性的描述

多元文化互动强调一种过程，即多元文化互动的核心是强调多元文化之间的"互动"，包含相互作用、相互影响、相互行动等，这里我们把"互动"理解为动词，是一种过程性的描述或者说是动态性的描述。进言之，多元文化互动，从互动过程的角度来看，主要反映多元文化之间如何发展互动，以什么样的形式发生互动，以及文化间的动态性运动。多元文化之间总是处于某种互动的过程中，长期以来，多元文化之间不管是对话还是冲突，始终没有停止过互动，只不过不同的历史时期，互动的程度不一样。为此，作为一种过程来观照，主要体现为三个层次：一是剧烈互动；二是一般性互动；三是间歇性互动。

所谓剧烈互动，是反映多元文化互动的紧张态势，不管是良性互动还是非良性互动，不管是对话还是冲突。剧烈互动反映多元文化之间的交往程度非常密切和频繁，其程度的深度和高度都值得关注。在战争年代，文化冲突反映了一种剧烈的互动，即多元文化之间要么深度合作、高度交融，要么殊死搏斗、相互较量。多元文化之间的剧烈互动一般发生在文化之间具有价值取向一致性，或者相反，即相互吞噬的情况下，因而具有鲜明的价值取向和目的取向、高度的互动需要和野心。这种互动过程背后一般会隐藏着某种强烈的政治意图和政治目的。

所谓一般性互动，是反映多元文化互动的正常行为过程，是多元文化之间的交往互动过程，反映文化之间根据自身的需要进行有节制、有范围、有约束性的互动。它跟剧烈互动不同，没有任何迫切的互动需要和野心，也没有强烈的意识形态意图和政治目的，他们只是根据文化发展之需要，遵循文化交流的规律，依照主体的迁徙、文化的自主选择等不断发生多元文化互动。这种互动过程不是很强烈，从古至今，多元文化互动的历史过程主要处于这种状态。世界多元文明的交流与互动，大概也遵循了文明交往的规程。

所谓间歇性互动，是反映多元文化之间断断续续的，缺乏延续性的互动过程。间歇性互动过程是多元文化之间在特定历史时期发生的互动过程，有以下几种可能：一是在多元文化互动过程中弱势文化被同化，导致消亡；二是在多元文化互动过程中因自然、战争等外界因素导致文化交流中断；三是文化自身内部如民族的消亡、文明的消亡等导致多元文化互动过程的间歇性发生。从古老文明的发展历程可以发现，一些古老的文明没有延续到现在，其消亡的过程也包含多元文化互动中的间歇性过程。而在全球化进程的今天，地方性的文化面临前所未有的冲击，许多地方性的文化逐渐走向衰弱、消亡，也有一些地方文化随着其载体村落、乡镇的消亡而走向消亡。特别是濒危文化的消亡导致文化互动的间歇性时常发生。

总之，多元文化互动，作为一种过程性的描述，其焦点在于互动的过程，在这个动态的过程中展现多元文化如何互动，如何交流、合作，甚至冲突等。这是理解多元文化互动的第一个层次，也是非常重要的层次，只有从动态性、过程性去把握多元文化互动，才能抓住文化的多样性、多变性和复杂性。

2. 多元文化互动作为一种相对稳定状态的描述

多元文化互动，除了动态性之外，还包括静态性的一面，即多元文化互动之间的存在状态是一种相对稳定的状态。多元文化互动除了过程之外，还包含一定的状态，即互动后形成相对稳定的状态。多元文化互动不是一种线性行动，而是复杂的交汇态，他们总是处于一定条件下的相对稳定的状态，毕竟任何一种文化的整体改造、进化都是一个极为漫长的过程。为此，观测多元文化互动除了要考察其动态的一面，也要考察其相对稳定的一面。

作为一种存在状态，反映多元文化互动的结果，即在多元文化互动中形成什么样的文化态势，形成什么样的文化格局。多元文化互动所形成的文化格局大致可以从两个角度去考察：

第一，世界文化格局的变迁及其审视。世界文化格局是世界多元文化互动所建构的相对稳定的文化结构和文化业态。世界文化格局是世界人民共同创造的，是人类文明的共有成果，体现出人类社会多样性、价值多样性，以及人类社会的战争与和平、霸权与反霸权等一系列较量所形成的文化样态。有学者对世界文化格局作了三个层面的概括：其一，基于联合国教科文组织研究报告，该报告把当代世界文化划分为八个文化圈：欧洲文化圈、北美洲文化圈、拉丁美洲与加勒比地区文化圈、阿拉伯文化圈、非洲文化圈、俄罗斯和东欧文化圈、印度和南亚文化圈、中国和东亚文化圈；其二，基于美国学者亨廷顿的判断，把世界文明区分为中华文明、日本文明、印度文明、伊斯兰文明、西方文明、东正教文明、拉丁美洲文明、可能存在的非洲文明；其三，根据著名学者季羡林、汤一介等的判断，将当代世界文化分为四大体系：中华文化体系、印度文化体系、阿拉伯文化体系、欧美文化体系。①

---

① 艾思同：《当代世界文化格局、态势与中国文化发展战略》，《理论学刊》2006 年第 3 期。

　　对世界文化格局的这三种划分都有一定的合理性，为了进一步了解世界文化格局划分背后的原因，需要对其划分依据进行阐释。笔者认为这三种类型的划分，主要有以下几个依据：一是基于地域来划分，根据不同的洲来区分文化的格局，如北美洲文化圈、非洲文化圈等；二是基于地方性知识来划分，如俄罗斯和东欧文化圈、中华文明、印度文明等；三是基于宗教的价值观念来划分，区分为伊斯兰文明、东正教文明等；四是基于古代传统的视角出发，汤一介认为："也许二十一世纪将由四种大的文化系统来主导，即欧美文化、东亚文化、南亚文化、中东北非文化（伊斯兰文化），这四种文化不仅都有着很长的历史文化传统，而且每种文化所影响的人口都在十亿以上。"① 其主要依据在于回到传统，回归原点，回到两千五百多年前的原点，"我们回到'传统'，以'传统'为起点，并从'传统'中找寻力量、找寻支点，以推进我们文化的发展，来解决当前人类社会存在的问题，就这个意义上说，二十一世纪也许将由有着很长历史文化传统的欧美文化、东亚文化、南亚文化、伊斯兰文化等推动人类社会进入再次回顾公元二千五百年前那个轴心时代的一个'新的轴心时代'。"② 汤一介先生提出的划分法为进一步理解和把握世界文化格局提供了很好的范式。

　　事实上，世界文化格局不管如何划分，都表明世界多元文化互动

---

① 汤一介：《"文明的冲突"与"文明的共存"》，《北京大学学报（哲学社会科学版）》2004 年第 6 期。

② 汤一介：《"文明的冲突"与"文明的共存"》，《北京大学学报（哲学社会科学版）》2004 年第 6 期。

格局已基本形成，尽管在动态地发生变化。考察世界多元文化格局的静态一面，需要从整体性角度出发，把握整体性思维。在德国哲学家伽达默尔（Hans-Georg Gadamer）看来，"我们必须从个体出发去理解整体，并且从整体出发去理解个体，这一阐释学原则导源于古代修辞学，又为现代阐释学从说话的艺术转用理解的艺术中来。在这两种情形中，存在一种循环关系。"① 要理解部分须把握整体，要把握整理也依赖于部分，局部与整体之间的关系，不仅存在逻辑关系，还可以通过逻辑推理、语言符号上的推理来理解。所谓世界文化格局的整体性，既要看到文化之间的交流和互动，重视其动态的因素，也要从整体的高度去审视多元文化互动，即把握世界文化格局的整体性。把握整体有利于了解局部，世界文化格局的整体性对理解和把握各种文化互动的动态发展及其趋势具有重要意义。

诚然，把握多元文化互动，要有国际眼光，了解世界文化格局的总体态势和趋势。同时，从国内角度看，多元文化互动也是在相对稳定的文化状态中展开的，为此，费孝通先生提出中华民族多元一体的文化格局，对深入挖掘多元文化互动具有重要参考价值。

第二，中华民族多元一体的文化格局及其审视。国内关于文化格局的概括，费孝通先生提供了一个比较受认可的模式，即"中华民族多元一体格局"，表征我国多元文化归属于"一体"，这个"一体"就是中华民族。费孝通就"中华民族多元一体格局"进行阐释，所

---

① ［德］伽达默尔：《伽达默尔集》，邓安庆等译，上海远东出版社 2003 年版，第140 页。

谓多元一体是指"五十多个民族单位是多元，中华民族是一体，它们虽则都称'民族'，但层次不同"①，即五十多个民族作为多元归属于、融入于中华民族这个"一体"之中，形成一个更高层面的中华民族共同体。中华民族的"主流是由许许多多分散孤立存在的民族单位，经过接触、混杂、联结和融合，同时也有分裂和消亡，形成一个你来我去、我来你去，我中有你、你中有我，而又各具个性的多元统一体。这也许是世界各地民族形成的共同过程"②。"中华民族多元一体"的形成通过以华夏为核心，像"滚雪球一般地越滚越大，把周围异族吸收进入这个核心"③ 而形成多元文化共同体。费孝通文化格局模式对深入理解我国多元文化互动具有重要启迪。

"中华民族多元一体"是我国多元文化互动的存在状态，是经历千百年来的战争、迁徙、通婚等方式锤炼出来的相对稳定的状态，充分体现了多民族统一体的共生关系，创造出中华民族多元共生发展的奇迹。汤一介认为："中国在春秋战国时代本来存在着多种不同的地域文化，有中原文化、齐鲁文化、秦陇文化、荆楚文化、吴越文化、巴蜀文化等等，但后来才合成一个大体统一的华夏文化。"④ 这是古代多元文化互动所形成的文化格局。

当然，为什么会有多元文化，为什么会形成多元一体格局，汤一

---

① 费孝通等：《中华民族多元一体格局》，中央民族学院出版社 1989 年版，第 1 页。
② 费孝通等：《中华民族多元一体格局》，中央民族学院出版社 1989 年版，第 1 页。
③ 费孝通等：《中华民族多元一体格局》，中央民族学院出版社 1989 年版，第 1 页。
④ 汤一介：《"文明的冲突"与"文明的共存"》，《北京大学学报（哲学社会科学版）》2004 年第 6 期。

介不仅论证了中华民族文化的多元一体格局，还进一步阐释了形成这种文化格局的根源："一是思想观念上的原因，这就是中国一向主张'和而不同'，文化虽可以不同，但能和谐相处，这个问题下面我会较多地说明；二是制度上的原因，中国以皇帝为最高权威，一切文化（宗教、哲学、伦理）都以皇帝的意志为中心，而皇帝往往为了社会的稳定，不希望因不同文化而引起冲突，甚至战争。因此，皇帝常采用'三教论衡'的办法，把儒、道、释召到朝廷上来辩论，哪一派辩论赢了就排在前面，然后是第二、第三。不允许他们之间互相残杀，发动战争。"① 这样分析体现在思想和制度层面上，汤一介把形成多元文化格局的原因首先体现在"和而不同"的思想观念上，这一点至今仍然具有借鉴意义和价值。坚持"和而不同"的思想观念，为当前多元文化互动提供了思想土壤；只有坚持"和而不同"的思想观念，多元文化互动才能走向良性共生发展，才能真正实现中华文化海纳百川、兼容并蓄，百花齐放、百家争鸣。

　　事实上，尽管现在不可能再回到封建帝王时代的制度，但是，现在的社会制度赋予了多元文化更好的存在土壤和生存空间。党的十八大报告指出，要坚持百花齐放、百家争鸣的方针，激活一切文化创造源泉，丰富社会多样性文化发展："要深化文化体制改革，解放和发展文化生产力，发扬学术民主、艺术民主，为人民提供广阔文化舞台，让一切文化创造源泉充分涌流，开创全民族文化创造活力持续迸

---

　　① 汤一介:《"文明的冲突"与"文明的共存"》,《北京大学学报（哲学社会科学版）》2004 年第 6 期。

发、社会文化生活更加丰富多彩、人民基本文化权益得到更好保障、人民思想道德素质和科学文化素质全面提高、中华文化国际影响力不断增强的新局面。"① 在吹响建设文化强国的号角下，国家从体制机制层面不断加强顶层设计，制定《中央宣传部关于党的十六大以来文化体制改革及文化事业文化产业发展情况和下一步工作意见》《国家"十二五"时期文化改革发展规划纲要》《中共中央关于深化文化体制改革推动社会主义文化大发展大繁荣若干重大问题的决定》等一系列文件，从制度层面推动多元文化走向良性互动，共同发展。

此外，笔者认为，除了以上两种解释范式之外，最根本的还在于主体观念的多元化及其趋势使得多元文化互动已成必然。毛泽东《在延安文艺座谈会上的讲话》中指出："为什么人的问题，是一个根本的问题，原则的问题。"② 中华民族文化多元一体格局，最根本的因素在于人本身，即作为文化主体的人本身的多样性和多元化取向，使得多元文化互动成为必然，成为可能。而人的中华心、人的凝聚力才是推动中华文化多元一体的根本推动力。自古以来，多少仁人志士为中华民族独立、统一、振兴而奋斗终生，他们不分民族、不分贵贱、不分地域携起手来共同奋斗，形成中华民族一股强大的向心力、震撼力。这是维系我国多元文化互动相对稳定格局的重要根源。

---

① 胡锦涛：《坚定不移沿着中国特色社会主义道路前进　为全面建成小康社会而奋斗——在中国共产党第十八次全国代表大会上的报告》，人民出版社 2012 年版，第 31 页。
② 《毛泽东选集》第三卷，人民出版社 1991 年版，第 857 页。

3. 多元文化互动作为一种价值性反思

多元文化互动，强调文化间的存在及其意义反思。多元文化互动有其最终的价值取向，因而对不同历史时期的多元文化互动有着总体观照，这一总体性观照主要体现在两个层面：一是文化互动总是一种价值选择，体现特定的价值取向，表征一种文化在多元文化互动中蕴含某种特定的价值观念、价值取向，并做出价值选择；二是作为一种价值性反思，主要是对多元文化互动的结果进行一种价值批判，包括对一些文化互动的结果进行反思，以推动文化自觉。

第一，多元文化互动总是体现一种价值选择和价值承诺。多元文化互动，不仅存在文化载体之间的行动，诸如语言的互动等，从深层次来看，多元文化之间的互动体现出价值选择，即任何一种文化互动都表达一定的价值选择、价值取向。"一切理论话语都总是一种价值承诺，写作总是以其穿透性力量洞悉内在外在世界的双重奥秘。"① 多元文化互动不管以什么样的形式呈现，都体现一定的价值需求、价值选择和价值取向。为此，不能简单地理解为文化间的行动，强调工具理性，还必须强调多元文化互动的价值理性。

从东南亚高地与低地的民族共生可以看出，高地民族与低地民族的共生关系，其实质是为了交换产品需要，在物物交换的过程中实现自身的物质需求，满足生存和发展的需要。这种文化互动关系，就明显地体现出价值选择，需要什么东西、满足什么人的需要等。这种互动关系，使得高地民族和低地民族之间的文化长期共生、共存，只有

---

① 王岳川：《后现代主义文化与价值反思》，《文艺研究》1993 年第 1 期。

维系这个平衡才有利于双方的存在和生命的延续。一旦打破这个平衡，物质交换就出现问题，一方的消亡容易导致另一方的生存困境，甚至也走向消亡。

从中华民族多元一体的北方游牧民族和南方农耕民族之间的共生关系可以看出，多元文化互动本身体现一种价值选择。费孝通把"中华民族多元一体"理解为农区与牧区的结合，认为长期以来，南北双方不能只看到战争的一面，而忽视文化交流的一面。在他看来，千百年来，南北之间的互动除了战争，更为根本的在于文化交流和互动，形成一种共生关系。"农区在耕种及运输上需要大量的畜力，军队里需要马匹，这些绝不能由农区自给。同时农民也需要牛羊肉食和皮毛原料。在农区对牧区的供应中，丝织物和茶是其重要项目。"①这种互动关系构成中华民族南北双方关系的重要格局。在这个过程中体现出北方民族文化互动的价值取向——获得粮食、布匹等，而南方民族文化互动的价值取向——获得马匹、肉食等。南北民族在文化互动中体现自身存在的价值意义，也为实现民族的价值和意义作出贡献。

马克思指出："人们在自己生活的社会生产中发生的一定的、必然的、不以他们的意志为转移的关系，即同他们的物质生产力的一定发展阶段相适合的生产关系。这些生产关系的总和构成社会的经济结构，即有法律的和政治的上层建筑竖立其上并有一定的社会意识形式与之相适应的现实基础。物质生活的生产方式制约着整个社会生活、

---

① 费孝通等：《中华民族多元一体格局》，中央民族学院出版社1989年版，第11页。

政治生活和精神生活的过程。不是人们的意识决定人们的存在，相反，是人们的社会存在决定人们的意识。"① 由物质交换的共生关系以及由此延伸的文化互动，决定了民族之间的价值观念。为此，多元文化互动，字里行间黏附着特定的价值取向，以满足自身的文化需求为动机。多元文化互动不仅具有工具理性，还体现出其价值理性。文化的行动是一种文化自觉的表现形式之一。多元文化互动表明在多元文化互动中文化主体之间如何交流和互动，在这个过程中实现文化的意义和价值。

第二，多元文化互动总是体现文化互动的意义和价值，蕴含一定的价值判断。多元文化互动的核心在于多元价值之间的互动，价值具有多样性，不同的文化体现不同的价值观念。所谓价值的多元性，"是指在一定范围的社会生活中（并非只有一个主体的），每一个主体都有一套自己的价值坐标体系，不同主体之间在价值关系上不可能彼此等同、重合或代替。价值的多元化是在人类内部存在着多样化生存条件、多样化利益差别和多样化角色分工的情况下，一种不可避免的基本现象。"② 多元文化互动中呈现多元的价值观念，多元的价值观念互动之间会产生什么样的意义，甚至是好是坏等问题值得追问，多元文化互动亟待价值审思。

进言之，多元文化互动的结果是好还是坏，有什么意义，存在什么样的价值等，这需要对多元文化互动进行价值判断。多元文化互动

---

① 《马克思恩格斯文集》第 2 卷，人民出版社 2009 年版，第 591 页。
② 李德顺：《价值论》（第三版），中国人民大学出版社 2013 年版，第 61 页。

会形成什么样的结果？这既是一个事实判断，又是一个价值判断。

其一，从事实判断的角度看，多元文化互动的结果作为一种价值事实来认识，即多元文化互动会形成什么样的结果。价值事实不是纯粹的客体属性反映，而是主体之间在一定实践关系中呈现出来的。"价值事实不是客体性的事实，而是主体性的事实；不是客体本身怎么样、有什么和能够有什么，而是客体在主体活动的范围内给主体带来了什么和能够带来什么；当然，也不是主体本来是什么、有什么和需要什么，而是主体通过实践从客体那里得到了什么和能够得到什么。这样，把握价值事实就既不是孤立地考察和反映客体，也不是对主体作孤立的考察和反思，而是切切实实地考察主客体相互关系和相互作用的实际过程和结果。"① 从这一论述可以看出，多元文化互动的结果恰恰不是客观性的事实，而是在多元文化互动中形成的结果。诸如在文化互动过程中，有的文化因外界因素或内在因素而陷入濒危的境地；有的文化在多元文化互动中逐渐占据主导地位、优势地位，最终取得了文化互动的主动权、领导权；有的文化是在多元文化互动中相互借鉴、相互吸收、共同发展，形成多元文化百花齐放、百家争鸣的共同繁荣的局面；等等。这些都是多元文化互动的结果，是对多元文化互动的一种成果性反映，只陈述事实。至于这个结果怎么样、应该怎么样等问题，则是一个价值判断的问题。

其二，从价值判断角度看，主要是对多元文化互动的结果好与坏的评价，以及应该怎样去评价。事实上，多元文化互动形成什么样的

---

① 李德顺：《价值论》（第三版），中国人民大学出版社 2013 年版，第 169 页。

结果，与如何理解多样性的文化及其价值观念密切相关。如何理解多样性本身，就直接影响多元文化互动过程，也就影响多元文化互动的结果。有学者认为多样性有两种存在方式，即"一元的多样性"和"多元的多样性"：

"一种是，现实的多样形态之间，可以在同一根据和基础上最终综合、统一、一致起来。就像一个物体的形状、颜色、硬度等多种属性之间是完全统一的一样，一个主体在自己的经济、政治、文化等多方面的利益和价值追求之间，是必须和能够综合、统一起来的。这种情况可叫做'一元的多样性'。而另一种多样性则不然，如一个物体的颜色形状，并不与另一物体的颜色形状相统一，一个主体的经济政治文化利益并不能与另一主体相互等同一致，同一双鞋给不同人穿的效果必然不同，等等。它们之间如果要统一一致起来，意味着要'一方吃掉另一方，一方否定另一方，或一方归属另一方'。这是在现实意义上一种不能在同一基础上用同一根据加以综合统一的多样性。对于这种多样性，可以把它相对地叫做'多元的多样性'。总之世界的'无限多样性'，不仅仅是形式上、数量上的多样化，也有本质上、实质性、根本性的多样化。而多元性就是指那种根本性、根据性、实质性的多样化。"[①]

这一区分对把握多元文化互动的结果具有重要启示。多元文化互动如果在"一元的多样性"路径里，多元文化互动的结果可能会是好的，是能够促进多元文化共同发展的。长期以来，我们坚持要辩证

[①] 李德顺：《价值论》（第三版），中国人民大学出版社 2013 年版，第 61 页。

处理"一"和"多"的关系，坚持主导性和多样性的统一关系，在很大意义上是在这个层面上而言，只有这样才能具有可行性。一元的主导性才能更有效果。为此，多元文化互动如果是在"一元的多样性"中比较能产生好的结果。但是，在"多元的多样性"路径里，存在多元文化互动的三种可能性结果，因此要辩证分析：

第一，多元文化互动会导致文化霸权、文化入侵和文化消灭的不良结果。这是多元文化互动的最不好的结果，体现恶的一面。正如李德顺所言，这种多元的多样性容易导致"一方吃掉另一方，一方否定另一方，或一方归属另一方"①，这是多元文化互动坏的结果，直接影响到多元文化未来的发展。长期以来，在全球化进程中，强势文化和弱势文化之间的较量，很大程度上是弱势文化为了生存空间的抗争。一些民族国家极力反对西方文化的入侵，抵御西方文化的同化，在很大程度上是为了保护本民族文化的生存空间。

第二，多元文化互动会形成"和而不同"的结果。除了"一方吃掉另一方，一方否定另一方，或一方归属另一方"的结局之外，"多元的多样性"使得多元文化互动也有可能形成"和而不同"的结果。千百年来，中华文化倡导"和而不同"的理念，积极推动世界多样性文明相互交流、共同发展。这种"和而不同"的理念有利于推动多元文化共生发展、互补发展，作为异己者的共生，也是"多元的多样性"的另外一个好的结果。这种可能性空间是存在的，不容忽视。

---

① 李德顺：《价值论》（第三版），中国人民大学出版社 2013 年版，第 61 页。

第三，多元文化互动保持多元文化的相互制衡、相互紧张又共同存在的结果，很难用好与坏、善与恶去评价。据有关材料显示，在印度、缅甸等国家的亚热带地区出现"毒蛇、青蛙、蜈蚣"这三个冤家同居一个洞穴的现象。这三者缺少任何一方，其结果都是悲惨的。两者之间相克，但是三者之间却能共生，我们称之为"相克共生"，即三者相互克制，却又能保持整体的平衡态势。在多元文化互动过程中，文化之间也有存在这种可能性的空间。文化之间相互制约，在整个文化生态中能保持一定的平衡，一旦一方退出，或者被消灭，整个格局就发生根本性的改变。基于这样的互动结果，难于简单地用好与坏进行价值评价。

由此，可以看出"多元的多样性"具有三种可能性空间，在多元文化互动过程中形成什么样的结果，结果的好与坏，难以一概而论，需要具体问题具体分析。但是，作为一种价值性反思，主要是对多元文化互动的结果进行一种价值性批判，包括对一些文化互动的结果进行意义和价值反思，以推动文化自觉。"多元文化互动一方面意味着人类不同文化的相互沟通和交流要求各方相互承认各自相对独立的尊严和价值，另一方面也意味着不同文化之间的相互渗透、融合以及冲突的发生在客观上都是不可避免的。"① 在这个过程中，多元文化互动不能忽视其价值批判。唯有通过价值反思，才能更好地推动多元文化互动走向良性发展，形成有利于世界文明多样性共同发展、协

---

① 黄骏等：《通往民族和谐之路——当代中国民族地区和谐社会构建模式的创新》，人民出版社 2013 年版，第 9 页。

同发展的格局。

二、多元文化互动的历史镜像

人类拥有如此璀璨的文明，与文明多样性之间的互动密切相关。大千世界多姿多彩，正是由于文明多样性及其互动，才使得人类在实践进程中，不断创造出新的文化形式和文化内容，丰富人类的精神世界，提升人类的文明素养。如何把握人类历史进程中存在的多元文化互动的主要渠道和方式，为现代社会推动多元文化互动提供了重要借鉴。

（一）人类社会发展及其文化互动

世界历史的演进是伴随着人类社会实践及其主体性不断彰显而逐渐发展的，社会发展历史是人的主体性不断彰显的历史。人类社会发展与自然发展不同，人类社会发展总是处于人的主体性自觉运动之中。"社会发展史却有一点是和自然发展史根本不相同的。在自然界中（如果我们把人对自然界的反作用撇开不谈）全是没有意识的、盲目的动力，这些动力彼此发生作用，而一般规律就表现在这些动力的相互作用中。在所发生的任何事情中，无论在外表上看得出的无数表面的偶然性中，或者在可以证实这些偶然性内部的规律性的最终结果中，都没有任何事情是作为预期的自觉的目的发生的。相反，在社会历史领域内进行活动的，是具有意识的、经过思虑或凭激情行动的、追求某种目的的人；任何事情的发生都不是没有自觉的意图，没有预期的目的的。"① 马克思区分人类社会发展的有意识性和自觉性，阐明人类社会活动的相互性，从而为理解人类社会的文化互动奠定基础。

人类社会发展是主体之间为了满足某种需要而展开互动，在互动中不断推动社会历史发展，形成不同的社会形态。马克思认为，社会经济形态的发展是一种自然历史过程。"不管个人在主观上怎样超脱各种关系，他在社会意义上总是这些关系的产物。同其他任何观点比起来，我的观点是更不能要个人对这些关系负责的。"② 社会发展总是在一定的互动关系中生成，并在这个过程中形成两种基本方式：无机的方式和有机的方式。

1. 人类社会发展的无机方式

马克思指出："人们在自己生活的社会生产中发生一定的、必然的、不以他们的意志为转移的关系，即同他们的物质生产力的一定发展阶段相适合的生产关系。这些生产关系的总和构成社会的经济结构，即有法律的和政治的上层建筑竖立其上并有一定的社会意识形式与之相适应的现实基础。物质生活的生产方式制约着整个社会生活、政治生活和精神生活的过程。"③ 人类社会发展受生产力发展所制约，人类的交往方式也受生产力发展水平制约。在自然经济条件下，作为个体的人为了满足自身需要而不断促进生产发展，其产品主要是为了

① 《马克思恩格斯选集》第 4 卷，人民出版社 1995 年版，第 247 页。
② 《马克思恩格斯选集》第 2 卷，人民出版社 1995 年版，第 102 页。
③ 《马克思恩格斯选集》第 2 卷，人民出版社 1995 年版，第 32 页。

满足自身和家庭成员之间的生存需要，核心是物质生产资料的满足需要。在这个基础上出现人与人之间的互动也是以满足自身需要为主要目的，其社会生产的无序性、物质交换的无序性等使得人与人之间的互动以无机的方式呈现出来。社会发展的无机方式，一方面体现作为主体的人的意识和需要，人们为了满足生存而不断生产，为了生存而创造各种安全措施和更新维护方式等；另一方面，在基于生产力水平落后的阶段，人与人之间的物质交往总体而言是零散的、随意性的交往，这种无机方式随着社会生产力的发展必然要走向社会有机化发展。因此，总的来说，人类社会发展的无机方式主要是由生产力水平落后所造成的，也与人类早期的思维方式密切相关。人类早期的思维方式直接影响人们的日常生活和交往形式。随着生产力的发展，这种格局必然会被打破。

2. 人类社会发展的有机方式

人类文明的进程是从无序走向有序的。人类社会发展的理性方式主要依赖于生产力发展以及人类理性的彰显。生产力发展是人类社会由无机方式转向有机方式的根本因素。"不是人们的意识决定人们的存在，相反，是人们的社会存在决定人们的意识。社会的物质生产力发展到一定阶段，便同它们一直在其中运动的现存生产关系或财产关系（这只是生产关系的法律用语）发生矛盾。于是这些关系便由生产力的发展形式变成生产力的桎梏。那时社会变革的时代就到来了。"① 生产力发展必然会引发生产关系的变革，进而推动社会交往

---

① 《马克思恩格斯选集》第 2 卷，人民出版社 1995 年版，第 32—33 页。

的变革，即生产力遇到的矛盾促使人们以理性的方式去反思社会活动及其实践，从而推动人类社会逐渐走向有序进行，推动人类社会以有机方式运行。人类社会发展由原来的无序性，逐渐转向有序性，使社会形成一个有机的整体。"现在的社会不是坚实的结晶体，而是一个能够变化并且经常处于变化过程中的有机体。"①

人类社会发展的有机方式，指称生产力和生产关系进入一个新的适应阶段，社会各种要素以一种相互作用、相互补充、相互促进的方式共生存在。社会各组成部分有机融入到人类社会的整体性运行轨道中，缺乏任何一个要素都会导致社会发展的有机方式遭受破坏，甚至影响社会的健康发展。人类社会发展从低级走向高级，在一定程度上蕴含着有机方式程度的不断提高，人与人、人与社会、人与自然的关系以更加理性、更加科学的方式呈现出来，实现人与社会、人与自然的协调发展、和谐共生发展。

诚然，人类社会发展的无机方式和有机方式不是完全割裂的，从无机方式到有机方式的转变也不是机械的、线性的。事实上，人类社会发展的无机方式和有机方式总体上来说是统一的。人类社会发展有着一定的客观规律性，无机方式正是体现人类社会发展从必然走向自由的重要阶段，而有机方式也正是自由中蕴藏必然的因素。黑格尔反对把必然王国和自由王国割裂开来，在他看来，"这种不包含必然性的自由，或者一种没有自由的单纯必然性，只是一种抽象而不真实的

---

① 《马克思恩格斯选集》第2卷，人民出版社1995年版，第102页。

观点"①。这种自由中包含必然、必然中包含自由的辩证关系，恰恰比较好地说明人类社会发展的无机方式和有机方式的统一问题。人类社会发展方式直接影响人们的交往方式，人类社会发展方式决定多元文化互动的形式及其发展脉络。

（二）多元文化互动的基本脉络

人类社会从古至今大致经历几个阶段，依照马克思在《〈政治经济学批判〉序言》一文中的分类，马克思从生产方式的角度对人类发展史进行分类："大体说来，亚细亚的、古代的、封建的和现代资产阶级的生产方式可以看作是经济的社会形态演进的几个时代。资产阶级的生产关系是社会生产过程的最后一个对抗形式，这里所说的对抗，不是指个人的对抗，而是指从个人的社会生活条件中生长出来的对抗。"② 亚细亚的、古代的、封建的和现代资产阶级的生产方式实质上折射出人类社会历史的几个重要发展阶段，而不同历史阶段的多元文化互动具有不同的历史特点，其核心在于"各种经济时代的区别，不在于生产什么，而在于怎样生产，用什么劳动资料生产"③。为此，可以从怎样生产的角度来梳理人类多元文化互动的基本脉络。

1. 亚细亚形式的多元互动方式

马克思从生产方式区分历史阶段，亚细亚的生产方式实质上对应

---

① ［德］黑格尔：《小逻辑》，贺麟译，商务印书馆 1980 年版，第 105 页。

② 《马克思恩格斯选集》第 2 卷，人民出版社 1995 年版，第 33 页。

③ 《马克思恩格斯选集》第 2 卷，人民出版社 1995 年版，第 179 页。

原始社会阶段，这是人类社会早期的社会形态。马克思把它称为"一切文明民族的历史初期都有过的这种劳动的原始的形式"。这个时期的劳动生产主要是人与自然的相互作用，而且是直接的、相对简单的相互作用。李达在《社会学大纲》中认为："从动物状态进化而来的原始人类，在其对于自然的长期奋斗过程（即劳动过程）中，一面变革自然，同时变革了自己的生理器官和本性。"① 诸如适应自然环境的器官和维系生产活动的器官等。"人类在生产的过程中，不断的认识自然的新方面、改变他对自然战争的方法，同时又改变自己的生活方法。"② 早期人类的历史主要是解决人与自然的关系问题，在改变自然的过程中改变自身。这种关系以人的劳动作为中介，通过长期劳动积累经验过程汇总逐渐形成的人与自然的关系。马克思指出："劳动首先是人和自然之间的过程，是人以自身的活动来中介、调整和控制人和自然之间的物质变换的过程。人自身作为一种自然力与自然物质相对立。为了在对自身生活有用的形式上占有自然物质，人就使他身上的自然力——臂和腿、头和手运动起来。"③ 马克思从人以自身活动为中介来探索人与自然的互动关系，表明在人类社会早期，人们的文化互动主要是主体与自然之间的关系互动。爱德华·泰勒（Edward Tylor）在《原始文化》一书中描述了这个阶段的文化形式，诸如神话、巫术、宗教观念等，构成了一种摩尔根称之为蒙昧阶段的文化状态。从泰勒对原始社会的描述可以看出，在原始社会时

---

① 《李达文集》第二卷，人民出版社1981年版，第11页。
② 《李达文集》第二卷，人民出版社1981年版，第12页。
③ 《马克思恩格斯选集》第2卷，人民出版社1995年版，第177页。

期，不同地区的人在实践过程中形成的文化形式存在一定的差异性，其典型的形式是神话、巫术、宗教观念等。因而，原始社会时期人们的社会交往在文化层面上就体现了多元文化的互动。

"亚细亚生产方式"作为人类社会早期的生存状态，他们的文化互动主要通过（氏族）群居的方式来实现。有学者认为："马克思认识到，这些农村公社并不是人类最原始的社会组织，它们是由父权制氏族解体产生而来的，而父权制氏族则是由母权制氏族演化而来的。氏族才是原始社会的社会组织的基本单位。马克思借助于摩尔根和其他人类学家提供的材料，详细地研究和说明了氏族组织的社会结构。概括起来说，氏族组织的基本结构是：（1）在生产资料所有制方面，实行原始的生产资料公有制；（2）在生产的组织形式或劳动方式上，实行氏族公社成员集体生产制；（3）在劳动产品的分配形式上，实行产品的平均分配；（4）在氏族成员之间的社会关系上，没有阶级剥削和阶级压迫，氏族成员之间是平等、团结、互助的关系；（5）在氏族事务的管理上，实行原始的民主制，整个氏族社会分为氏族、胞族、部落等级次，后来血缘相近的部落又组成部落联盟。"①

氏族群居形成共同体，每个人难以成为单独的个体存在，个体只有在共同体的交流和交往中才能彰显其意义和价值。"要使公社本身照老样子继续存在下去，公社成员的再生产就必须在原有的客观条件下进行。生产本身，人口的增长（这也属于生产），必然要逐渐扬弃

---

① 赵家祥：《马克思"古代社会史笔记"的理论贡献》，《学习与探索》2009 年第 1 期。

这些条件，破坏这些条件，而不是加以再生产等等，这样，共同体就同作为其基础的所有制关系一起瓦解了。亚细亚形式必然保持得最顽强也最长久。这取决于亚细亚形式的前提：即单个人对公社来说不是独立的，生产的范围仅限于自给自足，农业和手工业结合在一起，等等。"① 群居、农业和工业的结合构成多元文化互动的基本方式。

2. 古代社会的多元互动方式

在亚细亚的生产方式基础上形成的是古代的生产方式，马克思晚年写了《古代社会史笔记》（又称《人类学笔记》），收入了《柯瓦列夫斯基笔记》《摩尔根笔记》《梅恩笔记》《拉伯克笔记》等五篇读书笔记。在这五篇笔记里，阐释了古代社会人与自然、人与宗教、人与人之间的交往方式、互动方式。"在奴隶制关系和农奴制依附关系中，没有这种分离；而是社会的一部分被社会的另一部分简单地当作自身再生产的无机自然条件来对待。奴隶同自身劳动的客观条件没有任何关系；而劳动本身，无论采取的是奴隶的形态，还是农奴的形态，都是作为生产的无机条件与其他自然物同属一类的，是与牲畜并列的，或者是土地的附属物。"② 古代社会的互动方式的变化主要依据于游牧文明向农耕文明的重大转变。

以土地为中心的互动方式。黑格尔把地理的差别区分为三种："干燥的高地，同广阔的草原和平原；平原流域——是巨川、大江所流过的地方；和海相连的海岸区域。"③ 黑格尔认为，"那些比较特殊

① 《马克思恩格斯全集》第 46 卷上册，人民出版社 1979 年版，第 484 页。
② 《马克思恩格斯全集》第 46 卷上册，人民出版社 1979 年版，第 488 页。
③ ［德］黑格尔：《历史哲学》，王造时译，商务印书馆 2007 年版，第 54 页。

方面的地理上的差别，我们要把这些差别看作是思想本质上的差别"①，这种差别导致人类形成以土地为中心的思想观念和互动方式。在自然经济形态下，人们对土地有着天然的依赖，既体现了居住地的存在方式，又体现了农耕的存在方式。人们的居住受到地理环境的约束，人们的耕作受到土地的制约。人与自然构成了一种特殊的相互关系。"人们对自然界的狭隘的关系制约着他们之间的狭隘的关系，而他们之间的狭隘的关系又制约着他们对自然界的狭隘的关系，这正是因为自然界几乎还没有被历史的进程所改变……"② 以土地为中心的互动方式逐渐形成。"公社或部落成员对部落土地（即对于部落所定居的土地）的关系的这种种不同的形式，部分地取决于部落的天然性质，部分地取决于部落在怎样的经济条件下实际上以所有者的资格对待土地，就是说，用劳动来获取土地的果实；而这一点本身又取决于气候，土壤的物理性质，受物理条件决定的土壤开发方式，同敌对部落或四邻部落的关系，以及引起迁移、引起历史事件等等的变动。"③ 古代社会的人类互动包括部落之间的互动关系、部落迁移、土地争夺（战争）等，在一定程度上受到土地的影响，为了生存要么争夺土地（生存空间），要么被迫迁徙寻找其他土地空间。

以社会生产为中心的互动方式。根据马克思的观点，生产物质生

---

① ［德］黑格尔：《历史哲学》，王造时译，商务印书馆 2007 年版，第 54 页。
② 《马克思恩格斯全集》第 3 卷，人民出版社 1960 年版，第 35 页。
③ 《马克思恩格斯全集》第 46 卷上册，人民出版社 1979 年版，第 484 页。

活本身是人类历史发展的第一个前提，在古代社会满足生存需要的生产资料的生产是维系社会发展和人的再生产的前提性条件。"因此，古代的观点和现代世界相比，就显得崇高得多，根据古代的观点，人，不管是处在怎样狭隘的民族的、宗教的、政治的规定上，毕竟始终表现为生产的目的，在现代世界，生产表现为人的目的，而财富则表现为生产的目的。"① 不管是民族的，甚或是宗教的、政治的，归根到底在于生产，或者说是围绕生产而展开的。一方面，人们为了生存就必须生产生活资料，围绕生产资料的生产逐渐形成了一种独特的交往方式，由于受到生产力的因素制约，人们的生产方式也逐渐与家庭关系等密切相关，"在早期社会中，人们之间的相互关系受性别、年龄、家庭关系等等因素的制约"②。从这个意义上说，生产生活资料是古代社会交往方式的重要动力，包括语言的产生等。另一方面，人的生产总是具有全面性，决定了其互动方式的全面性。人跟动物不一样，动物在生产生命本身（生命的延续），在马克思看来动物的生产是片面的，而人的生产则具有全面性，体现在交往方式上也具有全面性。这就是说，人们以生产为中心的互动方式往往是全面的、综合的，而非片面的。

以宗教信仰为中心的互动方式。古代社会，由于科学技术发展还远未达到能够解释人们疑惑的程度，面对许多问题无法得到解释，人们往往把目光投射到宗教，渴求以一种超自然的力量赋予现实问题的

---

① 《马克思恩格斯全集》第 46 卷上册，人民出版社 1979 年版，第 486 页。
② ［英］莫里斯·布洛克：《马克思与人类学》，冯利等译，华夏出版社 1998 年版，第 7 页。

合理性解释。它的直接根据在于对自然力量或超自然力量的信仰。"宗教可以被视为一系列组织起来的、对超自然力量的信仰，这些信仰引导人们理解世界，或者帮助他们处理那些他们认为重要、但运用现有组织技术和技巧无法解决的问题。为了克服这些限制，人们求助于超自然的存在和力量，或者试图影响、甚至操作它们。"① 宗教是人们理解世界的重要方式，形成了一种不同于其他认知方式的宇宙观。它"由种种信念和仪式——祈祷、颂歌、舞蹈、供奉以及牺牲——组成，人们为了自己的利益而用这些东西来解释、要求以及操控超自然的存在和力量"②。宗教是古代社会重要的互动载体，在一些国家是最重要、最神圣的活动载体。人们通过宗教来传播某种特定的价值观念，从而形成一种立足于宗教信仰的共同体，使"冰冷冷的世界具有家的温暖"。以宗教为中心的互动方式，可以分为两个方面：一是同质性互动方式，二是异质性互动方式。所谓同质性互动方式，主要是以某种宗教信仰为中心所形成的共同体，在这个共同体里所有人或大部分人信仰共同的宗教，他们之间的交往在一定意义上说具有"兄弟般的友谊和情谊"，这种交往往往属于同质性交往。进言之，他们之间是兄弟姐妹之间的交往，包含互助、友善、宽容、平等对待等方式；所谓异质性互动方式，主要是人们持有不同的宗教信仰之间的互动交往，这种互动方式包含着宗教对话、宗教宽容、宗教冲

---

① ［美］威廉·A. 哈维兰：《文化人类学》，翟铁鹏等译，上海社会科学院出版社2005年版，第361页。

② ［美］威廉·A. 哈维兰：《文化人类学》，翟铁鹏等译，上海社会科学院出版社2005年版，第361页。

突甚至是由宗教引发的战争等。千百年来，宗教战争给人类带来巨大灾难，这种极端的互动方式，给人类文明造成了不可估量的损失。当然，古代社会还有其他形式的互动方式，推动着人们实践活动的发展。

3. 封建社会的多元互动方式

相比古代社会，封建社会生产力有了很大的发展，封建社会的社会生产和贸易规模也发生了很大的改变。封建社会的多元互动方式批判地继承了古代社会的多元互动方式，但又有新的发展，尤其是随着生产力的发展、城市文明的进步，甚至商品经济的发展等，使得封建社会的多元互动方式的内涵非常丰富。

以经济为基础的互动方式。封建社会的生产力得到较快的发展，推动人自身的解放，推动农业生产和经济社会发展，从而改变了传统的互动方式。封建社会随着个体经济的发展，打破了传统的老死不相往来的存在状态。其突破口在于土地制度的改革，例如有专家认为，"永佃制度是中国传统农业社会后期出现的一种佃农有权永久性地耕种地主土地的租佃制度，是中国封建社会和社会经济发展到一定阶段的产物，并反过来促进城乡商品经济的发展，加快封建宗法制度的松解和农民的人身解放，有利于佃农个体经济的壮大和经济、社会地位的提高，有利于农业生产和社会经济的发展。因此永佃制度在中国封建社会经济发展过程中具有重要的历史地位"①。土地制度的改变撬动了农业发展和个体经济发展，也推动人们的互动方式发生了很大改

① 《〈中国永佃制度研究〉出版》，《中国经济史研究》2017 年第 4 期。

变，尤其是在城市不断规模化的过程中，人们从农业生产逐渐拓展到城市商业活动，城市的经营从根本上改变了传统的交往互动方式。以中国为例，中国封建社会时期的城市发展规模化程度比较高，城市的生活方式和交往方式发生极大的改变，即从农业经济互动方式逐渐拓展到商业互动模式，从原来的熟人互动方式转向熟人互动与陌生人之间互动并存的方式，封建城市发展，加快了南北民族之间贸易往来，南方民族与北方民族之间的互动更加紧密。当然，其中也伴随着南北战争的极端特殊方式。

以宗法为轴心的互动方式。封建社会是以熟人社会特别是以血缘关系为基础构成的社会，它承载着许多功能，既有利于维护社会的稳定，又有利于推动人们交往互动，减少互动成本。"中国封建社会的宗族组织不仅具有祭祀祖先、组织生产、发展经济、救济鳏寡、教化百姓的政治、经济、文化、教育等方面的功能，而且通过制定、实施宗族内的家法族规可以补充、完善封建国家制定的成文法体系（立法）和司法等方面存在的不足，进而产生了和谐乡里、化解矛盾、维护社会稳定的'法治'功能"①。以宗法为轴心的互动方式，一方面能减少互动成本，在熟人社会里面，人们之间的互动是"知根知底"基础上的交往，交往的风险从总体上来说比较低，而且熟人社会里人们的信用文化的培育，"面子"文化，受族规、家规等各种约束，人们之间的交往互动成本比较低；另一方面，能够有效地维护社

① 王胜国：《中国封建社会时期宗族组织的法治功能初探——兼论中国封建社会时期的"法治"》，《吉林师范大学学报（人文社会科学版）》2017 年第 4 期。

会稳定，对传承优秀传统文化、塑造乡村优秀典型、帮助群众排忧解难等具有不可替代的作用。

以封建专制统治为主线的互动方式，封建社会最典型的特质在于形成封建专制系统，构成了封建社会的主要政治权力结构，从而形成了一种独特的互动方式，主要体现在两个层面：一是显性互动方式，诸如王权与知识分子的互动方式，政治斗争、农民战争等互动方式；二是隐性互动方式，在长期的封建社会进程中，由于权力的作用，逐渐形成了一种独特的权力崇拜互动方式，揣摩"圣意"、揣摩上级的意图等隐性活动模式，下层人士、下属（大臣）通过悟性、揣摩、猜测上级的意图、意思、意向等，从而形成了封建社会独特的官场文化。进言之，就显性互动而言，政治较量、较劲作为一种特定的互动方式，在中国古代有王权与知识分子之间的较量（如朱元璋废丞相），也存在朋党之争，危及江山社稷，"朋党是中国封建专制统治内部权力斗争的产物，指的是为争夺权力、排斥异己而形成的集团。《荀子·臣道》曰：'朋党比周，以环至图私为务，是篡臣者也。'朋党被视作影响封建统治稳固的重大问题"①。朋党的互动方式最终危及国家安全，为历代帝王所忌讳，并极力避免；就隐性互动而言，主要是通过猜测、揣摩上级的意图来行事，这种隐性的互动方式往往导致行政成本很高，而且还容易导致各种所谓的官场险恶等现象。这种互动从根本上说是对社会权力的崇拜和畏惧，体现了人们对权力的依

---

① 王林：《"朋党现象"与"圈子文化"形成机制探析》，《领导科学》2017年第4期。

附性。

以封建社会核心价值观为导向的互动方式。封建社会形成一套能够维系古代社会运行的价值观，这些价值观构成了以儒家价值观为核心的儒家文化圈，在中国及周边国家都产生重大影响。这种价值观能够得到社会各阶层人士的认同，不管是封建帝王还是士大夫家族，抑或是平民百姓，还是土匪（盗亦有道）等都对封建社会尤其是儒家价值观有一定的认同。这种认同成为引导人们日常生活的交往方式和互动方式。有学者指出："综观中国两千多年的封建社会，'忠孝节义'无疑是中国封建社会核心价值观的具体表述，它是对中国封建社会核心价值体系——'三纲五常'的凝练和升华。宋元明清时期，中国封建社会核心价值才真正定型，并成为家喻户晓、妇孺皆知的价值观念。"① 以封建社会核心价值观为导向的互动方式，既有促进社会稳定、增加人们的社会认同感和国家认同感，进而推动人们社会交往的积极方面，又有约束人们行为、压抑人们心理、阻碍人们交往的消极方面，尤其是一些封建伦理、思想观念等，束缚了人们的成长和交往。

4. 资本主义社会的多元互动方式

资本主义代替封建主义是人类的重大进步，随着蒸汽机的发明、电气化的发展，随着资本主义工商业的发展，极大地促进了生产力的变革，促进了世界贸易的发展和变革，从根本上改变了传统的交往方

---

① 桑东辉：《中国封建社会核心价值观辨析——兼论封建社会核心价值观与社会主义核心价值观的区别与联系》，《贵州省党校学报》2017 年第 1 期。

式和互动方式。

以市场为导向的互动方式。以市场为导向的互动方式，主要是资本主义改变了传统自然经济形态下的农业互动方式，逐渐形成了商品经济形态下的市场商业互动方式。在商品经济形态下，以资本为逻辑，开拓了世界市场，从而在全球化的进程中形成以市场为导向的互动方式和交往方式。"资产阶级，由于开拓了世界市场，使一切国家的生产和消费都成为世界性的了。使反动派大为惋惜的是，资产阶级挖掉了工业脚下的民族基础。古老的民族工业被消灭了，并且每天都还在被消灭。它们被新的工业排挤掉了，新的工业的建立已经成为一切文明民族的生命攸关的问题；这些工业所加工的，已经不是本地的原料，而是来自极其遥远的地区的原料；它们的产品不仅供本国消费，而且同时供世界各地消费。旧的、靠本国产品来满足的需要，被新的、要靠极其遥远的国家和地带的产品来满足的需要所代替了。"①以市场为导向的互动方式，最大的特点在于资源配置的全球化、资本流动的全球化、人才流动的全球化等，使得国家之间、民族之间的交往超出了过去的任何一个时代，人员之间的频繁流动也超出过去任何时代，从这个意义上说，资本主义开拓了世界市场，导致生产的世界性、消费的世界性，使得遥远的民族之间拉近了交往的距离，人们的世界性交往更加成为可能。

以资本为逻辑的互动方式。资本是如何产生的？资本的出现是否开创了一个新的时代？马克思指出："只有当生产资料和生活资料的

---

① 《马克思恩格斯文集》第 2 卷，人民出版社 2009 年版，第 35 页。

占有者在市场上找到出卖自己劳动的自由工人的时候，资本才产生；而单是这一历史条件就包含着一部世界史。因此，资本一出现，就标志着社会生产过程的一个新时代。"① 因此，资本主义时代的特点是：对工人本身来说，劳动力是归他所有的一种商品形式，他的劳动因而具有雇佣劳动的形式。另一方面，正是从这时起，劳动产品的商品形式才普遍化。谈市场离不开资本，资本主义条件下的市场经济活动对资本具有充分的依赖度。在自由经济支配下，资本流向决定了市场发展程度。从这个意义上说，以资本为逻辑的互动方式开启了人类互动的新模式。

以资本主义价值观为导向的互动方式。资本主义社会取代封建社会，除了科学进步、大工业生产、世界市场的开拓等方面的优势之外，资本主义社会还提出了一套优越于封建社会乃至过去一切社会形态的核心价值观，诸如民主、自由、平等、博爱等。这些价值观的提出深深地改变了过去千百年来人民的价值观念，从根基上瓦解了传统等级观念的大厦。经过了几百年的资本主义价值观念的传播，我们回头看，资本主义价值观念是如何塑造出让世界上许多国家和人民都能接受的价值观念？它如何形塑人们的价值观念和行为方式？这些确实是当前传播社会主义核心价值观需要反思的问题。

当然，资本主义价值观念除了民主、自由、平等、博爱之外，还形成了各种形形色色的价值观念，甚至被作为瓦解（颠覆）他国政府的意识形态武器。价值观外交（Value-Oriented Diplomacy）一直以

---

① 《马克思恩格斯选集》第 2 卷，人民出版社 1995 年版，第 172 页。

来是西方一些国家外交的优先选择，从而导致世界上国家之间的较量隐含着背后价值观念的较量，导致以价值观为准则的国家之间的互动关系在二战之后尤为明显。

由此可以看出，社会主义社会的互动方式应该要站在人类文明的基础之上，批判继承过去一切有利于社会发展的优秀文明，并根据新时代创造性地开拓人类多元文化交往互动的新方式。

第 二 章

多元文化互动与核心价值

　　多元文化互动作为人类文明的存在方式之一，深深烙印着世界不同民族、不同文化之间的交互性体验的历史痕迹。人类的多样性文明及其交互性是多元文化存在的重要支撑。早在 20 世纪 20 年代，关于多元文化的研究就已初露端倪，到目前为止，多元文化及其互动的研究一直备受国内外学者关注，取得了积极进展。这些研究主要是针对多种族问题引发的文化思考和文化解决，强调文化的多样性及其权利。学术界围绕多元文化主义及其批判做了很多的研究，取得了丰厚的成果。

一、多元文化与价值的内在规定

（一）多元文化的内涵

学界讨论多元文化，时常与多元文化主义联系起来，甚至用多元文化主义代替多元文化。美国学者卡伦（H. M. Kallen）提出多元文化，主要是针对两个方面："一方面，大量来自东南欧的新移民带来族裔文化的多元化，对美国当时业已形成的盎格鲁—撒克逊本土主义（Nativism）传统构成了严重的挑战；另一方面，要求来自东南欧国家移民'完全、彻底地忘却……与出生国之间的一切义务和联系'，无条件地接受主流文化的'美国化'也大张旗鼓，如火如荼。"[1] 多元文化被关注主要是由于多民族的存在及其迁徙使本土民族受到外来民族的挑战。这就引发了一个讨论，多元文化主义到底是"文化"问题还是"种族"问题。日本学者梶田孝道认为，多元文化主义的界限存在多种疑问，即多元

---

[1]　Isaac Berkson, *Theories of Americanization*：*A Critical Study*, New York：Columbia University Press, 1920, p. 59。转引自王建娥：《多元文化主义观念和实践的再审视》，《世界民族》2013 年第 4 期。

文化主义使用的对象问题，"多元文化主义的问题究竟在于'文化'还是在于'种族'？"① 其实，不同的民族有不同的文化特性，多元文化更多地指称不同民族的文化多元化，是多民族呈现的文化特性。

20世纪60年代建立的"多元文化主义全国协会"就文化多元主义作出了一个界定，认为："文化多元主义指的是这样一种状态：在存在着信仰、行为、肤色以及语言等方面的差异的一个民族（国家）框架内，不同文化背景的人们在彼此支持的关系上平等共存。而为了实现这种文化多元主义，必须要有'多样性的统一'（Unity with Diversity）。每个人在意识并坚持自己认同的同时，给予他人同样的尊重和权利。"② 从这个定义可以看出，多元文化强调文化的多样性和差异性，而且这种差异性不是成为文化之间沟通的障碍，反而应该成为多样平等、共存的依据。多元文化之间应该是一个平等的、相互尊重的关系。类似的观点还有王希恩教授的文化之间的平等性，他认为："多元文化主义理论的第一要义是承认文化多元的合理性。民族压迫和歧视首先表现在文化上的歧视和不平等。因此多元文化主义中的文化多样性主张，反映的其实是文化平等和民族平等问题，与此形成的一种必然联系便是对西方文化霸权的挑战。"③ 黄力之教授认为："多元文化主义是指这样一种文化多样性立场：各种文明实体及其文化理念都有自己的生存权

---

① ［日］梶田孝道：《"多元文化主义"的困境》，荣颂安译，《世界》1992年第9期。

② R. D. Grillo, *Pluralism and the Politics of Diference：State, Culture, and Ethnicity in Comparative Perspective*, Oxford Scholarship Online, 2003. 转引自王建娥：《多元文化主义观念和实践的再审视》，《世界民族》2013年第4期。

③ 王希恩：《从多元文化主义到多元一体主义的思考》，《世界民族》2013年第5期。

利，互相之间应该和平共处，即中国所说的'和而不同'。"① 这里强调多元文化之间应该是和平共处、和而不同，指出多元文化之间应该建构一种和平的关系，而非冲突的关系。其实，多元文化与多元文化主义不能混为一谈，多元文化后面加"主义"并不是画蛇添足，而是蕴含着某种特定的文化立场。

多元文化简单来说，它作为主体多元性的一个文化体现，是不同民族之间的文化表征，它的存在是一种自然而然的结果，不应该作为某种立场而存在。世界上有多少民族，就有多少种文化，多元文化是社会多元的表征。而多元文化主义，指称特定的群体和人物，对多元文化存在的一种看法和观点，持存什么样的立场、观点。两者截然不同。

（二）多元文化主义的类型

多元文化主义是一种怎样的存在方式，有哪些类型？有学者就这一问题展开了论述，把多元文化主义划分为五种基本类型："（1）'保守型的多元文化主义'（Conservative Muhiculturalism），他们坚持白人文化的优势立场，认为弱势文化只有经过强势文化的同化才能融入主流文化。事实上，这种观点不是多元文化主义的，而是'单一文化主义'；（2）'自由主义的多元文化主义'（Liberal Muhicuhuralism），

① 黄力之：《多元文化主义的悖论——对亨廷顿理论的再评价》，《哲学研究》2003年第9期。

主张不同价值间的宽容和公民的普遍平等，但不承认差异；（3）'多元论的文化多元主义'（Pluralist Muhicuhuralism），在主张公民平等的同时，强调社群之间的差异；（4）'左派本质主义的多元文化主义'（Left-essentialist Muhicuhuralism），把社群、种族和性别的差异视为某种不可改变的本质，这种'多元文化主义'常常走向其反面即排斥他者的种族主义；（5）'批判的多元文化主义'，他们承认社群之间人与人之间存在真实的文化差异，但文化差异的背后还是阶级和经济因素在起作用，批判的多元文化主义力图回到文化差异的具体历史脉络，主张在历史、政治、经济和意识形态的具体语境中理解各种'多元文化主义'"。①

从这五种类型区分，可以看出，多元文化主义在西方具有不同的解读方案。但是，这五种分类法，归结到底，就在于聚焦是否承认文化的多样性及其相互平等的关系、多元文化之间是共生还是对抗的关系、文化差异性背后的各种力量及其社会关系等问题。多元文化主义和单一文化主义最大的不同在于承认文化之间具有差异性，文化主体之间是平等的，它们应该和平相处，和而不同。说到底，在于如何处理本土文化与外来文化之间的关系问题，本土文化如何应对外来文化的传入问题。因此，"五元论"实质上就是二元论，即多元文化之间能否共生发展，能否和平共存，从而形成和平的多元文化主义或抗争的多元文化主义。

---

① Joe L. Kincheloe and Shirley R. Steinberg, *Changing multculturalism*, Open University Press, 1997。转引自刘小新：《多元文化主义与"少数话语"》，《福建论坛（人文社会科学版）》2014 年第 3 期。

　　C. W. 沃特森在《多元文化主义》一书中对多元文化主义进行了比较透彻的分析，他指出多元文化主义包含两种立场：一种是温和的多元文化主义，一种是批判的多元文化主义，即激进的多元文化主义。沃特森指出："第一种（温和的）多元文化主义已经赢得了来自保守的议员们的认可却招致了激进人士的敌意；而第二种（激进的）多元文化主义遭到了保守主义者的反对却得到了激进的知识分子们的支持。"① 温和的多元文化主义强调文化的多样性特征，指出要"把文化的多样性作为主流文化和少数民族文化所富有挑战性、不断修正的、具有可比性的基本概念和原则的基础，这样以便于建立一种更有生气的、更为开放的和更为民主的共同文化。"② 这种观点把文化多样性作为文化交流与互动的前提、相互尊重彼此的差异，成为弱势文化发展的共同诉求；而激进的多元文化主义则"趋向正在进行的对主流文化和少数民族文化经验的批判性使用"③，其目标就是要"营造一个潜心于审视传统而非破坏传统的批判使用的环境"。④ 这种观点试图把文化的差异性绝对化，从本质上说是有排斥不同文化之间的交流与互动的意图。

---

　　① ［英］C. W. 沃特森：《多元文化主义》，叶兴艺译，吉林人民出版社 2005 年版，第 45 页。

　　② ［英］C. W. 沃特森：《多元文化主义》，叶兴艺译，吉林人民出版社 2005 年版，第 49 页。

　　③ ［英］C. W. 沃特森：《多元文化主义》，叶兴艺译，吉林人民出版社 2005 年版，第 49 页。

　　④ ［英］C. W. 沃特森：《多元文化主义》，叶兴艺译，吉林人民出版社 2005 年版，第 50 页。

面对种种争论，有专家认为："我们现在急需的是一种新型的多元文化，或许我们可以称它为'新多元文化论'，使它与休斯所贬称的'多元文化'相区别。这种多元文化论强调每种不同语言形式的效能与重要性。"① 无论如何，多元文化主义始终是颇有争议的话题。

（三）多元文化主义的复杂性争论

关于多元文化主义，比较典型的争论在于"多元文化主义是目的还是手段""多元文化主义是否已死"等，这些争论颇有耐人寻味之意。

关于如何理解多元文化主义的问题，梶田孝道提出手段和目的的问题，即"多元文化主义是目的还是手段"，不搞清楚这个问题，就很难弄清楚多元文化主义，不同的意图，多元文化主义发展的方向也就不同。因而，梶田孝道提出要从普遍主义角度去认清多元文化主义，他说："否定文化的不同是困难，而以文化不同为理由限制普遍的权利，应该说更为困难。大胆地说，要从普遍主义的观点重新认识多元文化主义，维护和进一步完善多元文化主义是困难的。问题是在认清多元文化主义界限的基础上，这样有效地利用它。"②

事实上，梶田孝道的观点具有重要意义。如果把多元文化主义仅仅理解为手段的话，那么，强势文化与弱势文化之间就不是一种简单

① ［美］R. 曼德森：《全球的单一文化多元文化和新多元文化》，杨风珍译，《国外社会科学》1994 年第 6 期。

② ［日］梶田孝道：《"多元文化主义"的困境》，荣颂安译，《世界》1992 年第 9 期。

的和平关系，而是弱肉强食的关系。如果仅仅理解为手段，那么，多元文化主义只是一些国家的政治借口或者种族借口，或者是自由的一种粉饰，本质上还是单一文化主义。就如同"保守的多元文化主义"所认为的那样，强势文化最终是会导致为霸权文化，同化弱势文化的文化，是主导性的文化。然而，如果把多元文化主义作为一种目的，那么，就必须尊重文化的多样性及其主体性地位，充分认识到世界的丰富性和文化的多样性的必然性。

其实，多元文化主义难以明确地界定是手段还是目的，因为它们之间是相互交融在一起的。多元文化是手段和目的的统一，这才是多元文化的复杂性所在。毋庸置疑，文化的主体是人，文化的属性从本质上说取决于人的属性。但这个人具有作为主体的身份，也有作为客体的身份。康德提出人是目的，指出"每一个理性存在者都应当决不把自己和其他一切理性存在者仅仅当作手段，而是在任何时候都同时当作目的自身来对待。"①并指出"你要如此行动，即无论是你的人格中的人性，还是其他任何一个人的人格中的人性，你在任何时候都同时当作目的，绝不仅仅当作手段来使用"②。从康德的论述中可以看出，作为理性的人，即作为文化主体的人，是手段和目的的统一。"不要让你自己成为他人的纯然手段，要对他们来说同时是目的。"③

----

① ［德］康德：《康德著作全集》第四卷，李秋玲译，中国人民大学出版社 2007 年版，第 441 页。

② ［德］康德：《康德著作全集》第四卷，李秋玲译，中国人民大学出版社 2007 年版，第 437 页。

③ ［德］康德：《康德著作全集》第六卷，李秋玲译，中国人民大学出版社 2007 年版，第 245 页。

即使成为别人的手段时，别人也成为自己的手段，因而对于主体的人来说，是合手段和目的的统一，这种统一反映在文化层面上来说，多元文化主义本身包含着主体的人的文化特性，即蕴含着手段和目的的微妙关系，而且多元文化的理论自觉必将导致多元文化主义最终体现其目的性。

关于第二个争论，是否存在"多元文化主义已死"的争论。近年来，欧洲一些主要国家领导人和机构就多元文化主义发难，他们的共同点在于"多元文化主义已死"或"多元文化主义失败"论，诸如德国、英国等。

2010 年 10 月 18 日，《光明日报》发表了一篇题为《德国建立文化多元社会的尝试失败》的报道："德国总理默克尔在波茨坦举行的基民盟青年大会上发言时说，德国建立文化多元社会的努力完全失败。默克尔说，让来自不同文化背景的民众在德国'快快乐乐、和平共处'地生活的方法没有产生任何效果。这种做法已经失败。她强调，外国移民仅仅遵守德国的法律还不够，还必须掌握德语，融入德国社会。就在前一天，基民盟的姊妹党基社盟党主席、巴伐利亚州长泽霍费尔也说：'多元文化主义已死。'他认为，'移民增加德国社会体系负担'，基民盟和基社盟两党要'致力于德国主流文化，反对多元文化'。"① 这表明德国开始反思多元文化，开始反对多元文化。

无独有偶，2011 年 2 月 5 日，英国首相大卫·卡梅伦在德国举行的欧洲政府安全会议上发表的演讲对多元文化主义作出批评，他认

---

① 《德国建立文化多元社会的尝试失败》，《光明日报》2010 年 10 月 18 日。

为："多元文化主义非但远没有在种族和睦和相互宽容方面起到强化社会凝聚力的作用，反倒通过破坏它的核心价值体系而弱化了英国社会结构。现在没有出于共同目标的普遍意愿，取而代之的却是分裂、不统一和缺乏融合。"① 也有人认为"它打着宽容多元性和对来自其他背景的群体保持开放性的名义，'宽容'了少数民族的价值观，却离间了多数民族的价值观，而后者对前者的仇恨便由此被合法化了。正是在这一特殊意义上，多元文化主义已经'失败'了：只有不再把多元文化主义奉为国策，多数民族才能接受少数民族，同时少数民族也才能为了自身利益而去体验融合的必要。因此，多元文化主义必须终止。"② 从这里可以看出，英国等一些国家开始反思多元文化主义，甚至反对多元文化本身。这里蕴含着深刻的政治意图和种族意图。

欧洲一些国家为什么要反对多元文化主义，为什么视之如洪水猛兽一般。归根结底在于他们力图对主流文化强化认同的政治需要，甚至对欧洲文化优越感的一种捍卫和留恋，并认为多元文化威胁到了他们的地缘政治安全、经济安全和文化安全。加拿大学者威尔·金里卡（Will Kymlicka）认为，"人们感到多元文化主义威胁到了他们的地缘政治安全、人权和经济安全"③，所以才反对多元文化主义。把社会

---

① ［英］盖瑞斯·詹金斯：《文化与多元文化主义》，陈后亮译，《国外理论动态》2012年第6期。

② ［英］盖瑞斯·詹金斯：《文化与多元文化主义》，陈后亮译，《国外理论动态》2012年第6期。

③ ［加］威尔·金里卡：《多元文化主义的兴衰？关于多样性社会中接纳和包容的新争论》，焦兵译，《国际社会科学杂志》2011年第1期。

的不安定、社会的不和谐的罪魁祸首归结为多元文化主义，其实是欲盖弥彰之手法。这些国家把多元文化和多种族等同，反对多元文化，很大程度上对多民族实体而言具有消极作用。殊不知，反对多元文化或将引起新的更大的种族冲突。

威尔·金里卡针对欧洲反多元文化主义进行了抨击，他在《多元文化主义的兴衰？关于多样性社会中接纳和包容的新争论》中针对各种误读进行了回应："认为多元文化主义仅仅或主要涉及符号性文化政治的观点，其依据完全误解了实际政策"，"后多元文化主义认为多元文化主义忽视了普遍人权的重要性，这同样是错误的。相反，正如我们已经看到的，多元文化主义本身就是一场基于人权的运动，既受到普遍人权和自由民主宪政原则的启示，也受到它们的制约"①。从这个回应可以看出，反多元文化主义者是对多元文化主义存在误解，并认为多元文化主义会使得一些少数民族获得自由权利之后对主流文化进行攻击和破坏，甚至对占主流的种族构成危险。多元文化主义不但不会破坏人权，相反会在普遍性的人权范围下推动人权的发展，因此，反对多元文化主义在威尔·金里卡看来是杞人忧天。

多元文化主义具有两面性："它既可以表现为向前看或进步的一面，又可以表现为向后看或保守的一面。"② 这种两面性，使得多元

---

① ［加］威尔·金里卡：《多元文化主义的兴衰？关于多样性社会中接纳和包容的新争论》，焦兵译，《国际社会科学杂志》2011 年第 1 期。

② ［加］威尔·金里卡：《当代政治哲学》，刘莘译，上海三联书店 2003 年版，第368 页。

文化主义难免产生两种后果：一种是为弱势文化争取生存和发展空间提供有利的说法。通过多元文化主义的诉求使弱势文化能够在世界文化发展空间中占有一席之地，从而为少数民族文化发展提供理论辩护，这是"向前看或进步的一面"，试图使世界文化的多样性共生得到保存，不同种族的文化可以自由发展；另一种是强势文化利用多元文化主义把文化间的差异绝对化，为强势文化隔离其他文化、阻隔其他文化的交流互动提供辩护，成为民族中心主义的变种，这是"向后看或保守的一面"，把不同文化的"边界"绝对化，这是导致文化冲突的深层根源，也是许多西方学者鼓吹"文化冲突论"的重要依据，我们必须予以高度重视。

事实上，在欧洲现代文明进程中，多元文化主义为不同的种族和解与共同发展提供了一种有效的范式，他们的共存都是在特定的更高的共识范畴下进行的。也就是说，欧洲文明进程中所形成的一种共同的价值共识是多元文化主义发展共同遵守的前提。为此，威尔·金里卡进一步指出："在自由民主价值观已经形成强烈共识的地方，人们对以下论断颇有信心：无论如何解决多元文化主义的问题，他们自己的公民权利和政治权利都会受到尊重。即不论如何满足族群或原住民群体的要求——不管实行怎样的语言权利、自治权利、土地权利或多元文化主义政策，人们都可以确信自己的公民权利不会被剥夺，不会被无辜地解聘，不会遭到族群清洗，不会在没有公平审判的情况下被监禁，言论、结社、信仰自由等权利不会被否定。简而言之，自由民主价值观的共识，确保了围绕宽容多样性所展开的辩论不会涉及生与死的重大问题。因此，主导群体不会拼死反对少数群体的诉求。这也是成功实行多元文化公民身份制度的前提条件。"① 这一论述无疑为那些担忧的认识打开了一个可以见到未来光明的窗口，也为多元文化主义的发展打开一扇门户，毕竟反对者的担忧在一定程度上是对原来形成的自由民主价值观的未来的忧心。

国内也存在一种观点，不能简单地谈支持或者反对多元文化主义，因为多元文化主义本身难以证明其正确性，一切取决于具体的文化环境。多元文化主义其实是一种文化立场："从表面上看，这种文化立场是基于民主、平等理念的；凡赞成民主、平等者，自然会趋向于多元文化主义。但是由于人们的现实关系充满着不民主和不平等的内容，因此多元文化主义本身就可能出自于不同的动机。对于弱者来说，多元文化主义是争取自己生存权、向强者讨生活的话语形式；而对于强者来说，多元文化主义既是表达自信心的机会，也是掩盖自己的霸权本质、不让他者染指自己特殊利益的烟幕弹。这意味着，多元文化主义自身并不能证明其正确性，一切都取决于具体的文化语境。"② 这一结论对客观地认识多元文化主义具有启迪作用。

简而言之，不管是支持多元文化主义，还是反对多元文化主义，或者第三条道路，它都表明多元文化主义已作为一种力量受到包括西方国家在内的众多国家的重视。为此，正视多元文化主义的存在，以及如何应对多元文化主义的问题，就成为世界文明多样性发展不可忽

---

① ［加］威尔·金里卡：《多元文化主义的兴衰？关于多样性社会中接纳和包容的新争论》，焦兵译，《国际社会科学杂志》2011 年第 1 期。

② 黄力之：《多元文化主义的悖论——对亨廷顿理论的再评价》，《哲学研究》2003 年第 9 期。

视的重要议题。

（四）多元文化主义的出路

如前所述，关于对多元文化主义的批判，可谓是仁者见仁，智者见智，不同的人、不同的国家有不同的看法，强势文化的国家、弱势文化的国家对多元文化的态度也不同。"多元文化主义不过是一元文化主义时代的自我救赎之道。由此观察到，西方人在不同国家和民族的观念形态之间，他们不喜欢讲什么'多元文化主义'。即使讲，也注定不能自圆其说。"[1] 为什么西方如此对待多元文化主义，这个来自西方的概念及其"主义"。国内有学者总结了两点："一是在对待多元和统一问题上有失偏颇，认为'主张多元文化主义的人在理论上没有完全解决一元与多元的关系问题'；二是多元文化主义有助长'种族差别'、扩大民族或文化隔阂的倾向，认为多元文化政策造就了'族性迷信'，成为一种社会分裂的因素。"[2] 多元文化主义的出路不可回避多元和统一的问题，即让多元文化回归自身世界。

作为一种自然存在的多元文化，其走向是形成多元一体的文化格局，这是多元文化的主要出路之一。以中国为例，费孝通提出"中华民族多元一体"的格局，阐释了多民族国家的文化之间如何共存及其

---

[1] 黄力之：《和而不同：多元文化主义的困境》，《探索与争鸣》2014 年第 10 期。

[2] 王希恩：《从多元文化主义到多元一体主义的思考》，《世界民族》2013 年第 5 期。

汇聚在中华民族文化的主流中。他认为："中华民族成为一体的过程是逐步完成的。看来先是各地区分别有它凝聚中心，而各自形成了初级的统一体。比如新石器时期在黄河、长江中下游都有不同的文化区。这些文化区逐步融合出现汉族的前身华夏的初级统一体，当时长城外牧区还是一个以匈奴为主的统一体和华夏及后来的汉族相对峙。经过多次北方民族进入中原地区及中原地区的汉族向四方扩散，才逐步汇合了京城内外的农牧两大统一体。又经过各民族流动、混杂、分合的过程，汉族形成了特大的核心，但还是主要聚居在平原和盆地等适宜发展农业的地区。同时，汉族通过屯垦移民和通商在各非汉民族地区形成一个点线结合的网络，把东亚这一片土地上的各民族串联在一起，形成了中华民族自在的民族实体，并取得大一统的格局。这个自在的民族实体在共同抵抗西方列强的压力下形成了一个休戚与共的自觉的民族实体。这个实体的格局是包含着多元的统一体。所以中华民族还包含着五十多个民族。虽则中华民族和它所包含的五十多个民族都称为'民族'，但在层次上是不同的。而且在现在所承认的五十多个民族中，很多本身还各自包含更低一层次的'民族集团'。所以可以说，在中华民族的统一体之中存在着多层次的多元格局。各个层次的多元关系又存在着分分合合的动态和分而未裂、融而未合的多种情状。"① 从费孝通的多元一体格局中可以得出：一是多元文化的存在是伴随着民族之间的交融逐渐形成的格局，既包括民族之间的冲突，也包括民族之间

---

① 费孝通：《中华民族的多元一体格局》，《北京大学学报（哲学社会科学版）》1989年第4期。

的共生发展等。多元文化的出路取决于民族的多样性及其发展。只有多民族的丰富和发展，多元文化的格局才能持久。二是多元文化之间构成一个整体，即多元文化在发展过程中自觉地形成一个共同的价值共识和文化主体，即一体。用费孝通的话来说："中华民族多元一体格局存在着一个凝聚的核心。"① 多元文化走向一体，不是单一化的结果，而是多元文化格局中形成的一个凝聚的核心，这个核心在推动多元文化发展中能够发挥作用。

就人类文明而言，多元文化的出路在于不同文明之间可以共同发展，不同文明之间相互交流，通过对话交流来实现宗教宽容、宗教和解、文化对话、总体共生的格局，共同为人类文明作出贡献。"人类生活在不同文化、种族、肤色、宗教和不同社会制度所组成的世界里，各国人民形成你中有我、我中有你的命运共同体。"② 中华民族长期以来主张和而不同、求同存异，国与国之间、不同民族之间的文化应该是平等的，应该相互得到尊重，相互交流、互通有无，为人类文明的进程作出贡献。因此，多元文化顺应了历史发展的潮流，顺应了时代发展的方向。"一花独放不是春，万紫千红春满园"。世界的丰富多彩，恰恰在于不同民族之间文化的丰富多彩。

---

① 费孝通：《中华民族的多元一体格局》，《北京大学学报（哲学社会科学版）》1989年第4期。

② 习近平：《出席第三届核安全峰会并访问欧洲四国和联合国教科文组织总部、欧盟总部时的演讲》，人民出版社2014年版，第14页。

二、多元文化互动与核心价值

多元文化互动作为人类的重要存在方式，内在地与文化的价值观念联系起来。不同的民族文化有着不同的价值取向，表征着文化主体的价值意识、价值观念、价值判断、价值理性和价值追求等。多元文化互动，在某种意义上说，是作为其核心的价值观念之间的互动，是隐匿在文化深处的价值之间的互动和较量。

（一）文化建构价值

文化是人的创造物，是人们在长期实践过程中积淀的一种物质对象化的精神业态。从人类学的角度看，文化作为人类的创造物，建构了人们的精神世界。爱德华·泰勒认为，文化是"包括知识、信仰、艺术、道德、法律、习俗以及作为社会成员的人所掌握和接受的任何其他的才能和习惯的复合体"。① 而马凌诺斯基则认为："文化是指那一群传统的器物、货品、技术、思想、习惯及价值而言的，这概念实包含着及调节着一切社会科学。"② "文化含有二大主要成分——物质的和精神的，即已改造的环境和已变更的人类有机体。文化的现实

---

① ［英］泰勒：《原始文化：神话、哲学、宗教、语言、艺术和习俗发展之研究》，连树生译，广西师范大学出版社 2005 年版，第 1 页。

② ［英］马凌诺斯基：《文化论》，费孝通译，华夏出版社 2001 年版，第 2 页。

即存在于这两部分的关系中，偏重其一，都会成为无谓的社会学的玄学。一种器物的同一性并不在于它的特有形式，一个观念，或风俗的同一性也不在于它的形式。器物的形式始终是为人类行动所决定，所关联，或为人类观念所启发。信仰，思想和意见也是始终表现于被改造的环境中，要认识文化的现实，只有从此着眼。"① 从这两种文化界定可以看出，文化一方面作为人类创造物的人文记忆与摹写，反映人类实践的主观意志和实践成果；另一方面，也反映出文化以人的意志和愿望建构一定的道德、信仰、思想、习惯、价值等内容，从而以更高的要求对人自身作出规定。这个规定指涉人类自身："当规定涉及做出规定的人类理性时，我们就进到了人类理性的边界。在人类理性的边界处做出的规定，就必定具有不完全性。"② 正是这种不完全性使得文化在建构价值意识和价值观念时体现了多样性和不确定性。

康德认为："在一个有理性的存在者那里，产生一种达到任何自行抉择目的的能力，从而也就是产生一种使一个存在者自由地抉择其目的之能力的就是文化。"③ 文化即理性行为者的一种选择能力，是作为一种自由选择其目的的能力。作为一种选择能力，文化对人的意义更在于人有自由的能力，即 "文化上的每一个进步，都是迈向自由的一步"④。文化建构价值，主要指称文化的作用和功能在建构人

---

① ［英］马凌诺斯基：《文化论》，费孝通译，华夏出版社 2001 年版，第 95 页。

② 王天思：《从描述和规定看不完全性定理的悖论关联及哲学意蕴》，《江西社会科学》2013 年第 5 期。

③ ［德］康德：《判断力批判》下卷，韦卓民译，商务印书馆 1996 年版，第 95 页。

④ 《马克思恩格斯文集》第 9 卷，人民出版社 2009 年版，第 120 页。

的价值。文化既可以改变人的先天性特点，塑造人们的需要，"文化深深地改变人类的先天赋予"，它"在满足人类需要当中，创造了新的需要。这恐怕就是文化最大的创造力与人类进步的关键"①。文化建构价值，一方面文化孕育着特定的价值观，为价值观的形成提供土壤，因而有什么样的文化形态就会形成什么样的价值内涵；另一方面，价值是文化的核心，是文化最重要的内容，是文化的内核，因而抓住了价值观就等于抓住了多元文化互动的核心和重心，从纷繁复杂的文化现象中寻找到其内核与本质。

（二）多元文化互动内核在于价值观之间的交流与碰撞

一般而言，不同的民族文化有着一定的差异性，这种差异性体现在两个方面：一是文化形式的差异性，即各民族文化的载体在表现形式上存在很大的差异性，这种差异性导致不同地区的习俗等方面存在差异，甚至是对立的。因而，多元文化互动不能忽视差异，甚至说，正是因为存在这种文化形式的差异性，多元文化互动才有意义。文化建构价值，文化孕育着核心的价值观，多元文化互动，其核心在于多元价值观之间的互动，即不同的文化形态背后的价值观之间的互动，这种互动时常以各种文化形式、文化器皿、文化活动、文化艺术等形式呈现出来。多元文化互动的价值考量，充分体现了价值观念在文化中的重要地位和作用。二是价值观的差异性。如前所述，文化的载体

---

① ［英］马凌诺斯基：《文化论》，费孝通译，华夏出版社2001年版，第99—100页。

表现形式是多样的，其背后隐含着价值观的差异性。不同的民族文化内蕴着特定的价值观，多元文化之间的差异，核心在于价值观的差异性。即是说，多元价值观之间存在一定的差异性，这种差异性使得不同的文化价值观既有交流的可能和需要，又存在不可避免的冲突等。亨廷顿提出文明冲突论，从根本上说就体现了不同文明的价值观存在冲突。

任何一种文化都孕育着特定的价值观，形成这种价值观取决于特定的地方性知识，与特定的历史环境、人文地理密切相关。马克思曾经一针见血地指出："他一定要把我关于西欧资本主义起源的历史概述彻底变成一般发展道路的历史哲学理论，一切民族，不管它们所处的历史环境如何，都注定要走这条道路，——以便最后都达到在保证社会劳动生产力极高度发展的同时又保证每个生产者个人最全面的发展的这样一种经济形态。但是我要请他原谅。（他这样做，会给我过多的荣誉，同时也会给我过多的侮辱。）"① 马克思反对千篇一律的历史结论，反对不重视不同的历史环境，"它们所处的历史环境如何"直接影响到走什么路的问题。这样就孕育着地方性知识的理念。文化价值观的差异性恰恰在于不同的历史环境、人文地理、生活习性等方面的差异性。"人们在共同活动、相互作用和时间持续的过程中总会形成以利益为基础的社会群体。由于共同活动的对象不同和地域不同、相互作用的方式不同以及持续时间不同等因素，总会形成不同的社会群体。不同的社会群体作为不同的主体总会具有不同的价值意

---

① 《马克思恩格斯文集》第 3 卷，人民出版社 2009 年版，第 466 页。

识及在其基础上积淀而成的不同社会价值观念，可以说，这是绝对的。由于存在着许多不同的社会价值观念，因而不同社会价值观念之间的相互排斥和相互否定是绝对的，不同社会价值观念之间的相互融合和相互渗透也是绝对的。"①

由此，可以得知，不同地区的人群有不同的价值追求。特定人群在实践中建构起了共同的价值观，这种共同的价值观又建构并维系了特定人群的生存状况，马克思特别强调意志，他说："要有同样的意志，这些多数人就要有同样的利益、同样的生活状况、同样的生存条件，或者他们至少必须在自己的利益上、在自己的生活状况上、在自己的生存条件上，暂时互相密切地结合在一起。说得明白一点，所谓人民的意志，多数人的意志，并不是个别等级和阶级的意志，而是唯一的一个阶级和在社会关系即在工业和商业关系方面都从属于这个唯一的统治阶级的其他阶级以及阶级的某些部分的意志。"② 特定的人群有着某种意志，直接作用于价值观，成为价值观多元化差异的核心因素之一。因此，多元价值观之间的交流与对话，实质上就是不同文化群体形成的某种共同的意志之间的交流与对话，以实现其群体意志和目标。

多元价值观之间的交流与碰撞，既反映了不同价值观的主体意识和利益意识，又彰显不同群体的主体意志。不同群体的主体意志通常以价值追求的方式表露出来，并通过价值观的外在形式，即多元文化

---

① 陈新汉等:《社会主义核心价值体系论研究》，北京师范大学出版社 2012 年版，第48 页。

② 《马克思恩格斯全集》第 6 卷，人民出版社 1961 年版，第 235 页。

的各种承载形式表现出来。因此，多元文化互动，实质上就是价值观之间的交流和碰撞。

然而，在一定社会形态下，由于多元价值观的排斥、碰撞、交融、渗透等问题不可避免，如何使多元价值观能够处在一定的张力下实现社会运行利益的最大化，这就需要建构一种能够起到引领作用的核心价值体系。因此，必须要正视多元文化互动为核心价值体系建设带来的机遇与挑战。

（三）多元文化互动为社会主义核心价值体系带来的机遇与挑战

社会主义核心价值体系是社会主义在意识形态领域的本质体现，是社会主义道路发展在精神上（价值上）的映射和显现。

社会主义核心价值体系的提出有着应对多元文化的考量。中央为什么在这个时期提出建设社会主义核心价值体系的命题，毋庸置疑，跟全球化及多元文化的价值观念、各种社会思潮碰撞有一定的关联。党的十六届六中全会通过《中共中央关于构建社会主义和谐社会若干重大问题的决定》提出"建设社会主义核心价值体系"的重大课题，并把社会主义核心价值体系概括为四个层面："马克思主义指导思想，中国特色社会主义共同理想，以爱国主义为核心的民族精神和以改革创新为核心的时代精神，社会主义荣辱观"①，并在中央的许

---

① 《十六大以来重要文献选编》（下），中央文献出版社 2008 年版，第 661 页。

多文件和报告中不同程度地对社会主义核心价值体系建设意图进行了
阐释，比较关键的是党的十七大、十八大、十九大这三次会议，对社
会主义核心价值体系的用途和意图做了明确的阐述。党的十七大报告
指出：要"积极探索用社会主义核心价值体系引领社会思潮的有效
途径，主动做好意识形态工作，既尊重差异、包容多样，又有力抵制
各种错误和腐朽思想的影响。"① 党的十八大报告进一步指出："社会
主义核心价值体系是兴国之魂，决定着中国特色社会主义发展方向。
要深入开展社会主义核心价值体系学习教育，用社会主义核心价值体
系引领社会思潮、凝聚社会共识。"② 党的十九大报告指出把社会主
义核心价值体系纳入新时代中国特色社会主义思想和基本方略之一，
从战略层面加强社会主义核心价值体系建设，"更好构筑中国精神、
中国价值、中国力量，为人民提供精神指引"。③ 从中央的这三次大
会中关于社会主义核心价值体系的论述可知，社会主义核心价值体系
的提出主要有以下几个意图：一是引领社会思潮；二是凝聚社会共
识；三是抵制各种错误和腐朽思想的影响；四是构筑中国精神、中国
价值、中国力量；五是为人民提供精神指引。这五点表明我们对社会
主义核心价值体系的认识不断深化，特别强调了构筑中国精神、中国
价值、中国力量重大命题，对新时代社会主义核心价值体系提出更高

---

① 胡锦涛：《高举中国特色社会主义伟大旗帜　为夺取全面建设小康社会新胜利而奋
斗——在中国共产党第十七次全国代表大会上的报告》，人民出版社 2007 年版，第 34 页。

② 胡锦涛：《坚定不移沿着中国特色社会主义道路前进　为全面建成小康社会而奋
斗——在中国共产党第十八次全国代表大会上的报告》，人民出版社 2012 年版，第 31 页。

③ 习近平：《决胜全面建成小康社会　夺取新时代中国特色社会主义伟大胜利——在
中国共产党第十九次全国代表大会上的报告》，人民出版社 2017 年版，第 23 页。

要求。社会主义核心价值体系至少要肩负起这五个功能，而这五个功能都跟多元文化密切相关。由多元文化及其引起的多元社会思潮、多元价值观念、多样性的社会思想等，在当前已成为影响人们价值观念、价值判断的重要因素。尤其是在全球化时代，多元文化引发的各种价值观念的交流与碰撞直接影响到主流意识形态的安全、影响传统意识形态的安全等，为社会主义核心价值体系带来机遇和挑战。

1. 多元文化互动激活了社会多元价值观，推动价值主体的理论自觉和反思

多元文化孕育了多元的价值观，社会多样性有着更加鲜明的价值色彩，从而使得主体能在多元文化的交流互动中获得多元价值观的熏陶。价值主体在多元价值观的熏陶中有着自觉的价值判断意识和价值选择。价值主体的理论自觉，亦是价值主体在多元价值观交流和碰撞中选择什么样的价值观作为其认同和支持的对象。

价值主体是人，康德提出"人是目的"的重要命题，"人就是这个地球上的创造的最后目的"[1]，并提出"如果世界纯由无生命的存在物构成，或虽然部分由有生命的、但无理性的存在物构成，那么一个这样的世界的存有就会完全没有任何价值，因为在它里面将会没有任何具有起码的价值概念的存在物存在。"[2] 康德就是要彰显人才是真正的自然界的主体和价值主体。然而，作为价值的主体，首先是个体的价值存在者，马克思认为，"人是特殊的个体，并且正是人的特

---

① ［德］康德：《判断力批判》，邓晓芒译，人民出版社2002年版，第284页。
② ［德］康德：《判断力批判》，邓晓芒译，人民出版社2002年版，第308—309页。

殊性使人成为个体，成为现实的、单个的社会存在物，同样，人也是总体，是观念的总体，是被思考和被感知的社会的自为的主体存在，正如人在现实中既作为对社会存在的直观和现实享受而存在，又作为人的生命表现的总体而存在一样。"① 个体的存在既是单个个体的存在物，也是观念的总体存在物，在其社会存在过程中总是体现一定社会的总体观念和价值选择。这种个体的价值思维方式在多元文化互动的社会存在中必然会激活人们的价值选择，激荡人们的价值观，从而丰富社会上作为单个个体的主体价值观的多样性，也推动社会价值观的多元化变迁。

2. 多元文化互动为多元价值观之间的交流提供平台，为社会主义核心价值体系建设提供重要构成性资源

人是社会的存在物，马克思说："我从自身所做出的东西，是我从自身为社会做出的，并且意识到我自己是社会存在物"②，人作为社会存在物，而且是意识到自身存在的社会存在物，人的生活和实践必然要受到社会文化价值观念的作用和影响，个体的活动可以是多样的，但是个体的普遍意识在一定程度上确实反映社会存在的共同性意识，或以社会存在物的共同性意识为基础，因而，人的意识和价值观念，总是一种社会价值观的普遍性反映。"我的普遍意识不过是以现实共同体、社会存在物为生动形态的那个东西的理论形态，而在今天，普遍意识是现实生活的抽象，并且作为这样的抽象是与现实生活

---

① 《马克思恩格斯文集》第 1 卷，人民出版社 2009 年版，第 188 页。
② 《马克思恩格斯文集》第 1 卷，人民出版社 2009 年版，第 188 页。

相敌对的。因此，我的普遍意识的活动——作为一种活动——也是我作为社会存在物的理论存在。"① 作为普遍意识的共同体，在人们实践活动过程中总是以某种特殊的形式呈现出来，并受到社会存在物的制约。由此，社会上存在什么样的文化及其互动，都直接或间接地影响到人们的观念变迁。多元文化互动使得人们在交流过程中普遍意识的存在更加得到传播和认同。当然，在看到优势的同时，也不能忽视多元文化互动对传统民族国家的意识形态安全构成的严重威胁。

3. 多元文化互动给主流意识形态安全带来严峻挑战

多元文化互动意味着会有不同的意识形态介入，并成为一定社会主流意识形态的不可忽视的力量。文化是意识形态的重要表征，不同的文化黏附着特定的意识形态，建构人们的存在方式和生活方式，使得不同的文化群体的意识形态及其价值取向有着一定的差异性，甚至是相互拆解、相互对抗和对立的。文化的冲突内在地意蕴着意识形态的冲突，而核心价值观是意识形态的本质体现，是内核，那么意识形态的冲突，从根本上说也是核心价值观之间的冲突和对抗。格尔茨认为，"社会科学还没有发展出一套真正的非价值取向的意识形态概念"②，任何意识形态总是特定阶级或占主导地位的阶级或群体所形成的一种价值共同体。这种价值共同体反映了占主导地位的阶级或群体的价值取向、价值诉求和价值意愿。这种集成方式和运作方式，使得不同的文化国家之间，强势文化国家对弱势文化国家构成某种程度

---

① 《马克思恩格斯文集》第 1 卷，人民出版社 2009 年版，第 188 页。
② ［美］格尔茨：《文化的解释》，韩莉译，译林出版社 1999 年版，第 234 页。

上的挑战和威胁。

黑格尔说，国家是在地上的精神，"自在自为的国家就是伦理性的整体，是自由的现实化；而自由之成为现实乃是理性的绝对目的。国家是在地上的精神，这种精神在世界上有意识地使自身成为实在，至于在自然界中，精神只是作为它的别物，作为蛰伏精神而获得实现。只有当它现存于意识中而知道自身是实存的对象时，它才是国家。"① 国家是在地上的精神，体现在地理意义上的国家和文化观念上的国家。尽管两者有着重大的联系和密切的关联，但却不能混淆。从这个角度看，一个国家的安全，也不完全是地理意义上的国家安全，更为重要的是包含国家的文化安全、意识形态安全等。国家安全既是硬实力的体现，也是软实力的体现。软实力如果处理得不好，直接影响到硬实力，甚至会瓦解硬实力。现代国家都非常重视软实力的安全问题，多元文化互动从消极的层面上看，对传统的民族国家来说是一个威胁，主要表现在以下几个方面：一是多元文化互动对传统民族国家主导意识形态有一定的冲击力。在传统社会里，国家的主导意识形态在一定历史时期可以有效钳制民众的价值观念，个体的价值观念逐渐屈从于社会价值观念。在小农经济社会里，这种意识形态控制具有一定的效力。但是，随着时代发展，多元文化的介入，各种文化及其黏附的价值观不断深入民众的生活方式和工作方式，从而打破了传统社会结构中意识形态的控制力，使得民众的价值观有着更大的比

---

① ［德］黑格尔：《法哲学原理》，张企泰、范扬译，商务印书馆 1996 年版，第258 页。

较空间和选择空间，从习惯性的角度看，对新鲜的各种观念有着一定的诱惑力，这种诱惑力伴随着现代的文化形式来呈现，使得传统占主导的意识形态面临解构的危险。二是多元文化互动及其意识形态渗透一方面使传统社会的主导意识形态面临淘汰的危险，另一方面也给人们的思想观念带来极大的冲击。在西方强势文化的冲击下，对广大民众的文化选择带来空间，间接影响了社会主导价值观的冲击。美国后现代主义的巨匠理查德·罗蒂（Richard Rorty）认为，当代民主国家的政治、制度和社会都渗透着文化多元论之隐喻"拒绝核心和深刻"[①]。这种拒绝核心在很大程度上对社会主导的意识形态具有某种拆解、消解的意义。近年来，美国等西方发达国家通过宗教、影视作品等多途径进行文化渗透，对许多民族国家的文化传统构成严重的冲击。

4. 多元文化互动给人们的精神世界带来了许多不确定因素，境外价值观渗透给社会主义核心价值体系建设带来严峻挑战

多元文化互动从内心深处激荡着民众的价值观，在给人们的精神世界提供多元精神供给的同时，也诱发一些群体出现精神浮躁和不安的内心。

人们的内心躁动直接影响到其对社会主流价值观的认同和接受。社会越开放，人们的内心世界就越有价值空间，各种价值观的冲击和较量，使得人们的内心不再平静，这种不平静主要表现在三个方面：一是利益的诱惑，西方文化传入的价值观念，对利益的诉求和功利主

---

① ［美］理查德·罗蒂：《后哲学文化》，黄勇译，上海译文出版社 1992 年版，第153 页。

义倾向，容易诱导一部分人的认同和支持，从而形成一种内心的躁动，功利行为，急功近利的观念，使得人们难以平静下来。社会的浮躁和各种不安的内心，与之有着一定的联系，表面上看似乎显得平静和安宁，但"内心里却藏着深深的惆怅"①。二是对现有主流价值观的拒绝，对长期以来所形成的价值观念的拒斥和反思，引发了内心的不平静。面对社会多元文化共存及其建构的分析问题的思路和观念，容易迷惑一部分年轻人，因而对现有主流价值观的反思和拒斥，对传统已形成的价值观进行叛逆和拒绝，容易引发不平静。三是多元文化互动所建构的一种人生价值追求，使许多人对西方国家生活方式的向往和追求，包括对社会的自由、个人主义的倾向等，使得人们在反思现在存在的时候，有一种批判的眼光和焦虑的内心。

多元文化互动带来的外来文化价值观的渗透，对推动社会主义核心价值体系的构建形成了严峻的挑战。任何一个国家都有特定的核心价值体系，并以此作为引领社会发展的价值导航仪。这种核心价值体系体现了人民群众价值追求的最大公约数，是人民群众日常生活和工作的价值判断的规范，也体现了一个时代的基本特征，体现了一个社会发展的主要方向。中央提出社会主义核心价值体系，正是我国社会发展到一定阶段之后对社会的主导意识形态进行反思的必然。马克思说："统治阶级的思想在每一时代都是占统治地位的思想。这就是说，一个阶级是社会上占统治地位的物质力量，同时也是社会上占统治地位的精神力量。支配着物质生产资料的阶级，同时也支配着精神

---

① 《马克思恩格斯全集》第 1 卷，人民出版社 1995 年版，第 803 页。

生产资料，因此，那些没有精神生产资料的人的思想，一般地是隶属于这个阶级的。占统治地位的思想不过是占统治地位的物质关系在观念上的表现，不过是以思想的形式表现出来的占统治地位的物质关系；因而，这就是那些使某一个阶级成为统治阶级的关系在观念上的表现，因而这也就是这个阶级的统治的思想。"① 在阶级社会里，国家在发展过程中总是需要用能够起主导作用的核心价值体系去引领社会发展的方向，一个社会的正常秩序才能得以维系。任何一个国家不愿意，也不能沦为多元价值体系的"名利场"，在价值观领域导致社会的混乱。因此，国家的有序，必定需要一定的核心价值体系作为引领，建设一定的核心价值体系，体现了广大人民群众的意志和愿望，体现了国家的意志和要求，体现了这个时代发展的重要趋势等，从而实现多维度、多层面的价值共识和价值追求。

中央在十六届六中全会《中共中央关于构建社会主义和谐社会若干重大问题的决定》中提出"社会主义核心价值体系"的重大命题，并明确"社会主义核心价值体系是社会主义意识形态的本质体现"，是"社会主义意识形态的旗帜和灵魂"②，是国家意识形态建设的核心。社会主义核心价值体系作为社会主导性的价值，必须要牢牢掌握意识形态发展的舵。而在多元文化时代，各种价值观相互激荡，相互交流，甚至相互冲突亦难以避免。这就给社会主义核心价值体系建设带来一些不确定因素和现实冲击。毋庸置疑，当前主导的价值观面临西方价

---

① 《马克思恩格斯选集》第 1 卷，人民出版社 1995 年版，第 98 页。
② 《十六大以来重要文献选编》（中），中央文献出版社 2006 年版，第 493 页。

值观的强大攻势，有学者指出："价值观问题在美国对外政策中一贯占有重要地位，正如约瑟夫·奈指出的：'自从建国初期开始，美国人就一直为将我们的价值观与我们的其它利益相结合而绞尽脑汁。'美国学者 J. 斯帕尼尔也指出：'我们的政治领袖们反映了美国社会的价值观念，每当他们在执行国家的对外政策中似乎要漠视这些价值观念时，他们总会受到政府行政部门、国会、反对派以及新闻界人士的批评。'"① 事实上，中西方价值观的较量和冲突长期以来就存在，一些国家凭借强大的文化产业的包装，对发展中国家进行价值观的渗透，如何维护国家的意识形态安全，也是当前许多国家面临的重大议题。

三、多元文化互动中核心价值体系的话语权竞生

文化与语言有着天然的粘合性，话语是建构文化存在的重要方式，文化也是孕育话语的母体，它们之间是相互依存、相互孕育和相互建构的。不同的话语形式所呈现的文化形态具有不同的特点，不同的语系不仅建构文化本身，还直接影响到文化的表达。

（一）语言是文化的载体

语言作为文化的载体主要体现在两个方面的功能，即描述和解释

---

① 张峰：《应对西方价值体系冲击　应具备两个根本态度》，人民网，2011 年 5 月 3 日。

的功能。这种功能既可以通过语言文字来表达，也可以通过口头语言来承载，许多的文化传承都通过口头的方式来传递，这更显示了语言的奥妙。语言在描述和解释人类活动过程中推动文化的传承及其呈现，也推动了多元文化的交流和互动。

描述是语言的首要功能。语言描述指称语言以一种比较客观的形式再现文化的存在和人类的文化活动，作为一种记忆系统的表达，这种描述是一种纯粹的语言描述。语言成为承载文化活动、文化记忆、文化符号、文化意义的符号系统，不管是主观意愿，还是客观层面，语言都在一定程度上描述人类的文化活动、文化产品和文化记忆。不同民族的语言、不同时代的语言总是以自身特有的方式描述文化本身，为人类的文明发展承载记忆。因而，语言文字的出现，在很大程度上推动了多元文化的交流和互动，也促使人类文明的传承和积淀。

语言描述有两个基本特征，即客观性和主观性，它们之间是辩证统一的。语言的客观性是语言描述的基本属性，是语言在描述人类文化活动过程中保持一种客观独立的状态。这种描述不因民族情感、社会意识形态所左右，成为再现人类文化活动的记忆体。文化作为一种描述性的概念，触及了语言的描述性问题。"文化作为一种描述性概念，指的是一个人群所积累的思想、传统、风俗、技艺和工艺成果的总和，因而亦指某一群体区别于其他群体的东西"①，语言在其中的描述则以客观的形式来记录、承载人群所积累的思想、传统、风俗习惯等文化成果。语言的客观性超越了语言之间的差异性，也超越了民

---

① 王铭铭：《西方人类学思潮十讲》，广西师范大学出版社 2005 年版，第 7 页。

族之间的差异性，在一定程度上刻录了人类文化活动，使得不同的文化类型在一定时期具有共通性，这种客观表征着语言纯粹的描述能力和中性特征。

　　然而，语言不仅具有客观性，更具有主观性，不管是无文字的口头语言，还是有文字的书面语言，语言的表达总是文化主体的表达，这种表达与主体的信仰、价值观念、认知方式和情感等联系在一起，与一定时期的社会意识形态联系在一起，并受之制约，甚至是束缚。语言在描述文化时，本身也在发挥人的主体性，在参与建构文化，《写文化》一书认为，"写文化"（Writing Culture），意思是说，人类学是一种书写的实践——虽说人类学家描述他人的文化，但他们自己的描述也构成一种文化。① 语言描述的主观性最大的问题在于语言在什么程度上对文化进行摹写？摹写到什么程度？以及关涉世界是否可说？人类的实践活动是否可以记录？人类的内心世界是否可以表达等系列问题。关于外部世界，语言如何摹写，即"关于世界是有限整体的感觉，是神秘的感觉，这种感觉显然是不可说的，否则必然会遇到上述的那种要求置身于世界之外的矛盾。但是，就像人们有把自身也当作考察对象的冲动一样，语言和形而上主体也有冲破语言界限，从外面来把握和描述整个事实世界的企图。"②

　　语言描述为语言解释提供前提性条件。语言的解释功能体现在语言在一定范围内对世界、社会等各个方面出现的现象进行回应，含口

---

　　① 参见王铭铭：《文字的魔力：关于书写的人类学》，《社会学研究》2010 年第 2 期。
　　② 涂纪亮：《英美语言哲学》，中国社会科学出版社 1993 年版，第 150 页。

头的、书面的回应，即作出解释。解释因而成为语言的最重要的功能之一。长期以来，人们习惯于语言的解释，并以此作为把握外部事物和现象的重要依据。"由于被认为标志着认识的最终成果，解释理所当然地受到人们的普遍青睐；由于被看作是认识的前期工作，描述则自然而然地为人们所长期忽视。"① 语言的解释在一定时期内承担了大量的人类交际、人类交往的功能，但是语言的解释力匮乏，容易引发对事物甚至包括对语言本身的恐慌。因而，语言的描述和解释总是要保持一定的张力。"描述和解释虽然在许多方面具有某种难以分割的密切联系，但它们的一个具有重要意义的区别在于：描述出来的东西可以是基于一定的解释的，但它也可以是没有解释承诺的。解释和描述的这一区别，无疑具有非常深刻的哲学意蕴。"② 由此，重视语言的描述和解释问题，有利于我们把握语言的本质，也有利于把握多元文化的核心问题。

语言的描述和解释深层次触及语言的描述力和解释力问题，这种力如同磁场一样，磁体周边会形成场域，磁体之间不用直接接触就能够发生一定的作用，这个作用依赖于磁场。进言之，语言的描述力和解释力会逐渐形成以语言权力（话语权）为核心，在多元文化之间形成一定的磁场，构成文化的凝聚力和辐射力。多元文化互动，内在地受制于类似于磁体的语言权力这个中心。由此，我们发现，话语权在多元文化交流和互动中扮演着极为重要的角色。

---

① 王天思：《解释和描述——从微观认识的角度看》，《江西社会科学》2000 年第 9 期。
② 王天思：《解释和描述——从微观认识的角度看》，《江西社会科学》2000 年第 9 期。

（二）语言、思维及其权力

语言是社会发展的重要工具，除了具有描述和解释外部事物和现象的能力之外，还体现一定的社会意识形态性。"没有全社会都懂得的语言，没有对社会一切成员是共同的语言，社会就会停止生产，就会崩溃，就会无法作为社会而存在下去。就这个意义来说，语言既是交际的工具，又是社会斗争和发展的工具。"① 在阶级社会里，语言的多样性为人们思维交流、人际沟通带来了便捷，也引发了话语权的冲突。而制约语言的权力及其衍生，从根本上说在于语言和思维的关系问题。

思维是否具有普遍性？这是长期以来语言和思维的争论焦点。主要有两种观点：一种观点认为，如果承认思维具有普遍性，意味着语言是思维的表现形式即载体。比较典型的代表人物是亚里士多德，他把话语仅仅理解为思想的符号而言，语言只是承载思维的一种符号。斯大林认为："语言是手段、工具，人们利用它来彼此交际，交流思想，达到互相了解。语言是同思维直接联系的，它把人的思维活动的结果、认识活动的成果用词和句中词的组合记载下来，巩固起来，这样就使人类社会中的思想交流成为可能了。"② 这就从思维是内容、语言是形式的方式来讨论语言和思维的关系问题。在某种程度上说，普遍性思维只代表着人类作为一种"类"的角度来看共同性的东西，

① 《斯大林文集》，人民出版社 1985 年版，第 562 页。

② 《斯大林文集》，人民出版社 1985 年版，第 561—562 页。

但是，思维的普遍性立场容易遮蔽思维的地方性特征，忽视了由地方性知识产生的思维方式的差异性及其话语冲突。

另外一种观点认为，如果不承认思维的普遍性，就意味着思维具有地方性特征与地方性知识联系起来。承认思维的地方性，并受地方性知识所影响，那么就在一定程度上反映了语言对思维具有影响力。持这种观点的人认为，语言建构思维，即拥有什么样的语言以及语法，就会制约人们的思维方式。因而，在不同的地方性知识影响下的人的思维方式具有差异性。最典型的是"萨丕尔—沃尔夫假设"，这个假设认为越是高层次的思维越依赖于语言。沃尔夫（Benjamin Lee Whorf）声称："事实上，思维是最神秘的东西。通过研究语言揭示思维的面目是目前我们所能掌握的最佳途径。语言研究表明，一个人的思维模式是由某种固定不变的模式规律所控制。这些模式是他自己语言错综复杂的系统化的结果。这些模式规律的控制和语言复杂的系统化过程是在他本人并非意识到或感知到的情况下完成的。不同语言，尤其是属于不同语系的语言之间的比较充分揭示了这一点。人的思维存在于某种语言之中，如英语、梵语、汉语等。一门语言是一个庞大的模式体系。不同的语言有不同的模式体系。在这一庞大的模式体系中，人们进行交际，分析自然世界，重视某些现象和关系，忽视另外一些现象和关系，对他们进行规范和推理，以此确定建构意识大厦的类别和形式。"[①] 人的思维方式存于语言之中，语言对思维产生

---

① 转引自蔡永良：《重温"语言相对论"》，《苏州大学学报（哲学社会科学版）》2004 年第 6 期。

影响，尤其是不同地区的语言对人的思维方式的影响呈现差异性，"正是由于有了语法，语言才有可能赋予人的思想以物质的语言的外壳。"①

从以上两种观点来看，笔者认为，既要看到人类思维的普遍性（即存在某种程度上的共通性），不管是哪个民族，人们的思维总是具有一定的共通性，这是人类存在和发展的基础。同时又要看到人的思维方式总是与地方性知识联系起来，两者不能简单割裂开来。正是由于语言和思维的复杂性，在多样性的语言环境下，不同的社会其语言行为能力不同，形成的权力也不同。强势文化下的语言其建构的思维方式和话语权具有较强的影响力。即是说，语言影响人们的思维方式，思维的结构性形成权力，从根本上来说体现语言的权力。同理，一定思维下的语言总是体现思维的方向性和特征，而思维的地方性凸显其地域层面的社会意识形态性，其语言权力反映人的思维方式，这种权力体现人类思维的共同性权力和地方性的权力。因此，我们说不同的语言产生的权力不同，更多地与地方性知识有关，与地方性的文化、思维方式、人们的生活习性有关。

由此可知，语言的多样性衍生出多样性的话语权力，不同的语言及其权力运行不同。语言多样性推动了话语权力的多样性发展，在一定意义上说，语言冲突从根本上来说是话语权力的冲突，从而决定了多元文化的互动和冲突。多元文化互动依赖于语言的呈现，语言的冲突及其权力的较量，直接给多元文化互动带来冲击，这种冲击对当前

---

① 《斯大林文集》，人民出版社 1985 年版，第 562 页。

推动社会主义核心价值体系建设产生了重要影响。

（三）多元文化对社会主义核心价值体系话语权建设的影响

任何一种文化都蕴涵特定的核心价值体系，多元文化的存在也就意味着有多种核心价值体系的存在。多元文化互动从根本上来说在于多元核心价值之间的互动，多元文化之间的冲突，核心在于价值观的冲突，这种冲突与话语权密切相关，即谁掌握了话语权，谁在多元文化互动及其冲突中就能占主导地位。因而，多元文化之间的交流与话语权密切相关，在很大程度上制约多元文化之间的交流。

社会主义核心价值体系是社会主义意识形态的本质体现，是孕育社会主义核心价值观的重要源泉，是中国特色社会主义文化的根本体现，它代表了中国特色社会主义实践的价值取向和价值要求，也代表了当代中国人的精神追求。社会主义核心价值体系的提出正值经济全球化浪潮不断加剧，世界多元文化交流和互动日益频繁，多元价值观较量日益激烈，文化的全球性扩张与本土化之间的较量日益紧张的背景。根据中国特色社会主义的实践在价值层面上提出的要求，提出社会主义核心价值体系，其核心目的在于巩固社会主义的意识形态安全，巩固当代中国人的价值信仰，并推动社会主义核心价值体系的国际性认同。

因此，多元文化存在既是社会主义核心价值体系存在的文化基础，又是多元文化互动较量下催生的产物，因而对社会主义核心价值体系建设而言，既是机遇，更是挑战。

第一，从机遇角度来看，多元文化共存既是一个社会多样性发展的基础，也是社会良性运作的需要。大千世界多姿多彩，正是由于多元文化共存，才使得人类社会发展具有多样性、差异性、复杂性等。多元文化共存使得人们不受单一的文化浸润，不受单一的价值观念束缚，而具有混合式的文化体验和生活方式，这样给人类社会的有序发展提供了良好基础。从价值观念上来考量，多元文化必然会带来多元的价值观念，即形成多样的价值体系。毋庸置疑，一个社会存在多元的价值观念是极为正常的，一个社会存在多样性的价值体系也是正常的。相反，单一的价值体系不但不能促进人的思想观念的发展，反而会阻碍人们思想观念的发展。正是有了多样性的价值体系及其相互关系，才为一个社会的核心价值体系的形成和发展奠定了基础，提供了价值源泉。一个社会的核心价值体系总是在多样性的价值体系中起到核心作用和主导地位，方能称之为核心。"社会思潮是社会生活多样化的客观反映。在多样化的社会思潮中，主流的与非主流的思想观念相互交织。要坚持尊重差异、包容多样的科学态度，冷静观察、辩证分析、区别情况、审时度势、正确把握、妥善应对。……对思想认识问题，要摆事实、讲道理，加强正面教育；对政治原则问题要立场坚定、旗帜鲜明，坚持以理服人；对西方敌对势力西化、分化图谋和意识形态渗透，要保持高度警惕，加强防范。无论处理什么问题，都要有利于改革发展稳定的大局，有利于化解消极因素、调动一切积极因素，有利于团结一切可以团结的力量。不能因为强调社会主义核心价值体系而强求一律、排斥多样。"[1] 由此可以看出，一个社会存在的

---

[1] 《十七大以来重要文献选编》（上），中央文献出版社 2009 年版，第 185—186 页。

多种价值体系为社会的核心价值体系的形成提供了重要的构成性资源，体现了"一"和"多"之间的关系，没有"多"也就难以体现"一"，也体现了内核与外围之间的关系，没有内核，也就难以发展外围，没有外围，也就难以凸显内核的地位和作用。因而必须要重视核心价值体系建设中其他价值体系的重要作用和意义。多样性的价值体系发展得越好，就越能为核心价值体系的发展提供良好的价值资源和价值环境。反之亦然。从以上论述可以看出，社会主义核心价值体系及其话语权建设必须建立在多样性的价值体系的基础之上。当前，谈社会主义核心价值体系不能忽视其他的价值体系的作用和功能，要建构社会主义核心价值体系话语权必须要充分把握其他价值体系的话语，在与其他价值体系的话语交流和互动中凸显社会主义核心价值体系话语权的主导地位和引领作用。

第二，从挑战角度来看，如果说多元文化给社会主义核心价值体系及其话语权建设带来机遇的话，那么其构成的威胁和冲击也应当给予关注。多元文化本身值得去分析，即多元文化中的"多元"从概念上分析，可以看出多样性对社会主义核心价值体系及其话语权建设的积极意义，但是"多元"背后的文化是什么样的文化就值得深思了。毫无疑问，多元文化的内容本身值得反思，尤其是在全球化背景下，多元文化的复杂性及其冲突对社会主义核心价值体系及其话语权建设构成极大威胁。

在全球化背景下，多元价值观的恶性冲突及冲击、非传统威胁不断增加。有学者指出，全球化有狭义和广义之分，"狭义的'全球化'指的是从孤立的地域国家走向国际社会的进程；而广义的'全球化'则是指在全球经济、文化交流日益发展的情况下，世界各国之间的影响、合作、互动愈益加强，使得具有共性的文化样式逐渐普及推广成为全球通行标准的状态或趋势。"① 全球化既是一个地域拓展的问题，又是一个价值观念拓展的问题，它既充满机遇，更充满挑战。从价值观念上考察，全球化为多元价值观念的广泛传播提供空间，也使世界民族国家的价值观念的边缘化危机日趋严重。美国社会学家卡里·科格莱尼斯（Cary Coglianese）指出："全球化产生的一些问题无法在民族国家的领土边界内解决"，"全球化可能会创造条件，使某些社会价值观得到广泛接受"②。的确，随着全球化的扩张，"普世价值"论日益活跃，西方社会的价值观念借"全球化"之东风，传播到世界各国，试图赢得民族国家人民群众的认同。因而，中西方社会核心价值观念的冲突也在全球化下更加激烈和明显。恐怖主义、分裂主义、邪恶势力、极端民族主义等打着民族、宗教的旗号不断传播其价值观念，蛊惑人心、干扰群众的思想，尤其是在社会转型时期，各种社会矛盾不断凸显的情况下，有些群众很容易被误导。"不言而喻，人民相信的只是实际存在的东西。"③ 因为群众更加关注现实存在的利益，因而容易被眼前的某种利益所遮蔽，形成某种错

---

① 孙嘉明、王勋：《全球社会学：跨国界现象的分析》，清华大学出版社 2006 年版，第 18 页。

② Cary Coglianese, "Transforming Global Governance: From Nation States to International Institutions", *paper for the fourth annual visions of governance for the 21*^{*st*} *century conference*, bretton woods, new hampshire, July11-14, 1999。转引自薛晓源、陈家刚主编：《全球化与新制度主义》，社会科学文献出版社 2004 年版，第 35 页。

③ 《马克思恩格斯全集》第 1 卷，人民出版社 1995 年版，第 383 页。

觉，而这一点往往被一些非传统势力所利用。这些非传统价值观念的威胁在一定时期还难以消除，甚至在一定时期、一定范围内有愈演愈烈之势，社会主义核心价值体系所面对的各种不和谐因素仍然在增加，面对的挑战和威胁也在不断增加。

在这种情况下，如何推进社会主义核心价值体系及其话语权建构也就显得十分关键，在一定意义上说，能否抓住话语权，关系到社会主义核心价值体系建设的成败。在面对各种复杂的价值体系的社会生态里，社会主义核心价值体系如果不能掌握一定的主动权和话语权，那么社会主义核心价值体系被边缘化的危机也就不是危言耸听了，当前国家积极推动提炼、培育和践行社会主义核心价值观，在很大程度上是争取社会主义核心价值体系话语权的战略部署。为此，必须要高度重视多元文化及其互动的问题，在汲取其合理因素，发挥其积极作用的同时，必须不断提高警惕和积极推动社会主义核心价值体系的话语权建构，不断增强社会主义核心价值体系在国内和国际上的话语权，只有这样，才能更好地维护社会主义意识形态安全。

第 三 章

社会主义核心价值体系的多维视角

　　社会主义核心价值体系涉及中国社会发展的各个方面，理解社会主义核心价值体系也应该从多方面进行努力，核心是要解决社会主义核心价值体系的认同问题，内化于心、外化于行，从而提升社会主义核心价值体系的吸引力和引领力。

一、社会主义核心价值体系的提出

党的十六届六中全会明确提出"社会主义核心价值体系"是在反思新中国成立以来社会价值观念变迁的基础上提出的时代必然性，是在总结社会主义精神文明建设的经验和教训的基础上提出的历史课题。它旗帜鲜明地提出并力图回答站在新的历史起点上，举什么旗、走什么路、树立什么样的理想信念、以什么武装群众头脑、培育什么样的人、为谁服务等一系列时代命题。

改革开放举什么旗、走什么路不仅仅是一个历史问题，更是一个时代课题。改革开放以来，中国社会主义经济建设取得巨大成就，国家综合国力明显增强，人民生活水平显著提高，这是毋庸置疑的。但是，改革开放以来，也面临一系列的问题，过去没有很好地从理论上回答，或者说回答的不够到位，因而至今仍然存在改革开放往何处去的争议和难题。从设立经济特区开始，党内外就存在姓"资"和姓"社"的争论，保守主义者认为，改革开放将使社会主义走向资本主义的道路，将使资产阶级的思想观念死灰复燃。邓小平指出："改革开放迈不开步子，不敢闯，说来说去就是怕资本主义的东西多了，走了资本主义道路。要害是姓'资'还是姓'社'的问题……对办特区，从一开始就有不同意见，担心是不是搞资本主义。深圳的建设成就，明确回答了那些有这样那样担心的人。特区姓'社'不姓'资'。"① 在改革开放的实践中回应那些曾经担心改革开放会倒向资本主义怀抱的担心和议论的同时，"摸着石头过河"的经验在经济全球化的高风险社会里显然面临严峻挑战。换言之，过去我们是通过实践来回答那些认为是走资本主义道路的担忧，但是，不是所有的问题都能等待实践来回应，这样的发展代价太高，改革开放 40 年取得了巨大成就，也面临越来越大的风险。"改革开放 40 年的实践启示我们：我国是一个大国，决不能在根本性问题上出现颠覆性错误。"②

因此，在一个高风险的社会里，必须要加强顶层设计，注重理论对实践的指导、预测和批判，加强理论研究，预测未来风险等。举什么旗、走什么路不但要从实践去证明，更需要从理论上搞清楚，理论搞清楚了实践就有了正确的方向指导。即是说，现在要从理论上搞清楚为什么要举这个旗帜而不举那个旗帜，为什么走这条路而不是其他路。基于这样的考虑，指出社会主义核心价值体系首先要坚持马克思主义的指导思想。一个国家、一个民族不能没有灵魂，马克思主义指导思想是社会主义核心价值体系的灵魂，是社会主义核心价值体系的本质属性所在。走中国特色社会主义道路就必须举马克思主义的旗帜，就必须有这个灵魂。"灵魂本身就是一种反思的普遍性"③，提出

---

① 《邓小平文选》第三卷，人民出版社 1993 年版，第 372 页。
② 习近平：《在庆祝改革开放 40 周年大会上的讲话》，人民出版社 2018 年版，第 36 页。
③ ［德］黑格尔：《精神哲学》，韦卓民译，华中师范大学出版社 2006 年版，第 32 页。

马克思主义的指导思想这一灵魂，实质上是在反思过去建设社会主义道路的基础上提出的，这就是说，把马克思主义指导思想作为社会主义核心价值体系的灵魂是要从理论上说清楚为什么举这个旗帜，而不是其他。

走什么路就决定了如何使人民相信这条路是正确的，如何才能调动人民的积极性、主动性和创造性，这就需要一种信仰来凝聚社会力量。黑格尔指出，信仰意识"以实在的教化世界为它自己的实现，而自己则构成着教化世界的精神及其特定存在"①。信仰的存在就是为了能够教化世界，使人们在这种信仰的支撑下发挥主动性和创造性。走中国特色社会主义道路，理所当然要树立马克思主义信仰，但是不同的历史阶段有不同的内涵。毋庸讳言，我国仍然处于社会主义初级阶段，指引这个阶段的信仰也就有必要具体化、对象化，也就是要形成共同理想，即中国特色社会主义共同理想。列宁指出："如果你不善于把理想与经济斗争参加者的利益密切结合起来，与该阶级的'公平的劳动报酬'这类'狭隘'琐碎的生活问题，即自命不凡的民粹主义者不屑理睬的问题结合起来，那么，最崇高的理想也是一文不值的。"② 在列宁看来，理想不是空洞的概念，而是要善于与人民的利益结合起来，关注人民群众的现实的利益。基于这个逻辑可知，提出中国特色社会主义共同理想就是要说清楚以什么作为共同理想。邓小平从社会主义的本质论出发，指出："社会主义的本质，是解放生

---

① ［德］黑格尔：《精神现象学》下册，贺麟译，商务印书馆 2009 年版，第 86 页。
② 《列宁全集》第 1 卷，人民出版社 1984 年版，第 353 页。

产力，发展生产力，消灭剥削，消除两极分化，最终达到共同富裕。"① 这里就把实现"共同富裕"作为奋斗目标，也成为中国特色社会主义共同理想的核心。进言之，中国特色社会主义共同理想是以实现共同富裕为核心的共同理想，它"与人民的利益结合起来"，并以实现人民群众的利益为旨归。

搞清楚了举什么旗、走什么路、树立什么样的理想，接下来要解决的问题就是以什么来武装人民的头脑，激发群众的力量。为了实现中国特色社会主义共同理想，就必须要有精神支撑。这种精神既要囊括一个民族的基本精神，又要体现这个民族的时代特征。只有这样才能调动人民的主动性和创造性，才能为实现共同理想而真抓实干、求真务实。"批判的武器当然不能代替武器的批判，物质力量只能用物质力量来摧毁；但是理论一经掌握群众，也会变成物质力量。"② 群众一旦掌握思想的武器就能转化为物质力量创造辉煌的未来。当代中国，就是要以爱国主义为核心的民族精神和以改革创新为核心的时代精神武装群众的头脑，激发人民热情，发挥群众的主动性和创造性。"民族精神是一个民族赖以生存和发展的精神支撑。"③ 任何一个民族国家都蕴含着深厚的民族精神，以爱国主义为核心的民族精神旨在使人民群众养成一种自强不息、勤劳勇敢、团结统一、不畏艰险、迎难而上的精神，在世界复杂多变的局势中，弘扬爱国主义精神，以维护

---

① 《邓小平文选》第三卷，人民出版社1993年版，第373页。
② 《马克思恩格斯选集》第1卷，人民出版社1995年版，第9页。
③ 《江泽民文选》第三卷，人民出版社2006年版，第559页。

中华民族之根本利益为价值旨归。时代的精神实质上是一种"实践的精神"（Der Praktische Geist），"作为意志而言，精神步入现实性里去。"① 因而，时代精神必然体现时代思想前沿的精神，以改革创新为核心的时代精神本质上就体现了一种"实践的精神"。换言之，也只有"实践的精神"才能肩负时代精神之使命。以改革创新为核心的时代精神旨在鼓舞人民解放思想、实事求是、与时俱进、勇于创新、锐意进取、求真务实、真抓实干，鼓舞人民斗志，在未来的风险社会里斗志昂扬、乘风破浪。

人的问题是社会主义核心价值体系的根本性问题，培养什么样的人、为谁服务，它不仅仅关系到社会主义核心价值体系的性质、意义及价值，还关系到一个民族的兴衰成败。培育什么样的人、为谁服务是执政党面临的重大课题。改革开放以来，社会利益格局发生深刻调整，人们的利益意识和价值意识发生深刻变化，出现"奢靡之风悄然兴起"，"骄奢淫逸、贪污腐败之风难以遏制"等一系列现实问题，针对这些现实问题，如何培养德智体美劳全面发展的社会主义建设者和可靠的接班人成为摆在执政党面前的重要议题。以"八荣八耻"为主要内容的社会主义荣辱观就是要解决培养什么样的人、为谁服务的问题。通过社会主义荣辱观，使人们明是非、懂荣辱、践礼仪、重品行，尤其是要求党员干部要知廉耻、树新风、做表率。毛泽东深刻指出："共产党员无论何时何地都不应以个人利益放在第一位，而应以个人利益服从于民族的和人民群众的

---

① ［德］黑格尔：《精神哲学》，韦卓民译，华中师范大学出版社 2006 年版，第 72 页。

利益。因此，自私自利，消极怠工，贪污腐化，风头主义等等，是最可鄙的；而大公无私，积极努力，克己奉公，埋头苦干的精神，才是可尊敬的。"① 牢固树立"两个务必"，在自觉为人民谋福利中实现自己的人生价值。他进一步指出，"共产党员在各级政府中应该成为坚决勇敢、刻苦耐劳、急公好义、礼义廉耻的模范"②。坚持社会主义荣辱观，从工作中、生活中、社会交往中自觉养成良好的思想道德品质。

因此，社会主义核心价值体系的提出既有深刻的历史背景，又有很强的现实针对性。它为党和国家在深化改革开放的道路上，坚定不移地坚持马克思主义指导思想，坚持中国特色社会主义共同理想，不断培养民族精神和时代精神，为广大人民群众有信仰、有理想、懂廉耻、讲信义、走正道、重品行等提供指引，使人们自觉投入社会主义现代化建设、实现中华民族伟大复兴的历史进程中，自觉服务于社会文明进步之中，实现自身的人生价值和社会价值。

党的十九大报告进一步阐释了社会主义核心价值体系，"坚持社会主义核心价值体系。文化自信是一个国家、一个民族发展中更基本、更深沉、更持久的力量。必须坚持马克思主义，牢固树立共产主义远大理想和中国特色社会主义共同理想，培育和践行社会主义核心价值观，不断增强意识形态领域主导权和话语权，推动中华优秀传统文化创造性转化、创新性发展，继承革命文化，发展社会主义先进文

---

① 《毛泽东选集》第二卷，人民出版社1991年版，第522页。
② 《毛泽东文集》第二卷，人民出版社1993年版，第54页。

化，不忘本来、吸收外来、面向未来，更好构筑中国精神、中国价值、中国力量，为人民提供精神指引。"① 党的十九大对社会主义核心价值体系的功能和定位提出新的要求，体现了新时代对社会主义核心价值体系的要求。

二、社会主义核心价值体系的认同

所谓"认同"是指"个体或群体在感情上、心理上趋同的过程"，② 后来逐渐被社会学、教育学等学科引入。一般而言，认同可以分为两个层次，一是个体认同即自我认同；二是社会认同。个体认同与社会认同是相辅相成的，个体认同可以增强社会个体成员的自信心和创造力，积极为社会作贡献。社会认同感的增强将趋向共同的社会意识，即上升到社会认同。社会认同强调的是社会共同体成员的共同价值理念、信仰、道德规范、社会秩序等，也有利于增强个体认同。

所谓价值认同是指"个体或社会共同体（民族、国家等）通过相互交往而在观念上对某一或某类价值的认同和共享，是人们对自身在社会生活中的价值定位和定向，并表现为共同价值观念的形成。"③

---

① 习近平：《决胜全面建成小康社会 夺取新时代中国特色社会主义伟大胜利——在中国共产党第十九次全国代表大会上的报告》，人民出版社 2017 年版，第 23 页。

② 车文博：《弗洛伊德主义原理选辑》，辽宁人民出版社 1998 年版，第 375 页。

③ 陈新汉、冯溪屏：《现代化与价值冲突》，上海人民出版社 2003 年版，第 44 页。

同样，社会主义核心价值体系认同是指社会主义社会共同体成员通过相互交往，在观念上对社会主义核心价值体系的认同和共享，是人们对自身在社会生活中的价值定位和导向，并表现为共同价值观念体系的形成。具体包括对马克思主义指导思想的认同、中国特色社会主义共同理想的认同、以爱国主义为核心的民族精神和以改革创新为核心的时代精神的认同、社会主义荣辱观的认同等。而且，社会主义核心价值体系认同具有层次性、开放性、反复性、梯度性等特征。

（一）社会主义核心价值体系认同的基本特征

1. 层次性

社会主义核心价值体系认同的层次性是指称社会共同体成员认同的层次性，主要包括四个层次：坚持马克思主义指导思想是最高层次的认同，是对社会主义核心价值体系灵魂的认同；中国特色社会主义共同理想是较高层次的认同，是对社会主义核心价值体系主题的认同；以爱国主义为核心的民族精神和以改革创新为核心的时代精神是一般层次的认同，是对社会主义核心价值体系精髓的认同；社会主义荣辱观是最低层次的认同，即底线认同，是对社会主义核心价值体系基础的认同。前两个层次主要是针对广大党员和干部提出的要求，后两个层次主要针对所有社会共同体成员的认同要求。毕竟，不可能也不现实要求所有社会共同体成员都有共产主义信仰，因为不同民族和群体有着丰富的信仰资源，不能用一种信仰代替另外一种信仰，否则将犯历史性错误。而且，不同地区广大民众的受教育水平、对社会主义核心价值体系的认知程度等方面都存在一个层次性的问题，不能一概而论。

2. 开放性

社会主义核心价值体系的开放性决定认同的开放性。社会主义核心价值体系是一个开放的系统，是不断汲取各种人类文明成果的开放性系统，能为不同层次、不同年龄阶段的社会成员接受和认同。开放意味着兼容、包容和宽容，社会主义核心价值体系能够与人民群众日常生活中的各种信仰共生，它们不是相互替代的生死角逐，而是相互促进、共同发展。但是，要充分发挥社会主义核心价值体系的引领作用。从本质上说，社会主义核心价值体系能够引领人们的社会生活世界，促进文化信仰共生发展，这就为具有其他信仰的群众认同社会主义核心价值体系提供了广阔的空间。

3. 反复性

认同的反复性是由人的认识发展特征所决定的。人对事物的认识是一个长期的过程，决定了对社会主义核心价值体系的认同不能一蹴而就，需要人们在社会生活中体验、感触，因此具有反复性。在一定条件下，原来的认同有可能被抛弃，甚至游离在"认同"与"认异"之间。对社会主义核心价值体系认同的反复性还存在着某些相对特殊的因素，如群众关系是否和谐、群众的利益是否得到尊重和保护等，尤其是当群众的利益没有得到尊重和保护时，他们对原来赞同、认同的社会主义核心价值体系或许会发生改变，甚至走向对立面。因此，妥善处理好群众的利益，不断帮助群众解决实际问题，对减少群众对社会主义核心价值体系认同的反复性具有重要意义。

4. 梯度性

人的认知是由低级不断向高级发展的过程。对社会主义核心价值体系认同也是要从基础出发，从底线伦理出发。换言之，以对荣辱观的认同为起步，然后逐渐上升到精髓、主题、灵魂的层次，它是一个梯度上升的认识过程。对社会主义核心价值体系的认同允许也应该遵循群众的认知水平和认知模式，从最基本的认同层次出发，循序渐进。

（二）社会主义核心价值体系认同必要性

社会主义核心价值体系是社会主义意识形态的本质体现，是国家文化安全的重要内容，是引领人们精神世界的重要标杆。增强对社会主义核心价值体系的认同对推动新时代中国特色社会主义发展，建设社会主义现代化强国都具有重大意义。

1. 文化全球化非领土扩张化趋势及其后果的深刻反思

随着经济全球化浪潮的不断高涨，文化全球化的脚步也悄然地迈进世界各国的文化殿堂，文化全球化非领土扩张化（Cultural Deterritorialization）日益成为解构民族文化、地域文化的利剑。然而，文化全球化的后果是什么？是同化还是共生？西方文化中心主义认为，文化全球化其实就是文化西方化，就是用西方文化来取代、进化、渗透其他非西方文化，从而达到同化之目的，本质上是文化霸权主义；文化民族主义认为，文化全球化背景下，要捍卫民族传统文化，抵制外来文化，甚至诬蔑、轻视、敌对其他外来文化，本质上是文化狂傲或文化不自信、文化心理自卑的表现；多元文化主义认为，文化全球化不是文化同化、西化，而是多元文化之间的共生发展。不同的文化系统有着不同的文化特质、优势和民族特征，各民族文化都是世界文化大厦的重要构成性资源。不同的文化流派对文化全球化的态度不一，但至少说明了一种现象，那就是文化全球化成为让世界各民族文化产生震动和变革的一种力量。

对国内而言，文化全球化给我国社会主义文化建设带来巨大的震荡即文化震荡（Culture Shake）。西方文化的渗透日益加快我国传统文化的解构，国内有相当一部分人已经抛弃或正在抛弃传统文化，追逐西方发达国家的文化，还有一部分人在两者间游离。民族传统文化的退化，西方文化的浸透，导致人们的价值认同产生困惑、迷茫，甚至异化。当前，一些青少年迷上西方暴力影片、色情影片、暴力游戏等，在这些文化诱导下走上犯罪的道路，给社会带来许多不和谐因素。传统的核心价值体系已无法满足人们日益增长的精神文化需求，或者说传统的核心价值体系在西方文化渗透下显得苍白无力。在这种情况下，社会呼唤一种新的、更加有生命力的核心价值体系去支撑广大人民的精神信仰，呼唤在文化全球化过程中能够维护国家文化安全的核心价值体系出现，进而引领社会思潮。

2. 市场化条件下，社会利益主体的多样性，社会群体的多层次性，使得人们对价值认同产生多样性

市场经济社会里，社会利益主体日益产生多样性，不同利益群体在社会上扮演不同的角色，具有不同的利益取向，使得他们对社会价值的认同也产生多样性。如对社会一般价值的认同、传统价值的认

同、企业价值的认同、社会观念的认同、核心价值体系的认同等。不同的社会利益群体往往趋向对其利益最密切的价值产生认同。如在外企上班的群体，他们更多的是对该企业价值的认同。而不同企业之间的价值往往是大相径庭的。因此，容易导致人们价值认同产生混乱，他们需要认同多种价值，而每一种价值往往不相同，有些部分甚至互相冲突，导致社会成员对价值认同产生悖论。进一步说，虽然不同的价值在一定程度上是可以兼容的，但并不代表不同价值的共生是混乱的、无序的、完全冲突的，为此，社会需要核心价值体系去引导、调和、规范，在最大范围内产生价值共识。

此外，社会群体的分层性也导致价值认同的多样性。社会群体具有层次性，不同群体的价值认同不完全相同。一般而言，农民、工人、教师与党员干部的价值认同有区别；城市与农村的价值认同有区别；穷人与富人的价值认同有区别；汉族地区与其他民族地区的价值认同也有区别；等等。如在广大民族地区，民族群众的宗教信仰气氛比较浓厚，在日常生活中他们的价值认同更趋向于宗教的价值。而汉族地区的宗教观念比较淡，他们关乎宗教的价值就比较少。然而，在社会主义现代化强国建设中，需要广大人民群众树立共同理想，必然要有一种能驾驭全局的社会核心价值体系来统领价值观念多元化的格局。

3. 社会转型时期，政治体制改革与经济体制改革的非同步性，使得一些民众对核心价值观产生疑惑

在某种程度上说，社会如同一辆双轮车，而经济与政治是车的两个轮子。要想车平稳前进就必须使两个轮子具有平衡性、同步性。步

调不一致，一个轮子快，一个轮子慢，必定阻碍车的平稳和速度。改革开放以来我国的经济改革取得了巨大成就，这是个不争的事实。但是，我国的政治体制改革与经济体制改革并非同步进行，政治体制改革存在一个滞后性，导致政治体制与经济体制的"二元结构"。由于政治体制改革的滞后性，出现一些官员的公德缺失、干群关系紧张、服务理念差等现象，使得人民群众对一些干部的行为作风产生厌恶，而广大党员干部又是社会核心价值的重要载体，必然会导致人们对社会核心价值的质疑。毛泽东曾精辟指出："一切问题的关键在政治，一切政治的关键在民众，不解决要不要民众的问题，什么都无从谈起。要民众，虽危险也有出路；不要民众，一切必然是漆黑一团。国民党有识人士其思之。"① 因此，必须构建一种新的社会核心价值体系去服务人民，去约束党政干部，赢得广大人民群众，促进人的全面发展。党的十八大以来，以习近平同志为核心的党中央重拳反腐，形成了压倒性态势，从根本上扭转了局面，得到了广大人民群众的赞扬，加强了人民群众的信心和力量，对增强核心价值的认同具有重要作用。

4. 社会上出现的诚信危机、网络失范、信仰真空，导致社会认同危机加剧

诚信是认同的基础，认同是诚信的屏障。不同民族的传统文化中有着丰富的诚信资源。在城市化过程中社会上不断出现一些诚信缺失的现象，诸如商业欺诈、网络欺骗、人与人之间的交往失信等，给社

---

① 《毛泽东文集》第三卷，人民出版社 1999 年版，第 202 页。

会造成许多不利影响。很多人在这种不诚信的社会氛围中总是吃亏，使得他们内心产生一种恐慌，即当他们与外界进行物质交换、精神交流的时候，很容易产生一种抗拒心理，害怕被别人欺骗。在网络化时代，欺骗者也利用这个载体，在世界范围内搞欺诈活动，很多网络欺诈活动给很多人带来一种错觉，那就是网络不可信。诚信危机就是在这样的环境下逐渐形成的，人与人、人与社会之间的诚信度逐渐下降，有的甚至降到了谷底。诚信危机的蔓延容易导致认同危机加深、诚信缺失，认同危机的凸显也就无法避免。

信仰危机，甚至信仰异化也是认同危机的重要因素之一。不管在农村还是在城市，一些社会群体不懂得信仰，他们既对马克思主义信仰反应"迟钝"，对本土信仰产生怀疑；又对西方信仰产生困惑。有的人根本就没有信仰，有的人在多种信仰间游离，有的人相信多种信仰，实质上是多种信仰的混合。比如一些地方官员，开会的时候坚定不移地高扬马克思主义；回到家的时候却喜欢奉神，寻求精神安慰；想升官的时候相信迷信，请风水先生迁祖坟；等等。有媒体报道，一些"迷信官员"为了"升官发财"，四处找风水先生迁祖坟，甚至更换办公室也要请风水先生"观照"。其实，没有信仰，或在信仰间游离，或多种信仰混合，实质上都是信仰危机的表现。没有信仰的群体是个危险的群体，容易产生邪念，甚至迷信邪教导致信仰异化。信仰危机和信仰异化所带来的后果就是认同危机的加剧。因此，推进社会主义核心价值体系认同也就显得极为重要。

（三）社会主义核心价值体系认同的功能

社会主义核心价值体系认同包括个体功能和社会功能，它们能促进社会稳定、推动社会的良性运作和促进个人的自由全面发展。

1. 社会主义核心价值体系认同的个体功能

就个人层面而言，社会主义核心价值体系认同主要包括以下几个方面的功能：首先，满足社会人追求自我发展的内在需要。人具有双重属性，社会性是人的本质属性，人的本质是社会关系的总和。而需要是社会人发展的根本驱动力。马克思主义认为，人的行动总是与一定的需要有关，需要是人们实践的基本动机。人们唯有对某种需要的追求才会努力去实践，参与社会活动，努力改造客观世界和丰富发展主观世界。人们内部需求的增加提升了人对事物发展符合自身发展的诉求。马克思主义指出："已经得到满足的第一个需要本身、满足需要的活动和已经获得的为满足需要而用的工具又引起新的需要，而这种新的需要的产生是第一个历史活动。"[1] 社会人追求自我发展是一个梯度性过程，当作为自然人的需求基本达到满足之后，社会人首先是从自我内心满足包括归宿感、身份认同感、幸福感和获得尊重等。新时期在我国城镇化进程中，大量的农民非农化，近两亿的农民工进城务工成为新兴产业工人。这个庞大的社会群体远离家乡，他们的生活习惯、认识理念往往与城市不同，乡村道德规范在城市被解构，城

---

① 《马克思恩格斯选集》第 1 卷，人民出版社 1995 年版，第 79 页。

市道德对他们来说似乎还没有被完全接受，甚至徘徊在城乡的道德之间。在这种情况下，一些新生代农民工就对归宿感、身份认同感产生困惑。他们根在农村，在城里上班，但又不算是城里人，他们的归宿感在城乡间游离。尤其是农民工的子女虽然就读城里的农民工子女学校，但在城市的氛围中往往感到没有归宿感和优越感，对自己的身份认同深表怀疑。因此，迫切需要一种能够横跨城乡道德鸿沟的社会核心价值、社会共同意识为支点，为自己寻求归宿感和身份认同感，而社会主义核心价值体系可以很好地满足他们的需要。

其次，满足追求社会认可和社会尊重的需要。社会成员在为社会作出贡献的同时也有获得社会认同和社会尊重的诉求。社会主义核心价值体系为那些辛勤劳动者、艰苦奋斗者提供道德标杆，是他们获得社会认同和得到社会尊重的基础。社会主义荣辱观为社会作出贡献者提供价值认同，获得社会尊重。相反，对那些损害社会进步的人进行谴责。

一部分人具有追求高雅、高尚情操的需要，具有追求政治品位、政治敏锐的需要。社会主义建设需要一代代建设者和接班人，要想成为社会主义接班人必须要不忘初心牢记使命、以天下为己任、甘愿奉献，形成追求高雅、高尚情操的需要。使自己具有政治觉悟高、时代使命感强、责任心强、廉洁自律、俯首甘为孺子牛的精神意识和高尚情操。而马克思主义的指导思想、中国特色社会主义共同理想为立志成为社会主义接班人的社会人提供政治食粮和高尚情操。总之，社会人的发展需要增强社会主义核心价值体系认同，只有这样才能推进自身的全面发展。

再次，满足社会人享受社会提供物质资源和精神资源的需要和追求美好生活的需要。人的生存、发展、幸福都离不开社会资源的供给，需要共享社会发展成果，而这一切都必须首先以社会主义核心价值体系认同为前提和基础。

满足社会人享受社会提供物质资源和精神资源的需要。人从出生的那一刻开始就不断地享受社会提供的物质资源和精神资源，从最简单的物质需求到精神需求的过程中，唯有遵循一定的社会伦理道德规范、社会秩序、法律规定才能获得。一个人要想进公园享受公共资源，就必须要遵循公园的相关道德规范，如不许随地吐痰、丢垃圾等。要想在网上享受虚拟空间，就必须遵循网络的相关道德规范，否则就会受到限制。人在社会里要获得发展或享受社会资源必须以遵循一定的法律法规为前提。反之，人要是犯了罪就必须受到法律的制裁。换言之，人要享受社会提供的物质资源和精神资源，就必须认同（行为认同和思想认同）社会的核心价值观，这是一条"金规则"。

从更高层次而言，社会主义核心价值体系是个人幸福和精神满足的基础，能满足社会人追求美好生活的需要。它给人们提供科学的社会信仰、价值理念、基本的生活伦理底线和人生目标等，给人们在社会发展中提供充实的精神资源。追求科学的信仰是个人修养的基础，也是丰富精神生活的基础，是个人幸福的精神源泉。相反，如果不认同社会主义核心价值体系，就容易使人信仰宗教、迷信、邪教等。而宗教是虚幻的精神家园，在一定程度上能够满足人们，正如江泽民指出："宗教还有存在的相当深层的条件。社会发生的剧烈变化，人们在物质生活或精神生活中遇到的困难和空虚等境况，贫困、疾病、灾害、犯罪、动荡、战争带来的社会不安和苦难，以及生命和宇宙中还存在的很多尚未做出科学解释的现象，都可能成为促使人们到宗教中去寻求精神依托的原因。"① 的确，宗教在一定时期仍然占有很大的信仰空间，能给人们提供精神安慰。但宗教建立在非科学的基础上，与科学的信仰是有区别的。推动人们对社会主义核心价值体系的认同，对进一步提高群众的价值认识、信仰认识、精神境界等都具有重要意义。

2. 社会主义核心价值体系认同的社会功能

就社会层面而言，社会主义核心价值体系认同具有以下几个方面的功能：首先，坚定马克思主义信仰的功能。信仰问题是社会发展的根本性问题。任何一个社会都有一种核心的价值信仰来支撑人们的精神大厦。我国是社会主义国家，有拥有 9000 多万党员的执政党，理所当然要坚定马克思主义信仰。邓小平指出："如果我们不是马克思主义者，没有对马克思主义的充分信仰，或者不是把马克思主义同中国自己的实际相结合，走自己的道路，中国革命就搞不成功，中国现在还会是四分五裂，没有独立，也没有统一。对马克思主义的信仰，是中国革命胜利的一种精神动力。"② 同样，建设有中国特色的社会主义同样要坚持马克思主义信仰。而社会主义核心价值体系的灵魂就是坚持马克思主义的指导思想，这是统摄一切认同的核心。增强人们对社会主义核心价值体系的认同，就为坚定马克思主义信仰打下坚实

---

① 《江泽民文选》第三卷，人民出版社 2006 年版，第 375 页。
② 《邓小平文选》第三卷，人民出版社 1993 年版，第 63 页。

的基础。换言之，社会共同体成员对社会主义核心价值体系的认同程度越高，社会就越能够坚定马克思主义信仰，就越能在更大范围内形成社会思想共识，社会就越稳定。因此，在一个社会思潮多元化的时代里，坚定马克思主义信仰关乎革命胜利、关乎社会稳定和发展的大局、关乎中华民族伟大复兴的大局。

其次，增强社会凝聚力和向心力的功能。中国特色社会主义共同理想是增强社会凝聚力和向心力的驱动力，是社会全面发展的精神导航和目标指引。"一个国家、一个民族、一个社会只有树立起了坚定的共同理想，才能在共同理想的基础上，把亿万人民发动起来、组织起来、凝聚起来，形成强大的中国力量，才能形成统一的步调和强大的战斗力。"① 而中国特色社会主义共同理想是社会主义核心价值体系的主题，增强对社会主义核心价值体系的认同感可以使广大人民树立坚定的社会主义共同理想，坚定社会主义奋斗目标；使社会具有明确的发展方向，广大人民具有明确的奋斗目标；能把个人价值与社会价值统一起来，把物质上的满足与精神上的满足统一起来，实现社会人、经济人、道德人的高度统一；能在最大范围内扩大共识，凝聚广大人民的智慧和力量，紧紧团结在党中央的周围，自觉在各自的社会岗位上忠于职守、任劳任怨、克己奉公、廉洁自身、多作贡献，不断追求高尚的道德情操；能协调社会发展的步调，调和社会各种利益，凝聚人民奋斗的热情和创新的精神动力，推动社会朝着既定的目标前进；能让社会共同体成员增强精神归宿感，让每一个社会成员切实感

---

① 《社会主义核心价值体系学习读本》，中共党史出版社 2007 年版，第 114 页。

受到社会的精神关爱和道德温暖，不断增强社会的向心力。

再次，促进社会良性运作的功能。社会是一个大的系统，包含多种要素，社会的良性运作需要系统要素之间的协调发展及发挥各要素的最大功能。增强对社会主义核心价值体系认同可促进社会稳定和发展，减少社会运行成本，推动社会良性运作。

社会稳定和发展是社会良性运作的基础，社会主义核心价值体系的认同是促进社会稳定和发展的根本动力。稳定是发展的基础，发展是党执政兴国的第一要务。改革开放以来，在利益的驱使下，一些人逐渐淡化了对国家、人民、社会的认同，资产阶级自由化思想、民主社会主义思潮时而蛰伏、时而蜂拥而起，给社会的稳定带来许多不确定因素。邓小平在 20 世纪 80 年代末指出："十年最大的失误是教育，这里我主要是讲思想政治教育，不单纯是对学校、青年学生，是泛指对人民的教育。"① 的确，那个时候讲经济多了，讲政治少了，在经济发展中容易迷失方向，导致社会的不和谐。社会主义核心价值体系认同就是要在新时期高扬马克思主义的指导思想、高扬以爱国主义为核心的民族精神和以改革创新为核心的时代精神，夯实广大人民群众爱国主义和社会主义信念的基础，不断开拓改革创新的新领域。民族精神和时代精神，特别是改革开放精神是推动社会稳定发展的两大精神支柱，任何时候都不能轻视、忽略或怠慢。马克思主义指导思想和以爱国主义为核心的民族精神是维护社会稳定的精神基础，忽略它必然会导致社会不稳定，苏联解体和东欧剧变就是前车之鉴。而以改革

① 《邓小平文选》第三卷，人民出版社 1993 年版，第 306 页。

创新为核心的时代精神，特别是改革开放精神是社会发展的动力，社会的良性运作从根本上来说要靠发展，发展是第一要务。只有发展——健康发展、科学发展才能促进社会的良性运作。

社会主义核心价值体系认同有利于减少社会运行成本。社会主义核心价值体系中丰富的道德资源是社会运作的基础。如社会主义荣辱观提倡以"诚实守信""遵纪守法"为荣，以"见利忘义""违法乱纪"为耻。只要社会共同体成员普遍认同、共同遵守，这些道德规范就不仅是道德规范，更重要的是具有减少社会运行成本的功能。如诚实守信可以减少大量民事诉讼的财力、物力和人力，遵纪守法可以大量减少法律成本，加快办事效率，提高司法效率等，推动国家治理体系现代化建设。相反，如果社会上出现大量的欺诈、偷盗等犯罪案件，社会运行的成本必定明显增加。良性的社会运作必须以社会主义核心价值体系为基本遵循。

最后，促进人们共享社会发展成果的功能。共建共享是推进社会主义核心价值体系认同的一个重要理念，社会主义核心价值认同是促进人们共享社会发展成果的精神导航。知荣辱、懂礼仪、促和谐是社会主义核心价值认同的基本要求。大力倡导以辛勤劳动、艰苦奋斗为荣，让广大社会成员积极参与社会主义和谐社会的构建，共同建设美好的家园，并对好逸恶劳进行批判，对社会"蛀虫"进行道德谴责。在共建中共享，使广大人民积极弘扬团结互助的精神，反对损人利己。只有社会团结才有利于协调利益关系、维护社会公平、提升人文关怀、促进社会和谐。互助能促使社会发展慈善事业、兼济广大弱势群体、扶贫济困、救苦救难、一方有难八方支援，更好地弘扬红船精神、长征精神、抗洪精神等，使社会需要帮助者切实享受到社会发展的成果，切实感受到社会主义大家庭的温暖。而损人利己是共享社会成果的大敌，社会主义核心价值体系要引导人们摒弃损人利己，甚至损人不利己的恶习，推动社会和谐共生发展。因此，增强对社会主义核心价值体系的认同具有促进社会共建共享的功能。

3. 社会主义核心价值体系认同是人与人、人与社会和谐发展的桥梁和纽带

社会主义核心价值体系认同对社会和个人都具有促进功能。就整体性而言，把其对社会和个人的功能整合起来就成为人与人、人与社会和谐发展的桥梁和纽带，可以避免坠入"两种裂谷"，即人与人的裂谷和人与社会的裂谷。避免出现人与人之间的情感冷漠、道德规避、法律规避、软暴力等现象。比如一些新生代农民工，他们在繁华的大都市里感觉到人与人之间的冷漠，出现道德规避行为。还有社会上出现的家庭软暴力日益成为人与人和谐相处的极大阻滞力。同时，也可以避免出现个体既为社会作贡献，但又对社会充满厌恶；既想在社会中谋求发展，当这种诉求无法实现的时候又反过来对社会进行无情的批判和抨击，把自己与社会敌对起来，造成社会的不和谐。

（四）社会主义核心价值体系认同的可行性

社会主义核心价值体系是个科学的价值体系，从理论上看，它是科学的；从实践上看，它是具有可操作性的，是合价值性、目的性与规律性的统一。

1. 社会主义核心价值体系是一个科学的价值体系

首先，社会主义核心价值体系具有科学的指导思想。党的十六届六中全会通过的《中共中央关于构建社会主义和谐社会若干重大问题的决定》对社会主义核心价值体系的基本内涵进行界定，提出以马克思主义为指导思想。而"马克思主义的真理颠扑不破"，不管在革命战争年代还是在社会主义建设时期都证明了马克思主义指导思想的科学性。邓小平指出："我坚信，世界上赞成马克思主义的人会多起来的，因为马克思主义是科学。"① 中国革命的伟大胜利证明了马克思主义是科学的，中国特色社会主义取得的伟大成就有目共睹，而这个成就是在以马克思主义为指导思想下取得的，因而通过中国的伟大实践证明了马克思主义的科学性。

马克思的《1844 年经济学哲学手稿》从批判劳动异化的问题提出"劳动幸福论"的命题，一针见血地指出："劳动生产了美，但是使工人变成畸形。""劳动对工人来说是外在的东西，也就是说，不属于他的本质；因此，他自己的劳动中不是肯定自己，而是否定自己，不是感到幸福，而是感到不幸，不是自由地发挥自己的体力和智力，而是使自己的肉体受折磨、精神遭摧残。"而"劳动的异己性完全表现在：只要肉体的强制或其他强制一停止，人们会像逃避瘟疫那样逃避劳动。"② 马克思通过对剥削阶级社会里劳动者同劳动对象的异化、同类本质的异化、同社会的异化的批判来提出在未来社会里人

---

① 《邓小平文选》第三卷，人民出版社 1993 年版，第 382 页。

② ［德］马克思：《1844 年经济学哲学手稿》，人民出版社 2000 年版，第 54—55 页。

的劳动将摆脱劳动异化，不再是畸形、奴役、痛苦、没有人性的、对立的劳动，而是人的幸福生活的一部分，生产劳动从奴役变成一种快乐，即劳动幸福论，揭示了人类生产劳动的本质诉求和价值愿望，那就是生产劳动是追求人的幸福、快乐的尺度，是人的自由而全面发展的价值尺度。马克思揭示人与人、人与社会、人与自然和谐发展的内在规律，以促进人的自由而全面发展的旨归。马克思通过对资本主义剩余价值的披露，揭示资本主义的剥削秘密和根源，指出只有消灭私有制才能摆脱人剥削人、人吃人的丑恶局面，提出共产主义的理想社会，是人与人完全平等、自由、公正的社会，在那里将是自由人的联合体。此外，马克思的"社会进化论"思想揭示了人类社会发展的基本规律，揭示了人类社会从原始社会、奴隶社会、封建社会、资本主义社会向共产主义社会转变的发展规律，科学地阐明了社会发展的根本趋势，并创造性地提出了在一些特定的历史时期，人类社会发展具有跨越性发展的可能（列宁的"一国胜利论"）。事实证明这是科学的，也必将被继续证明。

　　其次，社会主义核心价值体系各部分内容是有机整体。社会主义核心价值体系内涵丰富，彼此之间不是简单拼凑而成，而是具有层次性和内在联系的有机体，对传统价值的内涵进行创造性的整合和开拓，具有划时代意义。马克思主义指导思想是灵魂；中国特色社会主义共同理想是主题；以爱国主义为核心的民族精神和以改革创新为核心的时代精神是精髓；社会主义荣辱观是基础。基础、精髓、主题、灵魂是一个从低到高的有序性建构，是一个由低层次到高层次梯度式上升的过程。就内容本身而言，社会主义核心价值体系具有内在的梯度性，荣辱观是基石，是最基本的社会道德内涵。主题、精髓、灵魂是一个逐渐上升的过程。在这四个层次中，马克思主义是灵魂，具有最高的统摄性，具有统领其他方面的功能，是其他三个部分的方向指南。就对认同对象要求而言，由于社会共同体成员对社会认知需要一个长期的实践过程，决定了社会主义核心价值体系的认同也是一个长期的认知过程。而认知首先应该是从低层次开始，即从简单到复杂、从具体到抽象的过程。一般而言，不可能出现一个连最基本的道德伦理规范都不懂或不愿意践行的人，能够真正地坚持马克思主义信仰。因此，只有达到基础阶段才有可能上升到主题、精髓、灵魂等更高阶段。

再次，社会主义核心价值体系是合价值性、目的性与规律性的统一。社会主义核心价值体系的内核是以人民为中心。坚持以人民为中心的价值理念贯穿社会主义核心价值体系的始终。围绕人、发展人是社会主义核心价值体系的根本导向，追求人发展的价值性、围绕人发展的价值维度提出了一系列的信仰导向、信念导向、行为导向等。因此，它具有很强的人本价值性，是个体价值和社会价值的有机统一。以社会的整体价值规范、引导、促进个体价值的发展取向，个体价值的发展促进社会整体价值的生成、完善、提升等。而追求人发展的价值性是有目的的价值导向，那就是实现共同富裕。共同富裕是社会主义发展的奋斗目标，邓小平指出："社会主义的本质，是解放生产力，发展生产力，消灭剥削，消除两极分化，最终达到共同富裕。"①实现共同富裕是古今中外社会追求的一种价值向度。社会主义核心价

---

① 《邓小平文选》第三卷，人民出版社 1993 年版，第 373 页。

值体系坚持以人民为中心的价值观就是为了实现社会主义共同富裕的目标。坚持马克思主义指导思想、中国特色社会主义共同理想就是要树立社会主义信念、共产主义信仰，坚定走社会主义道路的决心，坚定"四个自信"推动社会主义发展，最终实现共同富裕的伟大目标。并对追逐这个奋斗目标的实现规律进行科学探索，社会主义核心价值体系内含和谐发展的意蕴，即蕴含着人与人、人与社会、人与自然的和谐发展是实现社会共同富裕的内在规律性。实现和谐发展，既是社会发展的价值实现目标也是价值实现的手段，和谐发展是社会主义最终实现共同富裕的基本规律。因此，社会主义核心价值体系是合价值性、目的性与规律性的统一，是"三位一体"的价值体系，充分体现其科学性。

2. 社会主义核心价值体系具有可操作性

社会主义核心价值体系不但具有科学性和价值性，而且还具有可操作性，是实践性、监督性、评价性的统一。

首先，社会主义核心价值体系具有实践性。社会主义核心价值体系的主体是人，本质上是价值主体实践的核心价值观念，具有很强的实践性。换言之，社会主义核心价值体系的生成、认同、发展，从根本上来说是社会共同体成员实践的结果。反过来又不断指引社会共同体成员的实践行为。理论是革命的先导，社会主义核心价值体系不是本本，不是供奉起来的神圣教条，而是人们社会实践的标杆。只有通过实践社会主义核心价值体系才有生命力。马克思主义信仰、社会主义共同理想、"两个精神"、荣辱观等都能转化为实践，是人们思想活动和行为实践的结合。尤其是以"八荣八耻"

为主要内容的社会主义荣辱观是人们实践的行为准则，是人们社会生活的道德标杆。

其次，社会主义核心价值体系具有监督性。社会主义荣辱观具有监督性，具有规范和监督人们的社会生活的作用。监督性体现在两个层面：一是良心监督，是一个无形的监控器，是一只看不见的手；二是舆论监督、制度监督，是一只看得见的手，包括舆论、制度、机制的监督。康德指出：良心是"自己对自己作出裁决的判断力"。[①] 康德非常重视良心的判断作用。良心可分为个体良心和社会良心，社会良心是社会个体良心的整体性反映和提炼，社会良心也直接影响个体良心的变化。正如库利所言："个人良心与社会良心不是相互独立的东西，而是一件事物的两方面。"[②] 基于这一意义，良心监督就直接表现为个体良心监督和社会良心监督，以及个体与社会的相互监督。从评价论角度看，良心监督本质上是一种个体或社会的内在自我监督。就个体而言，个体良心监督主要反映每个人的良心都是一杆秤，在他们干事时会去思考能不能做？会不会受到良心的谴责？懂得什么叫天地良心，即懂是非、知善恶。从而有效地规范他们的行为，有利于引导弃恶从善。就社会而言，任何一个社会都需要有社会良心。一个社会没有良心就像一个社会没有灵魂一样恐怖。以什么为荣、以什么为耻，这种良心的自觉监督在

---

① ［德］康德：《单纯理性限度内的宗教》，李秋零译，中国人民大学出版社 2003 年版，第 198 页。

② ［美］库利：《人类本性与社会秩序》，包凡一等译，华夏出版社 1999 年版，第 246 页。

很大程度上可以避免许多错误的发生。比如欺诈行为，很多人在欺诈之前或之后都有一种扪心自问的感觉，觉得本来不想欺诈的或内心是不想欺诈的，这表明社会还存在良知。因此，追求社会良心，并通过社会良心来监督社会行为具有极为重要的价值。所谓舆论、制度监督，主要是社会舆论、社会机制、法律规范等监督人们的社会生活。当人的行为失范时社会舆论会予以批评，当有人违法乱纪时，法律法规会对其进行惩戒和教导。良心监督和舆论、制度监督相辅相成，规范人们的社会生活、行为规范。诚然，有监督必然会存在评价，监督和评价在一定程度上是紧密相连的，社会主义核心价值体系具有客观的评价性。

再次，社会主义核心价值体系具有评价性。社会主义核心价值体系的评价性主要体现在个体自我评价和社会评价两个层面，集中体现在以"八荣八耻"为主要内容的社会主义荣辱观。社会主义荣辱观是个体自我评价和社会评价的统一。个体自我评价，实质上是一种自我评价活动，是"主体对作为客体的主体的评价活动。个体自我评价活动中主体与客体直接同一。"① 主体对作为客体的主体的评价表征为自我行为的反思。社会评价是社会对社会共同体成员的实践行为的评价，即社会群体"共同意识"对个体行为是非、善恶、美丑的评价。社会主义荣辱内含着这一整套评价的标准，那就是"八荣"标准和"八耻"标准，是监督性与评价性的耦合。

----

① 陈新汉：《自我评价活动论纲》，《北京师范大学学报（社会科学版）》2007 年第1 期。

（五）社会主义核心价值体系认同的构建

前面从社会主义核心价值体系认同的内涵、特征、必要性、功能、可行性等方面进行考察，其根本目的在于落实到构建层面上来，即进行社会主义核心价值体系认同的构建。加强广大人民群众对社会主义核心价值体系的认同，必须构建一系列的认同路径和机制。

1. 在内容上，对社会主义核心价值体系认同要讲究层次性、差异性

社会主义核心价值体系具有层次性，社会群体认知水平具有层次性及社会群体的多样性，决定了对社会主义核心价值体系认同不能一概而论，不能搞"一刀切"，应讲究层次性、差异性。应依据社会群体的实际情况来加强对社会主义核心价值体系的认同，实事求是，有的放矢。对广大党员干部而言，对社会主义核心价值体系的认同应该要全面、深刻，要从思想上、信仰上真正认同社会主义核心价值体系。毛泽东曾经批判那些组织上入党而思想上没有入党的人，提出要从思想上入党的原则，对社会主义核心价值体系的认同也是一样，即首先要从思想上、信仰上认同。避免行为上盲目跟从、"一窝蜂"或"唱高调"，而思想上却不认同，甚至产生怀疑的"行为异化现象"。因此，对党员干部的认同要求应该最严格、最深刻，应该上升到对马克思主义指导思想的认同，坚定马克思主义信仰和社会主义信念，毫不动摇地跟党走。

然而，对非党员的社会群体而言，我们可以倡导马克思主义信

仰，但不能用一种信仰去替代另外一种信仰，使整个社会只有单一的信仰。现实生活中群众有着自身的信仰，在这种情况下，要慎重对待其他信仰问题。对社会主义核心价值体系认同要讲究差异性。对不同社会群体的认同要求应该有区别，如对宗教信徒、一般民族群众的认同不能用对党员干部的要求去衡量，否则就会犯错误。再加上由于不同群体接受教育水平的层次性、社会实践活动经历的多样性、认知事物的差异性等使得他们对社会主义核心价值体系认同存在很大差异。只要社会成员遵循底线伦理认同，即对社会主义荣辱观的认同，其他层次的认同需要循序渐进。

2. 在形式上，对社会主义核心价值体系认同要注意不稳定性、突变性

社会成员实践的多样性、多变性和认知的反复性、不稳定性决定了我们对广大群众的社会主义核心价值体系的认同要注意不稳定性和突变性。这是一个长期的发展过程，也是一个艰难的教育过程。很多人可能有多种信仰，即个体信仰的多元化，不同的环境、不同的历史时期坚持哪种信仰具有不稳定性和突变性。在特定的环境下，原来信仰马克思主义的个体会有产生信仰突变的可能。因此，加强社会成员的社会主义核心价值体系认同要注意认同的不稳定性、突变性、反复性、长期性，这就要求我们要有足够的耐心和毅力，慢慢去引导，不能够操之过急。否则，就欲速则不达，事倍功半。

3. 在方式上，社会主义核心价值体系认同要与人民群众的实际利益相结合

物质决定意识，意识反映物质，人们物质利益的追求在任何时候

都不能忽略。加强人们对社会主义核心价值体系认同必须要正视人民群众的实际生活情况，把信仰培育与经济建设紧密结合在一起，在帮助人们解决实际困难的过程中引导人们认同社会主义核心价值体系。毛泽东曾经指出："与人民利益适合的东西，我们要坚持下去，与人民利益矛盾的东西，我们要努力改掉，这样我们就能无敌于天下。"①长期以来，我们的党能得到老百姓的信任和拥护，从根本上说，是党代表了人民的根本利益，让广大人民群众切实享受到物质利益，共享改革开放成果。新时期加强群众对社会主义核心价值体系的认同必须高度重视人们的实际利益，尤其是物质利益，帮助他们解决实际困难，让老百姓切实感受改革开放的伟大成果、切实感受党的温暖、切实享受良好的物质利益和良好的生存环境，这样社会主义核心价值体系认同才不是一句空话。

4. 在机制上，要建立政府主导、民众参与、社会监督、法律规范一体化机制，多管齐下

要建立多层次的认同机制，加强社会主义核心价值体系认同效果。机制建设是增强社会主义核心价值体系认同效果的根本，加强社会主义核心价值体系认同要从机制上下功夫。

政府主导是关键。改革开放以来的经济社会发展表明，越是经济发展相对落后的地区越要加强政府的主导作用，社会主义核心价值体系认同也是如此。社会主义核心价值体系的认同要充分发挥政府的主导性作用，发挥各级政府高度重视社会主义核心价值体系的构建，充

---

① 《毛泽东文集》第三卷，人民出版社 1996 年版，第 210 页。

分明确社会主义核心价值体系认同的重大意义，政府掌握社会各种思潮的动态方向，牢牢把握社会主义核心价值体系的发展方向，统筹兼顾、战略思考、全局考虑。制定大政方针，在制度上为社会主义核心价值体系认同提供支撑。各级党政机关充分运用主流媒体等社会资源，加强宣传工作、扩大社会共识、加强对社会主义核心价值体系认同的投资力度，为社会主义核心价值体系认同打下坚实的物质基础。此外，各级政府官员应该成为认同、传导、践行社会主义核心价值体系的重要载体，在社会上起表率、模范作用。干部首先认同和践行社会主义核心价值体系，这是一支极为重要的认同力量。

民众参与是主流。社会主义核心价值体系认同不囿于党政干部，而是扩展到社会所有成员的价值认同。广大群众始终是社会主义核心价值体系认同的主体，是社会主义核心价值体系的生命力所在。只有赢得群众的认同才能推进社会主义核心价值体系的发展，才能展现其价值所在。在一定意义上说，民众参与的效果决定社会主义核心价值体系认同的成败。因此，加强群众的社会主义核心价值体系认同是极为重要的。社会主义核心价值体系是个开放性的体系，可容纳不同社会群体的价值认同，可为不同社会群体提供精神支撑。民众参与的程度体现在群众对社会主义核心价值体系的认知程度、认同程度，也反映社会主义核心价值体系的生命力状况。总之，加强群众对社会主义核心价值体系认同是个伟大的工程。

法律规范是保障。社会主义核心价值体系认同需要法律规范来保障，对那些严重违反社会主义核心价值体系要求的行为要予以法律约束，甚至是制裁。当前，我国还面临一些恐怖主义势力、分裂势力、邪恶势力、黑恶势力等非传统势力的威胁。对那些用危害国家安全、泄露国家机密换取个人利益、危害社会稳定的恶劣势力及出现的贪污腐败等行为要予以法律制裁，维护社会公正和稳定，推动社会主义核心价值体系认同。换言之，通过对背离社会主义核心价值体系要求的恶劣行为予以法律制裁，用法律使认同社会主义核心价值体系的群体不受到伤害，维护他们的利益，这是十分必要的。如果认同社会主义核心价值体系的人的利益不受保障，不认同社会主义核心价值体系的人没有得到遏制，长此以往，社会主义核心价值体系认同就会走下坡路，认同的人就会越来越少，对此我们必须给予高度关注。

5. 在环境上，优化认同环境，坚持一元引领多元，最大限度形成社会共识

社会主义核心价值体系认同需要良好的社会环境。马克思指出："人创造环境，同样，环境也创造人。"[1] 当前世界各种思潮汹涌澎湃，给社会主义核心价值体系认同带来很大影响。历史虚无主义、价值多元主义、民主社会主义、新自由主义、政治多元主义、极端民族主义等思潮近年来比较活跃，给社会主义核心价值体系认同带来许多不确定因素。如社会上出现的"无厘头"现象，他们"可能相信有鬼神，但他们的世界中绝对没有那个叫'上帝'或者类似上帝的人物，所以更谈不上什么崇拜和信仰，如果有，那一定是他自己。换句话说，'无厘头'们更注重自我意识和自我感觉，在他们心里，自己最

---

[1] 《马克思恩格斯选集》第 1 卷，人民出版社 1995 年版，第 92 页。

大。"①"无厘头"现象本质上是一种历史虚无主义价值观，这种现象给青年群体带来很大影响。价值多元主义认为："没有一个善或价值，或者一套善或价值，在指导行为时，在任何情况下都是高于一切的。即使根据某些标准 A 比 B 更高尚或更高贵，事实可能是 B 在具体的环境中会比 A 更迫切，而在那些必须做出决定的环境中，把决定的优先权给迫切者而不是高贵者可能更合理。"② 这些社会思潮给社会主义核心价值体系认同带来许多不确定因素。

为此，我们要不断优化社会主义核心价值体系认同环境，在坚持"双百方针"的前提下，对各种社会思潮进行理性分析、争论，甚至批判，让广大民族群众了解各种社会思潮的本质和真相，对各种恶意释放腐朽、落后的思潮坚决予以抵制，不断营造一个轻松、和谐的认同环境。坚持一元引领多元，即是用社会主义核心价值体系引领社会思潮，尊重差异，包容多样，最大限度地形成社会共识。社会主义核心价值体系认同不是要取消或遏制人民群众对社会其他信仰的认同，相反，要允许和充分尊重人民群众对不同信仰的认同。在多元信仰长期共存的环境中，让人民群众自己去选择，哪种是科学的、哪种是非科学的，哪种是理性的、哪种是非理性的，哪种是先进的、哪种是落后的。最终选择、认同、坚定社会主义核心价值体系。

① 童世骏：《意识形态新论》，上海人民出版社 2006 年版，第 290 页。
② ［美］盖尔斯敦：《自由多元主义》，佟德志、庞金友译，江苏人民出版社 2005 年版，第 41 页。

三、社会主义核心价值体系的引领

引领是社会主义核心价值体系的一个基本命题，也是社会主义核心价值体系的关键所在。然而，目前学术界有一种倾向，认为主导和引领是一回事，把它们混淆起来。事实上，主导与引领有着本质的不同。区分引领和主导，对增强社会主义核心价值体系引领社会思潮的针对性和实效性都具有极为重要的意义。

要厘清"主导"与"引领"之别须从词的构成上进行梳理，而最为关键的是"主"和"引"的区别。"主"字，《说文解字》曰："鐙中火炷也"①。《辞源》把"主"字主要解释为以下几种意思：①君也。天子为天下主。②一家之长曰主。家臣奴仆之称其上皆曰主。③有其事权曰主。《孟子》使之主祭。④对客而言（礼）。⑤意指所向曰主，如主张、主意。⑥有其物权曰主，如田主、物主等②。根据这一诠释，"主"最早是灯中的火炷，也就是内含中心之意，具有掌握某些事、物、权等方面的资本。如君主、主人、主事人等，这就表明"主"字非常强调的是一种上下关系（主为上）、尊卑关系（主为尊）、主宰与被主宰关系（主为主宰者）等，具有很强的意识形态色彩。

---

① 许慎：《说文解字》，九州出版社 2006 年版，第 412 页。
② 《辞源》第一册，商务印书馆 1999 年版，第 81 页。

而"引"字，《说文解字》曰："引，开弓也。从引"①，是"弓"和"丨"的结合。《辞源》把"引"字主要解释为以下几种意思：①开弓也，《孟子》君子引而不发；②相牵曰引（礼）；③延长也，引而伸之；④导也，《史记》牵引堕车塞，言为天子引而堕车跋也；⑤欲也（礼）等。② 从这里可以看出，古代的"引"字最初是开弓之意，并没有任何的情感色彩，而是一种纯粹的符号描述，主要是引导、延伸、牵引之意。

通过以上对比，可以看出"主"和"引"的区别在于："主"强调对他者的统摄性，具有很浓厚的意识形态色彩。主与仆对应，君与臣对应，都是上下关系、尊卑关系、主宰与被主宰的关系。在一定意义上说，主对他者具有生死的决定权，存在一种压迫与被压迫的关系。而"引"却温和得多了，强调的是一种牵引，没有附带一定的意识形态，是牵引和被牵引的关系，这是它们的显著区别。从这里就可以导出主导和引领之间有很大的区别，此所谓"失之毫厘，谬以千里"。根据《现代汉语大词典》解释，所谓"主导"，是指"主要的并且引导事物向某方面发展的或起主导作用的事物"③；而"引领"则是指"伸颈远望，多以形容期望殷切或引导、带领"④ 之意。

---

① 许慎：《说文解字》，九州出版社 2006 年版，第 1047 页。

② 《辞源》第二册，商务印书馆 1999 年版，第 921 页。

③ 《现代汉语大词典》上册，汉语大词典出版社 2000 年版，第 149 页。

④ 《现代汉语大词典》上册，汉语大词典出版社 2000 年版，第 1807 页。

（一）主导和引领的根本区别

从以上分析可以看出，主导和引领虽然有着一定联系，都有"引导"之意。然而，从这里可以看出它们之间的很大区别，而且是本质上的区别，其中最根本的区别至少有三条：

第一，从内涵上看，主导强调的是起主要或主宰作用的，甚或统摄作用的，在这个基础上引导他者的发展方向。主导是一个历史范畴，强调上下关系、尊卑关系、主宰与被主宰的关系。在特定历史条件下，主导是意识形态斗争的产物，是统治阶级的产物。马克思指出："统治阶级的思想在每一个时代都是占统治地位的思想。这就是说，一个阶级是社会上占统治地位的物质力量，同时也是社会上占统治地位的精神力量。支配着物质生产资料的阶级，同时也支配着精神生产资料。"① 按照马克思的阐述，在阶级社会里，统治阶级的意识形态始终是占主导地位的，它是主宰社会其他意识形态的"精神的太阳"。这里就涉及两种可能：一是统治阶级的意识形态是先进的意识形态，顺理成章地成为社会意识形态的主导，这是正义的、先进的、合理的；二是统治阶级的意识形态是滞后于社会其他意识形态的，甚至是腐朽落后的意识形态，但仍然在一定时期占据主导地位，这是统治阶级的需要，这个时期的主导就成为非正义的、落后的、不合理的。历史上出现的许多封建统治阶级的意识形态往往是属于第二

---

① 《马克思恩格斯选集》第 1 卷，人民出版社 1995 年版，第 98 页。

种。基于这一点，主导一词本身就是一个意识形态化的产物。因此，主导有好坏之分，要辩证分析，一切从实际出发，以当时当地的具体情况来确定，而不能盲目崇拜。而引领更强调的是一种引导、带领、牵引，并没有显示要占主要或主导地位，在意识形态色彩上明显要微弱得多。换言之，引领是指事物的某一方面不占主要或主导作用，但能够引导、带领其他方面朝一定的方向发展。因而，引领只存在一种可能，那就是先进的引导落后的、文明的引导野蛮的，而不是相反。这就突破了传统意义上的只有主要或主导作用时才能引导，而更加强调的是引导者自身的先进性，即用先进一方带领其他方朝一定的方向发展。

　　第二，从主观意愿上看，主导与引领不同，主导是特定群体或个体的主观行动和主观意向，主观性非常强，是他们意志的对象化行动。这种主观行动为达到一定的目的而采取比较强硬的手段（如权力）来实现。历史上的封建社会，统治阶级为了维护自己的统治，必须要在思想上进行控制、在意识形态领域进行控制、在舆论方面进行控制，此所谓"防民之口，甚于防川"。马克思指出，"理论在一个国家实现的程度，总是决定于理论满足这个国家的需要的程度。"①从汉武帝采纳董仲舒的"罢黜百家、独尊儒术"的建议以来，儒家意识形态在上千年的封建社会里占主导地位。这种主导方式很单一，主要是自上而下的。它在一定时期可以起到很好的社会效果，但也潜藏着许多危机。而引领却不同，引领除了主观因素之外，还强调客观

---

① 《马克思恩格斯选集》第 1 卷，人民出版社 1995 年版，第 11 页。

因素。引领强调事物的先进性，是事物本身的引领能力。从发生学角度看，引领是多样性事物共生发展过程竞生而来的，是先进的事物在多样性事物竞生发展中脱颖而出，成为引领其他事物的引领者，这是一种自然而然的过程，而不是通过强制命令来实现的。基于这一点，引领是一种自下而上的方式。诚然，引领同样存在自上而下的方式，但是又与主导的自上而下的方式在性质上、路径上不相同。自上而下的引领实质上也强调引领者的先进性，而非推出一个"阿斗"来引领社会思潮。而且，引领不是靠强制性，而是遵循事物发展的历史规律，通过民主协商式地进行，是通过被引领者的内心接受、认同、支持来实现的。

第三，从价值理性上看，主导与引领不同的地方还存在于：一个体现工具理性，一个体现价值理性。主导是特定集团或个体的主观行动和主观意向，他们通过主导的方式来实现其目的，因而，主导就成为一种纯粹的统治阶级意识形态化的工具理性。换言之，主导只是统治阶级为了实现其政治目的、维护政治统治的工具而已。而引领更强调的是一种价值理性，折射出深层次人文精神的时代特征和时代精神的人为特征的辩证统一。

党的十七大报告提出："积极探索用社会主义核心价值体系引领社会思潮的有效途径，主动做好意识形态工作，既尊重差异、包容多样，又有力抵制各种错误和腐朽思想的影响。"① 报告用"引领"而

---

① 胡锦涛：《高举中国特色社会主义伟大旗帜　为夺取全面建设小康社会新胜利而奋斗——在中国共产党第十七次全国代表大会上的报告》，人民出版社 2007 年版，第 34 页。

不用"主导"，这就表明在当代中国要以社会主义核心价值体系来引领社会思潮，党的十九大报告指出，"发挥社会主义核心价值观对国民教育、精神文明创建、精神文化产品创作生产传播的引领作用"①。引领和主导之别，不仅仅内涵相差甚远，更体现在发展理念上的差别，是从工具理性向价值理性转向的重要标志。

（二）传统主导性与多样性关系的缺陷

在厘清了主导与引领之间的关系后，探讨主导性与多样性之间的关系也就成为一个亟待解决的问题。谈主导必言多样，谈引领亦须谈多样。学术界对主导性与多样性关系的研究成果颇多，诸如《现代思想政治教育主导性研究现状述评》《主导性与多样性——现代思想政治教育学的重要对偶范畴》等。这些成果在论述主导性与多样性关系方面进行了有益探索，但有些地方也值得商榷。诸如把主导与引领混合了，或者把引领放到主导的影子下。在主导性的定义上，有学者认为："所谓主导性，即事物发展过程中所显示的统一性、规定性、指向性，它规定着事物发展的性质和方向。"② 在主导性与多样性关系上，有学者认为："主导性指导多样性，又不能脱离多样性，否则主导性就脱离实际，显得教条化、空洞化；多样性丰富、影响主

① 习近平：《决胜全面建成小康社会　夺取新时代中国特色社会主义伟大胜利——在中国共产党第十九次全国代表大会上的报告》，人民出版社 2017 年版，第 42 页。
② 石书臣：《主导性与多样性的辩证统一——中国特色社会主义理论体系的方法论思考》，《江西社会科学》2008 年第 3 期。

导性，也离不开主导性，否则多样性就迷失方向、盲目发展，必然导致发展的无序甚至是逆向发展。"① 也有专家认为："社会的稳定和发展需要多元社会价值观念的有序。这就要求占主导地位的若干社会价值观念即社会核心价值观念对于多元社会价值观及其冲突予以引导。"② 这里就把引领置于主导的影子下，把"主"和"引"混合在一起，"导"和"领"直接同一，甚至把主导和引领等同，从而导致引领性与多样性关系沉寂在主导性和多样性关系之中。这既影响了主导性与多样性关系的健康发展，如历史上曾经出现过的有主导没多样，或有多样缺主导（即失去主心骨），"一抓就死，一放就乱"的现象，这不能不说是一个惨痛的历史教训。同时，也阻碍了引领性与多样性关系发挥正常的功能。主导性与引领性的混合在社会核心价值观念上将导致缺陷，进而影响社会主义核心价值体系的建设。

坚持主导性是特定历史阶段的产物，但不是亘古不变的。在革命战争时期或在特定的历史环境下，在社会核心价值观念上坚持主导性有利于增强党的全面领导、净化党的政治生态和党内团结，有利于增强人民群众的凝聚力和向心力，有利于促进革命的快速发展。因此可以说，坚持主导性是革命战争的需要，是时代发展的需要。在革命队伍里，坚持主导性就更加凸显其重要性，只有这样才能不断增强革命队伍的战斗力，才能锻炼出杰出的有信仰的革命战士。否则，思想混乱、信仰迷茫、军心涣散，革命将难以取得胜利。邓小平指出："为

---

① 江传月：《论大学生思想政治教育主导性与多样性割裂的表现及克服》，《思想教育研究》2008 年第 1 期。

② 陈新汉：《论核心价值体系》，《马克思主义研究》2008 年第 10 期。

什么我们过去能在非常困难的情况下奋斗出来，战胜千难万险使革命胜利呢？就是因为我们有理想，有马克思主义信念，有共产主义信念。我们干的是社会主义事业，最终目的是实现共产主义。"① 坚持主导性在很大程度上可以塑造优秀的革命战士，可以在非常困难的情况下战胜敌人，可以在艰苦卓绝的环境下继续推进中国革命的发展。可以说，中国革命取得的伟大胜利与在核心价值观念上坚持主导性有着莫大关系，这不能不说是中国革命历史上的一大奇迹。然而，马克思主义认为，事物都具有两面性，我们既要看到有利的一面，也要看到不利的一面。主导性在特定历史阶段能起到很好的效果，能够统一思想、达到目标。但是也带来一些不利因素，过分强调主导性往往会约束多样性的发展空间，也容易导致人们思维方式的定势，导致人们对主导者的高度依赖，一旦形成这种"惯习"将对社会发展产生一些消极的影响。

事实上，主导和引领最根本的区别在于"主"和"引"的区别，而不在于"导"和"领"的区别。主导的核心在于"主"，在这个基础上"导"，而引领的核心在于"引"。引领必须要从主导中游离出来，必须要从主导的影子下走出来，也就是要把"隐匿"在主导下的引领凸显出来，从而走向一个相对独立的视域，促使主导性与多样性的关系进入健康轨道，也为引领性与多样性之间找到合适的空间。易言之，引领从主导中游离出来，对增强主导的针对性是极为重要的。

① 《邓小平文选》第三卷，人民出版社 1993 年版，第 110 页。

此外，从发生学角度看，主导性与多样性并不存在必然逻辑。多样性是相对于单一性而言，多样性并不直接指称主导性。然而，如何理解单一性则成为理解多样性的一个关键。在某种意义上说，单一性中的"一"，可以理解为主导，亦可以理解为引领。大千世界，多样性是事物发展的根本属性。事物的多样性发展是自然发展的基本规律，这是不以人的意志为转移的。但是，事物的多样性发展不是必然要导致主导性的出现。相反，根据生物的竞生规则，引领也就是物竞天择的结果。诚然，事物存在的多样性也就成为研究主导、引领的前提和基础。

毛泽东指出："凡属于思想性质的问题，凡属于人民内部的争论问题，只能用民主的方法去解决，只能用讨论的方法、批评的方法、说服教育的方法去解决，而不能用强制的、压服的方法去解决。"① "对待人民内部的思想问题，对待精神世界的问题，用简单的方法去处理，不但不会收效，而且非常有害。"② 在思想领域、在精神世界里，毛泽东强调不能用行政力量来处理，不能用强制、压服的方法去解决，这里就蕴含着丰富的引领思想，标志着毛泽东在对待和处理社会各种思想、观念、价值多样性上的新思维。而社会价值观念的多样性发展、交流也同属于精神世界的问题，理应坚持引领与多样性和谐共生的原则。

改革开放 40 年，社会进入了一个新的转型时期，各种思潮、价

---

① 《毛泽东文集》第七卷，人民出版社 1999 年版，第 209 页。
② 《毛泽东文集》第七卷，人民出版社 1999 年版，第 232 页。

值观念风起云涌。当前是社会各种思潮最活跃的时代，给社会主义核心价值体系带来了新的机遇和挑战，毫无疑问，挑战大于机遇。但是，传统的主导思维和模式难以适应时代发展的需要，当代中国，用一种价值观念去主导其他价值观念显然不符合社会发展的需要，也就是用一种价值观念去主导其他价值观念、社会思潮的时代已一去不复返。因此，由主导向引领转向是时代发展的需要。党中央高瞻远瞩、审时度势、与时俱进，创造性地提出了坚持以社会主义核心价值体系引领社会思潮的科学论断，这不能不说是一种新思路、新理念。

（三）从主导走向引领性的学理基础

坚持以社会主义核心价值体系引领社会思潮具有深厚的理论根基，主要有共生论、主体间性和马克思主义事物多样性与统一性原理等。

共生论强调事物多样性之间的相互依存、互补、竞争、协调等方面的关系。一般而言，事物的多样性共生发展是一个从无序到有序，然后再进入到无序状态的过程，是一个反复循环的过程。社会主义核心价值体系与其他社会价值体系的共生关系就直接体现为两种形态：一是混沌的无序的无政府状态；二是经过引领后达到有序状态。前一种在我国历史上曾经出现过，给社会带来不少危害，以史为鉴，必须要坚持社会主义核心价值体系引领其他价值体系的共生发展。这样即可以体现社会主义核心价值体系以开放、平等、宽容的姿态展现在其他价值体系面前，对社会主义核心价值体系与其他价值体系之间的沟通、交往等方面都具有重要意义。从共生角度来开创社会主义核心价值体系引领其他价值体系的理念和路径将为社会思潮、多元观念和谐相处、协调发展提供新思维。

主体间性（Inter-subjectivity）是由现象学大师胡塞尔提出的，其意图是克服主体的片面性。所谓主体间性，就是"主体性之间的关系"①。主体间性打破了传统的主体、客体之间的思维框架，进而消解了主导方式在多样性事物发展中的作用，消解了主导者的话语霸权，进入了平等对话的阶段。社会价值观念是多样性的，在一定社会场域里，它们都是精神世界的"主体"，成为精神世界里相对独立的存在者。社会主义核心价值体系与其他价值体系同处在社会这个横切面上，它们之间本质上是平等的，而非不平等的主仆关系、尊卑关系或统摄与被统摄关系。主体间性为社会主义核心价值体系引领其他社会价值体系、社会各种思潮提供了沟通的理论基石，只有承认社会其他价值观念（腐朽、落后的价值观念除外）在社会精神世界中的"主体"地位，以及其存在的合理性，沟通才有前提和基础。毕竟社会主义核心价值体系只是引领其他价值体系、社会思潮，而非要根除、取代其他价值体系。主体间性为社会主义核心价值体系引领其他社会价值体系、社会思潮的有效性奠定基础。

马克思主义认为，世界是由事物的统一性与多样性共同构成的。

---

① 俞吾金：《"主体间性"是一个似是而非的概念》，《华东师范大学学报（哲学社会科学版）》2002 年第 4 期。

世界的统一性，也就是世界的共同本质。世界的多样性，也就是世界的差异性①。没有多样性就没有统一性；没有统一性，也难以促进多样性发展，因而它们是相互依存、相互促进、相互制约的。这个原理启示我们，社会主义核心价值体系要坚持社会主义整个社会精神世界的统一性，社会思潮的存在和发展不能导致社会精神世界的分裂，甚至导致社会的分裂。引领是引导、牵引和批判的辩证统一，社会主义核心价值体系引领社会思潮一方面是为了与社会思潮共生发展；另一方面也是为了确保社会精神世界的统一性，它是社会主义社会精神世界统一性的坚决捍卫者和思想堡垒，也就是说，具有很强的批判性。

总之，我们要改变传统的主导和引领混淆在一起的观念，引领必须从隐匿在主导的影子中游离出来，才能使主导增强针对性和亲和力，也为引领性与多样性关系进入正轨提供条件。当代中国，不能机械地以社会主义核心价值体系去主导，而只能去引领社会思潮。只有这样才能推动社会主义核心价值体系有效引领社会思潮。

四、社会主义核心价值体系引领社会思潮

（一）社会主义核心价值体系引领社会思潮的必要性

坚持以社会主义核心价值体系引领社会思潮具有很强的必要性，

---

① 石书臣：《主导性与多样性的辩证统一——中国特色社会主义理论体系的方法论思考》，《江西社会科学》2008 年第 3 期。

主要体现在以下两个方面。

1. 社会主义核心价值体系是社会主义意识形态的本质体现，它关系到社会思潮变化的根本

任何一种意识形态本质上都有一种核心价值体系，成为该意识形态的内核和特质。党的十七大报告指出，社会主义核心价值体系是社会主义意识形态的本质体现。这个科学论断是在我国改革开放进入 30 年的关键时刻提出的，表征着党中央高屋建瓴、审时度势、统揽全局，站在新的历史起点上审视当代中国社会意识形态的复杂现状，具有很强的时代意义。我们必须清醒地看到，改革开放以来社会主义意识形态遭到前所未有的挑战和冲击，迫切需要建构一种新的社会核心价值体系来驾驭和统揽当前社会思潮的全局。新时期，社会主义核心价值体系是"社会主义特有的、最主要的价值观，是人类历史上最科学最先进最有生命力的价值体系，代表着社会的发展方向"。① 它最能够体现社会主义意识形态的本质。只有明确社会主义核心价值体系在社会主义意识形态中的核心地位，才能夯实社会主义核心价值体系在社会各种思潮中的地位，才能从根本上触动各种思潮之间的关系。进言之，各种思潮能否实现和谐发展的关键在于社会主义核心价值体系，在于社会主义核心价值体系的引领、导向、批判、建构的功能和取向。

2. 文化全球化背景下，多元文化碰撞错综复杂，社会多样性思潮需要领路人

"当今时代，文化越来越成为民族凝聚力和创造力的重要源泉，

---

① 梅荣政、王柄权：《坚持以社会主义核心价值体系引领社会思潮》，《思想理论教育导刊》2007 年第 6 期。

越来越成为综合国力竞争的重要因素，丰富精神文化生活越来越成为我国人民的热切愿望。"① 文化日益成为世界发展、文明进步的重要力量，也成为世界各国抢占话语权、发展空间的重要手段。不管是文化冲突论、文化霸权论，甚或文化帝国主义，都表征着文化全球化背景下多元文化碰撞已成为不可逆转的历史潮流。多元文化对话、冲突、碰撞也逐渐成为文化民族主义捍卫本民族文化命根的途径。而且，文化往往也是社会思潮的表现形式，不同时期的社会思潮往往表现出不同的文化现象，不同的社会思潮也在不同的文化形式中得到体现。换言之，多元文化交流碰撞在一定程度上昭示出社会多样性思潮的激流碰撞。改革开放以来，世界的目光都不断聚焦中国，当然包括多元文化的相互激荡和渗透、社会思潮的交汇和泛滥。这些思潮有先进落后之分、有健康腐朽之别，且善恶、美丑、是非之间并非泾渭分明，而是相互交织、错综复杂，彼此之间的渗透、斗争、碰撞、吞噬也异常激烈。它们之间往往处在无序的混沌状态，迫切需要一个领路人以维持"秩序"和引导方向，引领多样性思潮朝着更加理性、健康的方向发展。

（二）社会主义核心价值体系引领社会思潮的可行性

社会主义核心价值体系能否引领社会思潮？这是社会各种思潮提

---

① 胡锦涛：《高举中国特色社会主义伟大旗帜　为夺取全面建设小康社会新胜利而奋斗——在中国共产党第十七次全国代表大会上的报告》，人民出版社 2007 年版，第 33 页。

出挑战和质问的核心问题，也是考量社会主义核心价值体系生命力所在。社会主义核心价值体系引领社会思潮的可行性主要可从以下几点得到论证。

1. 社会主义核心价值体系是科学、开放、先进的价值体系

社会主义核心价值体系坚持以马克思主义为指导思想，具有科学的理论支撑。社会主义核心价值体系各部分内容是个有机整体，是价值性、目的性与规律性的统一，是集实践性、监督性、评价性于一体的科学理论体系。社会主义核心价值体系既坚持以马克思主义为指导思想，又继承中华民族的优秀文化传统和中国特色社会主义伟大实践经验，借鉴、汲取世界各种优秀意识形态的积极因素。在同各种思潮、意识形态的交流碰撞中，以及在改革开放的伟大实践中不断得到丰富和发展，也必将继续随着中国特色社会主义道路的实践和中国特色社会主义理论体系的发展而不断发展，充分体现出开放的特征。此外，社会主义核心价值体系始终能够站在历史的前列，站在社会各种思潮的前沿，代表先进文化的前进方向。它以锐利的眼光着眼世界、放眼全球，积极抢占社会思潮的制高点，成为社会思潮的领路人和排头兵。因此，它最具有引领社会思潮的资本和气魄，成为当代中国社会思潮健康发展的领航者。

2. 社会主义核心价值体系能够协调社会多样性思潮的碰撞，推动各种思潮和谐发展

各种思潮和谐发展不仅是社会和谐发展的重要内容，也是它们自身发展的内在要求，它们期望有个稳定、有序的发展环境和空间，期盼能够在社会发展的大浪潮中不断提升自己的凝聚力和影响力。因

此，社会主义核心价值体系在这些思潮碰撞冲突中扮演极其重要的角色，能够协调不同社会思潮之间的矛盾冲突。一是社会主义核心价值体系拥有独特的社会资源，为协调各种思潮之间的矛盾冲突提供基础。社会主义核心价值体系是社会主义意识形态的本质体现。在社会里处于主流意识形态的位置，拥有其他非主流意识形态不能拥有的独特资源，为驾驭各种思潮提供坚实的基础。二是社会主义核心价值体系为各种健康进步思潮之间起到调和的作用。社会主义核心价值体系利用在社会中的独特资源可以扶持一些健康的文化思潮，引导它们朝着更加有利于促进人的健康全面发展的方向发展。协调各种社会思潮在发展过程中的不足，使它们相互吸收彼此的有利元素，促进它们和谐共生发展。三是社会主义核心价值体系具有批判、抵制一些腐朽落后思潮的气魄和能力，为各种健康进步的社会思潮提供良好的空间和环境。社会主义核心价值体系本质上是批判的，批判性是社会主义核心价值体系的本质属性。它针对社会不良思潮、西方腐朽思潮进行强有力的抵制和批判。

3. 社会主义核心价值体系能够代表社会思潮的根本价值向度

"社会思潮是特殊的社会意识现象，是一定时期社会存在的反映，是社会经济政治生活的'晴雨表'，是判断一定时期意识形态的'风向标'。""它往往通过某些社会热点和特定的知识分子群体表达出来。"① 但这些思潮都有某些共同点，主要是针对特定历史环境而

---

① 梅荣政、王柄权：《坚持以社会主义核心价值体系引领社会思潮》，《思想理论教育导刊》2007 年第 6 期。

产生的一种吁求、愿望、价值取向，反映出很强的时代性、实效性、价值性。而社会主义核心价值体系正是针对当前社会实践条件和特定历史背景提出的，从根本上代表了社会思潮的价值诉求和愿望，因而具有引领各种社会思潮的可行性。

（三）社会主义核心价值体系引领社会思潮的路径

社会主义核心价值体系引领社会思潮的关键点要落实到引领的路径上。唯有通过有效路径，引领社会思潮才有良好效果。

1. 从社会主义核心价值体系的整体内容看

党的十七大报告指出："要巩固马克思主义指导地位，坚持不懈地用马克思主义中国化最新成果武装全党、教育人民，用中国特色社会主义共同理想凝聚力量，用以爱国主义为核心的民族精神和以改革创新为核心的时代精神鼓舞斗志，用社会主义荣辱观引领风尚，巩固全党全国各族人民团结奋斗的共同思想基础。"[①] 这一论断表明，当代中国面对风起云涌的社会思潮必须要坚定马克思主义，从整体上发挥社会主义核心价值体系的引领功能，尊重差异，包容多样，最大限度地形成社会共识，促进多样性社会思潮和谐共生发展。

高擎马克思主义伟大旗帜，用辩证的眼光透视当代中国的社会思潮。当前社会的多样性、利益的多样性、观念的多样性、价值取

---

① 胡锦涛：《高举中国特色社会主义伟大旗帜　为夺取全面建设小康社会新胜利而奋斗——在中国共产党第十七次全国代表大会上的报告》，人民出版社 2007 年版，第 34 页。

向的多样性等为社会思潮提供发展的土壤和生长点，也需要各种思潮发挥积极作用。换言之，单一的社会思潮已经无法满足广大人民日益增长的精神文化需要。针对当前社会思潮的泛滥必须要用马克思主义批判的眼光、辩证的视野去透视各种思潮。思潮在一定程度上是反映一个社会文明进步的重要标志。思潮多无须畏惧，尽管不同的思潮存在良莠之分，但是，只要我们高擎马克思主义的伟大旗帜，坚持以马克思主义指导地位在任何时候都不动摇、不放弃，并用马克思主义基本原理和马克思主义中国化的最新理论成果对各种思潮进行理性分析、辩证思考、耐心诱导，扬长避短，尽可能地发挥各种思潮对社会文明进步发展的积极因素，及时消解其不利因素，就能促使整个社会的健康思潮发挥其生命力，对社会思想、观念、价值等方面起到推动作用。

积极用中国特色社会主义共同理想培育社会思潮的共同意识，最大限度达到共识、凝聚力量。培育社会思潮的共同意识是思潮引领者必须着力解决的重要课题。培育社会思潮的共同意识就是要培育它们的普遍认同和遵循的信仰、情感、心理、风俗、话语等。各种思潮汇聚在一个共同的社会舞台，彼此之间存在交往的愿望，而这个愿望往往通过共同的话语，普遍认同的信仰、情感等中介来实践。中国特色社会主义共同理想最符合广大人民的根本利益，最能够代表各种思潮的愿望，最能够说服各种思潮接受共同意识。为此，积极用中国特色社会主义共同理想培育社会思潮的共同意识，逐渐形成社会思潮共同认同的信仰、情感、心理、风俗、话语、思想道德观念和伦理基础等，最大限度达到社会共识，进而整合和凝聚各种社会思潮的力量，促进社会思潮朝着健康有序的方向发展。

积极用民族精神和时代精神引领社会思潮朝着有利于促进人民精神更加昂扬向上的方向发展。毛泽东精辟地指出："人是要有一点精神的，无产阶级的革命精神就是由这里头出来的。"① 人民意气风发、斗志昂扬，社会就会充满生机活力，反之亦然。要使人民精神更加昂扬向上，不仅要发挥民族精神和时代精神，还需要不同时期出现、活跃在社会领域里各种思潮的共同努力。必须要坚持以爱国主义为核心的民族精神和以改革创新为核心的时代精神引领社会思潮，把有利于促进人民精神更加昂扬向上的各种思潮的精神汇聚起来，形成合力，共同作用于人们的社会实践，指引人们在社会各种实践中更加积极、更加理性、更加科学，不断培育志气高昂的精神风貌。要充分发掘社会思潮的精神资源，梳理各种思潮的精神价值，整合资源。任何一种思潮都蕴含一定的精神，这种精神在特定的范围内起着巨大的凝聚作用。发掘社会思潮的合理精神资源，及时用民族精神和时代精神去归类、分化、整合，进而汲取营养。

积极用社会主义荣辱观指导人们的行为规范，在多样性社会思潮中坚守社会伦理道德。以"八荣八耻"为主要内容的社会主义荣辱观是规范、引导人们行为的标杆。必须用"八荣八耻"去规范、评判人们的道德行为，让人们知荣知耻，明辨是非、善恶、美丑等，自觉遵循社会主义荣辱观。只有这样才能确保广大社会成员在多样性社会思潮中坚守社会道德底线，在各种思潮的洪流中不迷失道德方向，

① 《毛泽东文集》第七卷，人民出版社1999年版，第162页。

坚守自己的情操、价值观念、信仰追求等。毕竟社会思潮本质上是由人，并经过人的作用而发挥影响力的，是由特定的群体去弘扬和传播的。因此，只要把人们的道德操守基础打牢固，任何风云也无所畏惧。

2. 从社会主义核心价值体系的价值目标看

社会主义核心价值体系的根本价值目标在于捍卫社会主义意识形态在社会中的主导地位。当前，意识形态领域的斗争越来越趋向多样化、多层次、多方面，其激烈程度前所未有，其影响深度也前所未有。牢牢把握社会主义意识形态在社会中的主导地位，始终坚持社会主义意识形态为指导，必须要继续深入社会主义核心价值体系的研究，不断提升自身的凝聚力和战斗力，不断提升抵抗渗透的抗击力和反击能力。在面对各种意识形态渗透过程中牢牢把握社会主流意识形态的发展方向，不断提升社会主义核心价值体系引领社会思潮的能力。

引领是引导和批判的统一，不仅强调"引"，还强调"领"，具有领导、领跑、领先之意。社会主义核心价值体系引领社会思潮必须积极引导各种非理性思潮，不遗余力地抵制腐朽反动的思潮，促进社会多样性健康思潮和谐发展。针对各种非理性思潮要坚持原则、灵活引导，逐渐把这些思潮引入有利于促进社会文明健康发展、有利于促进人们身心健康的轨道上来，不断丰富人们的精神文化生活，促进社会思潮和谐共生发展。但是，当前出现许多不利于社会和谐稳定的思潮，如一些与境外势力勾结的思潮，企图分裂疆土、分裂民心、分裂社会良心的思潮，他们是吞噬人们精神生活的"鸦片"。因此，针对这些社会思潮要坚决予以批判和抵制。必须要"切实把社会主义核心价值体系融入国民教育和精神文明建设全过程,转化为人民的自觉追求"①,使人们牢固树立社会主义意识形态,巩固群众基础,从根本上消除腐朽反动思潮的存在土壤和空间。必须要充分发挥社会媒体、舆论、中介组织等方面的力量揭露这些腐朽反动思潮的朦胧面纱,让人们认清其真面目,最终摒弃、唾弃、反对这些思潮。只有这样,坚持社会主义意识形态的主导地位才能根生牢固、枝繁叶茂,社会主义核心价值体系引领社会思潮才能健康稳步快速发展,才能促进社会多样性健康思潮和谐共生发展。

(四)推进社会主义核心价值体系引领社会思潮的几点思考

社会主义核心价值体系引领社会思潮有两个层次:一是社会主义意识形态领域的引领;二是非社会主义意识形态领域的引领。这两者必须区分,这是社会主义核心价值体系走向科学发展的基础,也是增强社会主义核心价值体系引领实效的前提。学术界探讨社会主义核心价值体系引领社会思潮的成果甚多,但是就引领问题上能够提出具有实效性策略的文章十分鲜见。究其缘由,其中一个很重要的原因是在引领的层次上没有厘清。有学者认为,社会主义核心价值体系只有社会主义意识形态属性,不存在非社会主义意识形态属性,这就导致在

---

① 胡锦涛:《高举中国特色社会主义伟大旗帜 为夺取全面建设小康社会新胜利而奋斗——在中国共产党第十七次全国代表大会上的报告》,人民出版社2007年版,第34页。

引领问题上存在一定的迷雾。党的十七大报告指出："社会主义核心价值体系是社会主义意识形态的本质体现。"① 这句话铿锵有力地阐明了社会主义核心价值体系的意识形态属性，但是这里最关键的字眼是"体现"二字。所谓体现，《应用汉语词典》解释为："（某种事理或性质）在具体事物上表现出来；具体表现出（某种事理或性质）。"② 《新华词典》解释为："某一事物具体地表现出某种现象、某种性质和精神。"③ 根据词典对"体现"的解释可以看出，"社会主义核心价值体系是社会主义意识形态的本质体现"，其意思至少包括：社会主义核心价值体系表现出社会主义意识形态的现象、性质和精神。由此，社会主义核心价值体系就不能与社会主义意识形态完全等同，或者是完全属于社会主义意识形态的内容。这就暗含着社会主义核心价值体系不仅有社会主义意识形态的一面（主要的），还有非社会主义意识形态的一面（尽管是次要的，但也是极为重要和不容忽视的）。

事实上，"八荣八耻"中就蕴含非社会主义意识形态资源，蕴含丰富的社会一般性资源，而这些资源成为广大群众认同、支持社会主义核心价值体系的重要因素之一。当前，我们大力提倡马克思主义大众化，但问题在于，社会主义核心价值体系得到广大群众的认同与马克思主义大众化不是同步进行、同步实现的。进言之，当马克思主义

---

① 胡锦涛：《高举中国特色社会主义伟大旗帜　为夺取全面建设小康社会新胜利而奋斗——在中国共产党第十七次全国代表大会上的报告》，人民出版社 2007 年版，第 34 页。

② 《应用汉语词典》，商务印书馆 2000 年版，第 1234 页。

③ 《新华词典》，商务印书馆 2001 年版，第 968 页。

大众化还没有达到一定的程度和广度时，广大人民群众对社会主义核心价值体系的认同和支持需要发挥"八荣八耻"中蕴含的非社会主义意识形态的一面，偏远山区、落后乡村的群众尤为如此。毕竟它深深地扎根在中华传统文化之中，能够而且很容易与百姓产生共鸣。厘清社会主义核心价值体系的双重属性之后，推进社会主义核心价值体系引领社会思潮就有了针对性。

有学者指出，社会主义核心价值体系必须具备两种品格，才能被称为社会核心价值，才能具备引领社会思潮的能力。这两种品格包括："一是社会核心价值观念必须体现人文精神的时代特征；二是社会核心价值观念必须赢得社会中大多数人的认同，二者缺一不可。否则，就'不具有对多元社会价值观念及其冲突予以引导的资格'和'不具有对多元社会价值观念予以引导的基础'。"[1] 这里精辟地阐述了社会主义核心价值体系必须要具备的两个基本品格。在这个基础之上，新时代还需要充分考虑时代精神的人文特征，即体现人文精神的时代特征，体现时代精神的人文特征和大多数人的认同，它们之间相互联系，是一个层层递进的过程。体现人文精神的时代特征实际上是一个传承和扬弃的问题，也就是要传承传统的人文精神的精华，并赋予时代内涵；而体现时代精神的人文特征实际上是一个发展的问题，是时代精神中要着力体现人文特征。前者是后者的基础，它们都是得到大多数人认同的基础。只有具备这三种品格，社会主义核心价值体系才能堪当大任。

---

① 陈新汉：《论核心价值体系》，《马克思主义研究》2008 年第 10 期。

人文精神的时代特征和大多数人的认同上面已有精辟阐述，毋庸赘言。这里试图阐述时代精神的人文特征。这里必须指出，人文精神的时代特征与时代精神的人文特征有着不同的内涵。提出人文精神的时代特征这个观点有个前提假设，那就是人文精神具有古老的特征，也具有现代的特征，因而要体现时代特征。同样，说时代精神的人文特征也有个前提假设，就是时代精神既有人文特征的一面，也有非人文特征的一面，我们就是要体现出人文特征的一面。一般而言，不同时代有不同的时代精神，时代精神是一个特定历史阶段的社会精神的精髓。当代中国，所谓时代精神，就是以改革创新为核心的时代精神和改革开放精神。改革开放 40 年来，社会主义改革开放事业取得巨大成就，中国实践证明改革开放是成功的。然而，我们也付出了惨痛的代价，严重的环境污染、洪涝、"非典"、瓦斯爆炸……为此，胡锦涛在广东考察时强调要树立科学发展观。科学发展观的提出，在很大程度上是对传统发展理念的一种"反思"。党的十八大以来，习近平高度重视生态文明建设，生态文明制度体系加快形成，推动人与自然和谐共生发展。因此，体现时代精神的人文特征就是要坚持科学发展观，体现以人为本，全面、协调和可持续发展的理念，始终坚持以人民为中心。只有体现时代精神的人文特征，在共建中共享、共享中共建，实现社会公平正义、缩小贫富差距、保障弱势群体的生存空间等问题得到解决的基础上，社会主义核心价值体系才能得到大多数人的认同。

最后，社会主义核心价值体系引领社会思潮要重视对耻感的张扬。以"八荣八耻"为主要内容的社会主义荣辱观有着丰富的耻感内容，如以危害祖国为耻、以背离人民为耻、以愚昧无知为耻、以好逸恶劳为耻、以损人利己为耻、以见利忘义为耻、以违法乱纪为耻、以骄奢淫逸为耻等。一般而言，耻感人皆有之，社会主义核心价值体系中的耻感内容是社会主义核心价值体系得到人们认同的重要内容之一，这是社会主义核心价值体系与百姓心灵沟通的重要桥梁，也是最容易达成共识的基础。耻感的张扬有利于唤醒失去良心的人，"三鹿奶粉事件"之后，时任国务院总理温家宝多次在公共场合指出，企业家要流着道德的血液。这里就暗含着企业家要有耻感。"三鹿奶粉事件"在一定意义上是个别企业家耻感缺失的表现。因此，社会耻感的张扬，有利于促进人成为一个拥有健康心理的人，有利于促进社会的良性运行。社会主义核心价值体系引领社会思潮要重视对耻感的张扬，这样既可以让广大人民群众认清社会各种思潮的实质，又能促进社会思潮健康发展。

（五）正确处理社会核心价值观念与其他价值观念的关系

在推进社会主义核心价值体系建设过程中，不容忽视的是，要正确处理社会核心价值观念与其他价值观念的关系。一般而言，社会其他价值观念从性质上可以分为健康有益的价值观念和腐朽落后、反动敌对的价值观念。这里着力阐述社会核心价值观念与健康有益的价值观念之间的关系。

社会核心价值观念与其他价值观念（这里指健康有益的价值观念，下同）的关系问题，笔者认为，它主要有三种关系：一是相互依存关系；二是提炼与被提炼关系；三是共生引领关系。社会主义核心价值体系建设需要正确处理社会核心价值观念与其他价值观念的关系，否则社会主义核心价值体系建设将坠入价值观念混乱的裂谷。

社会核心价值观念与其他价值观念是相互依存的。俗话说，皮之不存，毛将焉附。社会核心价值观念与其他价值观念正是"皮"与"毛"之间的关系。社会价值观念主要包括两个层次：一是核心价值观念；二是除核心价值观念以外的价值观念，即社会其他价值观念。社会核心价值观念是社会价值观念的"内核"，其他价值观念是社会价值观念的"外围"。"内核"的安全需要"外围"的保护，"外围"的存在需要"内核"指引。没有"内核"的存在，"外围"的发展必将陷入混乱，没有"外围"的保护就没有"内核"的安全，"内核"与"外围"是一种相互依存的关系，是一个同构性问题，因此，必须要正视它们之间的关系才能更好地促进社会主义核心价值体系建设。

一般而言，社会核心价值观念包含对其他价值观念的进一步提炼和升华。社会核心价值观念是内核，它的形成是在其他价值观念中提炼出来的，是对其他价值观念的升华。一般而言，一个社会的核心价值观念是在诸多价值观念中高度提炼出来并能代表和引领社会其他价值观念的价值观念。基于这个层面，没有社会其他价值观念就难以形成核心价值观念。为此，社会核心价值观念不仅是其他价值观念的轴心，更是先进性的表征。为此，要推进社会核心价值观念的发展就必须推动其他价值观念的发展，只有其他价值观念的不断发展才能为社会核心价值观念提供源泉。而且这个发展不是无序发展，不是"军阀混乱式"的发展，不是导致其他价值观念严重冲突的发展。相反，社会核心价值观念的发展需要与其他价值观念良性共生发展。

因此，通过共生促进社会核心价值观念与其他价值观念的良性共生发展，以及其他价值观念之间的良性共生发展，就成为正确处理社会核心价值观念与其他价值观念的现实之路和实现之路。共生可以分为良性共生与非良性共生，良性共生是促进事物发展的基础，非良性共生最终导致不共生，或共生的终结。促进社会核心价值观念与其他价值观念的良性共生发展，就是要坚持社会核心价值观念对其他价值观念的引领，在这个基础上相互促进、共同发展、协调发展。社会核心价值观念的张扬同时也是促进其他价值观念发展的有力武器。坚持政府引领、民众参与的模式能够推进它们共同发展。坚持引领性与多样性的统一，在促进社会其他价值观念发展的同时也推动社会核心价值观念的提升。此外，要推进其他价值观念之间的良性共生发展，使不同的价值观念可以自由发展，共享社会发展机遇和空间，共享社会发展的成果；避免和杜绝以一种价值观念代替其他价值观念的做法，避免价值观念之间的恶性冲突；在社会核心价值观念引领下共同发展、协调发展。

值得高度重视、不可回避的是，社会核心价值观念与腐朽落后、敌对价值观念的关系问题。正确处理这对关系直接影响社会核心价值观念和其他健康有益的价值观念的发展。腐朽落后、敌对的价值观念本质上是与社会核心价值观念相背离的，是不符合广大人民利益的。毋庸置疑，对待这些价值观念，唯有社会核心价值观念才能担当这个使命。为此，必须要用核心价值观念批判和改造腐朽落后的价值观念，批判和抵御反动敌对的价值观念，根除它们在社会中存在的群众基础和空间。一方面，要让广大人民群众认清这些腐朽落后、敌对的价值观念的真实面目，揭露真相，让假、恶、丑的观念暴露在光天化日之下，让群众明辨是非、扬善抑恶，使人民最终认同和支持社会核心价值观念和健康有益的价值观念；另一方面，积极推动社会核心价值观念深入人心，最大限度地得到群众的认同，并内化为国民信仰，成为广大人民群众的自觉追求，进而在人民群众中形成一股强大的能抵御任何邪恶价值观念渗透的力量。

第 四 章

社会主义核心价值体系的话语权

话语权是全球化过程中一个备受关注的议题。我国的社会主义核心价值体系建设要有两种视野：国内视野和国际视野。推进社会主义核心价值体系建设不能局限在国内，这样难以适应时代化的要求，也难以适应国家发展的需要。社会主义核心价值体系需要国际视野，在全球化视野中去谋求发展。然而，推动社会主义核心价值体系在国际社会上的传播需要掌握一定的话语权，失去话语权就失去了向世界表达中国话语的权力。

一、何为话语权？

近年来，党中央高度重视话语权建设，哲学社会科学界也普遍关注这一议题。为什么要如此重视话语权问题？改革开放以来，随着中国经济社会的快速发展和综合国力的不断提升，如何解决话语权缺失的问题变得非常重要。毫无疑问，中国改革开放取得了巨大成功，中国社会为人类社会发展作出的贡献不断增大，但是如何将这一切讲清楚，如何讲好中国故事，阐释好中国精神、中国价值、中国力量，这是当代中国社会发展面临的一个重大课题。

（一）话语权的基本内涵

话语与权力始终纠缠在一起，萦绕在人们的日常生活世界、社会生活世界、政治生活世界等领域。话语权是控制一切权力的基础。西方学者很早就开始关注话语权的问题，意识到话语权力的极端重要性。罗宾·洛克夫（Robin Tolmach Lakoff）精辟地指出："20世纪末的权力与地位之争是对话语权力的争夺，语言控制权实际上是一切权力的核心基础。"① 话语权力是其他权力建设的核心基础，意味着话语所蕴含的权力是其他权力建设的基础。米歇尔·福柯（Michel Foucault）则进一步讨论了话语和权力之间的关系，他认为："对于权力来讲，话语既是一种手段，也是一种结果；话语既有助于权力影响的形成，也可以阻碍权力影响的形成；话语既有助于加强权力，又可以削弱权力。"② 在福柯看来，话语与权力的相互性，既成就了话语，又成就了权力。诚然，话语既能消解权力，权力也能消解话语，他们之间既可以相互成就，又可以相互为害。无论如何，"哪里有话语，哪里就有权力，权力是话语运作的无所不在的支配力量。"③ 从这个意义上说，权力贯穿于话语运作的始终。权力决定了话语，成为话语叙述的内核，话语在运行中总是受到权力的制约，因此，讲话语，必须要讲话语权。不谈话语权，只讲话语，不能解决根本问题。

然而，何为话语权？马克思认为："话语中充满神秘的力量"④，话语在表达中充满着某种力量，即话语力。从这个意义上说，话语权主要是一种话语力得到显现的权力，也就是说，是一种话语力在一定场合下能够得到比较好的显现，并得到话语表达对象（听者）的尊重、认可和接受的权力，形成一种良性的对象性活动。这里有必要纠正两种认识上的误区：

---

① ［美］罗宾·洛克夫：《语言的战争》，刘丰海译，新华出版社 2002 年版，第 2 页。
② ［法］米歇尔·福柯：《性史》，佘碧平译，上海人民出版社 2005 年版，第 82 页。
③ 傅春晖、彭金定：《话语权力关系的社会学诠释》，《求索》2007 年第 5 期。
④ 《马克思恩格斯全集》第 1 卷，人民出版社 1995 年版，第 894 页。

其一，不能把发言权认为是话语权。我们谈话语权不能简单地理解为说话的权力（嘴在别人身上，堵是堵不住的），那是发言权，不能把发言权替代话语权，或用发言权遮蔽话语权。1941年，毛泽东在陕甘宁边区参议会的演说中指出："任何政党的政策如果不顾到这些阶级的利益，如果这些阶级的人们不得其所，如果这些阶级的人们没有说话的权利，要想把国事弄好是不可能的。"① 这里实质上提出了说话的机会和权利问题，这是解决事情的关键。给予他者说话的权力，这是最一般意义上的说话权。

其二，不能认为只要说话就会形成话语权。不能简单地认为任何人讲话都能形成话语权，不是只要人发出声音、说出话来就能拥有话语权（思维错乱者胡言乱语、没有目的和意图的表达等并不能形成话语权）。当然，即使各美其美也未必能形成话语权，即你说你的、他说他的也不能形成话语权，这充其量也就算是彼此交换意见，并未形成共识，何谈话语权。

由此，简单来说，话语权就是在一定的场域下主体表达一定思想、观念、意愿，具有澄清事实问题和价值问题、强化主体意志和诉求的话语力能够得到显现，即得到对象的认可、接受、尊重所形成的一种权力。具体来说，可以细化为以下两个方面：

一是主体在一定场域中的表达权力。话语权的形成不是毫无边界的，话语权的形成具有特定的场域，离开了这个场域，主体的话语力未必就得到显现。唯有在特定的场域下，话语才能形成话语

---

① 《毛泽东选集》第三卷，人民出版社1991年版，第808页。

力，发挥作用，才有可能产生话语权；而且，话语权总是有边界的，一种权力在特定范围内是管用的，超出了一定的范围，话语权便逐渐失去效益，因此，话语权讲边际效应。从这个意义上说，话语权总是在一定范围内、特定场域下才有意义和价值，或者说才能形成权力。

二是主体表达的权力和主体表达的话语力。从严格意义上说，不是任何人讲话都能形成话语权，一种没有力量的说话不能形成话语权。话语权更为重要的是把握主体表达的话语力如何被认可和接受，进而形成话语权。因而，我们可以形象地说，所谓话语权，就是言说主体通过展现话语叙事的力量来感染人、打动人，通过以言行事达到以言取效，得到对象的认可、接受，形成话语权。唯有主体所言说的话语能够被对象接受才能形成话语权，如果言说主体所说的话语不能为对象所理解和接受，也就难以形成话语权。

从这个意义上说，习近平认为"有理说不出、说了传不开的境地"① 主要是针对现在我国哲学社会科学的话语权缺失来谈的。换言之，我国哲学社会科学的话语权缺失问题主要体现在两个方面：一是有理说不出，二是说了传不开。主要是言说主体的话语得不到外界的认可、认同和接受。就前者而言，指称言说者不知道如何说，难以用比较好的话语方式来叙述中国故事，难以把中国故事讲好，语言行事能力不够。例如我国改革开放 40 年来取得的伟大成就，这里有很多的故事，如何叙事好，这是一个大问题。就后者而言，由于话语叙事有待提高，

---

① 《习近平谈治国理政》第二卷，外文出版社 2017 年版，第 346 页。

难以得到国际社会上的广泛认可和接受，也就难以形成话语权。在一定程度上说，当前我们如此重视话语权建设主要是想解决这个问题。

（二）话语权的主要特征

从话语权的特征来看，话语权主要有以下几种特征：非强制性、动态性、传承性等。

所谓非强制性，指称话语权不是言说主体强制的结果，而是言说主体与对象的相互作用所形成的一种权力。有专家指出，"话语权力是非强制的。……话语权力则是以传播、扩散的方式发生效力的。话语权力对受众的控制不是通过军队、警察、司法等外在强制来实现，而是通过话语受众的自觉认同来实现。……话语权力则强调教会人如何思考。话语权力主体通过温情脉脉的方式，将自己的思维方式、生活方式和价值标准化为唯一合法、合情、合理的东西，化为普遍有效的标准，促使接受者自觉认同。"① 话语权跟其他权力不一样，话语权的形成具有非强制性特征，也就是说，唯有言说主体讲得好、叙述得好才能打动听众，才能被人们所接受，进而形成一种权力。

所谓动态性，指称话语权不是一成不变、固定僵化的。话语权是一个变动性很大的概念。在福柯看来，权力是离散的、变动的，而不是静止不动的。话语权的动态性主要是话语主体的动态性以及话语能力的变化。任何一个话语主体都有说话的权力，即表达权、发言权、

---

① 陈曙光：《话语权是一种什么权力》，《光明日报》2015 年 1 月 15 日。

说话权。表达权是形成话语权的前提和基础，没有表达权也就难以形成话语权。随着话语能力的提升，话语就容易打动人心、扣人心弦，因而能够感染人、被对象所接受和认可。从没有话语权到形成话语权是一个动态的过程。同样，从拥有话语权到失去话语权也是一个动态的过程。当今世界正处在大调整、大变革的时代，国际话语权的流动性空间也很大，新兴大国的国际话语权不断增强，越来越得到世界许多国家的认可。因此，话语权是一个动态的过程。

所谓传承性，指称话语权在一定时期具有较长的延续性和影响力，具有传承性。话语权之所以重要，在于一旦形成，就具有相对的稳定性和约束力，能够对他者造成很大影响。随着资本主义代替封建主义，资本主义已掌握世界话语权长达几百年的时间，特别是二战以来，以美国为首的西方国家牢牢掌握国际话语权，这些都体现了话语权的传承性。

（三）话语权的主要类型

话语权的类型非常之多，不同的领域都有其话语权，世界各国也都有其话语权的诉求等，因而谈话语权的类型，只能从一般意义上去区分，主要分为以下几种类型。

1. 国际话语权和国内话语权

话语权包括国际话语权和国内话语权两种，两者相互作用、相互映射。近年来学术界讨论比较多的主要是国际话语权。为什么如此重视国际话语权，有专家指出："我国国际话语权的提升仍然面临诸多掣肘，主要表现有：在回应国际舆论对我国政策的歪曲和对我国制度的抹黑上比较乏力，'有理说不清'；在国际舆论议题设置上缺乏足够能力，常常只能被动接受；在外交政策的实行与国际责任的承担上，我们做得合理合法合情，却经常遭到西方的无端指责。"① 长期以来，我国在国际社会上面临话语权缺失、弱化的被动局面，国内许多专家谈话语权，重点在研究国际话语权。比如韩庆祥认为，要以中国元素的凸显提升国际话语权，"当今全球化时代，谁的话语体系更具道义感召力和思想穿透力，谁的话语和叙事就能打动人，谁就拥有国际话语权，谁就能在国际竞争中赢得优势。"② 他认为要争取到国际话语权，必须使话语体系具有道义感召力和思想穿透力。因而要增加中国元素来打造中国的话语体系，"打造中国的话语体系，始终要坚持马克思主义立场、观点、方法，以中国实际为根本基础，以中国实践为根本依据，不断深化对共产党执政规律、社会主义建设规律、人类社会发展规律的认识。对客观规律把握的程度和运用的水准，决定着中国话语体系的科学化程度。只有在深入探索和把握规律的基础上进行理论创新，才能科学地概括出新概念、新范畴、新表述，确保话语体系符合中国实际、引领时代发展。要站在实现中华民族伟大复兴的战略高度，着力探索管方向、管全局、管长远的'大规律'，积极探索运行于中国特色社会主义事业各个领域、各个方面、各个环节

① 张志洲：《切实改变国际话语权"西强我弱"格局》，《人民日报》2016 年 9 月 20 日。

② 韩庆祥等：《以中国元素的凸显提升国际话语权》，《光明日报》2014 年 12 月 17 日。

的'小规律'，及时把这些规律性认识转化为中国话语体系的构成元素，讲好讲活讲深中国故事，不断打造中国特色、中国风格、中国气派的话语体系。"①

增强中国元素，实质上就是立足中国的地方性知识。越是民族的就越是世界的，不断发掘中国的地方性知识才能打造中国特色、中国风格、中国气派的话语体系，才能形成更好的国际话语权。当然，也有专家认为，当前我国国际话语权建构面临西方话语的巨大障碍："西方国家意识形态的偏见和西方文化优势地位带来的认知偏差，使构建中国国际话语权在面临着历史性机遇的同时，也面临着西方话语的巨大的障碍和严峻的挑战。突破西方话语体系的障碍，构建中国的国际话语权，是一件十分艰巨而复杂的任务。"② 改革开放40年来，中国综合国力显著提升，但是争取在国际社会上的话语权并不容易，有理说不清的现象、被动接受西方的话语权等越来越与中国的综合实力不相匹配。因此，要重点突破国际话语权的问题，从而有效地化解"中国威胁论""崩溃论""黄祸论""修正主义论"等各种话语权霸权，从根本上解决在国际上"挨骂"的问题。

其实，话语权除了要掌握国际话语权之外，国内的话语权也不容忽视。国际话语权的缺失必然会影响执政党在国内话语权的建构，尤

---

① 韩庆祥等：《以中国元素的凸显提升国际话语权》，《光明日报》2014年12月17日。

② 张宏志：《突破西方话语体系障碍　构建中国国际话语权》，《行政管理改革》2017年第6期。

其是在全球化、网络化时代，国内话语权建构也是一件极为紧迫的事情，在国内也要解决"挨骂"的问题。改革开放以来，人民生活水平普遍提高，他们对社会的认同感也在不断增强。但是，也存在一些问题，如政府的行政能力、社会发展的不平衡不充分等，人民群众对民主、法治、公平、正义的需要仍然有待进一步解决。正因为这样，国内各种社会思潮不断涌动，在社会上广泛传播，具有一定的市场，因此政府如何掌握话语权、引领多元社会思潮健康发展，也是一个极为重要的时代课题。

2. 内在性话语权和外在性话语权

从一般意义上说，话语权可以分为内在性话语权和外在性话语权。内在性话语权是外在性话语权的基础和根本，内在性话语权缺失，也就难以建构外在性话语权。外在性话语权是内在性话语权的延伸，外在性话语权反过来也有利于推动内在性话语权建设，内在性话语权从根本上决定了外在性话语权的根据。两者应该形成一种良性互动，才能增强话语权的效力。

外在性话语权是话语权建设的重要内容。党的十八大以来，党中央非常重视话语权建设，在全国层面成立了各种话语体系研究机构，设立了各层次的话语体系建设办公室等，有利于推动我国话语体系建设，对增强我国哲学社会科学的话语权具有重要意义。但是，在看到成就的同时，我们也要看到，近些年来国内许多媒体谈论话语权问题大部分集中在语言方面做文章，甚或说集中精力在争夺外在性话语权上；有的学者和单位误以为中央谈话语权主要是争夺外在性话语权，而有意无意地忽视了内在性话语权的建设。这些导致了关于话语权的内在性反思成果十分鲜见。笔者认为，中央谈话语体系建设关键在于话语权，但是要全面理解话语权需要把握外在性话语权和内在性话语权的相互性，这样才能全面理解。

内在性话语权是话语权建设的根本。勒内·笛卡尔（Rene Descartes）提出内在性（Immanenz），主要是指从自身出发的思维。内在性话语权主要指称话语权的形成从自身出发，也就是涉及话语体系的思想本身。"打铁必须自身硬"，一种话语权能否形成，关键在于话语体系的思想性，人们为什么愿意听、听得懂、听得进，有理讲出来传得开，关键在于话语体系的思想本身。如果忽视思想，纯粹就语语谈话语，那么话语必然是空话连篇、言之无物。毛泽东早就告诫党内，"空话连篇，言之无物。我们有些同志欢喜写长文章，但是没有什么内容，真是'懒婆娘的裹脚，又长又臭'。"① 话语体系建设离不开思想建设，话语的思想性是其根本属性，唯有有思想才能讲出令人信服的话语。有学者认为："话语体系的根本是思想，思想生产是哲学社会科学学术话语体系建设的基础。哲学社会科学话语创新和体系建构的根本是思想生产。一般而言，存在两种不同的哲学社会科学学术话语创新，即在语言上做文章和新思想的自然形成；也存在两种不同的话语体系建构，即新瓶装旧酒和新思想的系统化。有生命力的学术话语体系建设主要不是包装旧思想，而是生产新思想。话语创新是思想生产的副产品，新话语是新思想的自然形态；体系建构是思想生产的系统化，新话语是新思想的水到渠成。对于这样的学术话语体系

---

① 《毛泽东选集》第三卷，人民出版社 1994 年版，第 833—834 页。

建设，其真正目的就不是消极地为自己辩护，而是积极地取得和保持话语权。正是在这个意义上，话语权其实最终来自思想生产。新的学术话语是思想的产物，话语权是思想生产出来的。如果很多汉语文献是外国人非读不可的，汉语自然就会很快流传。关键是思想生产必须把握这个时代。"①

思想是话语的灵魂，唯有不断生产思想才能增强话语体系的诠释力、解释力、吸引力和引领力，新思想的系统化呈现，才能真正形成话语权。而思想的生产和创新正是内在性话语权建设的核心任务。内在性话语权与外在性话语权的根本区别就在这里。党的十八大以来，以习近平同志为核心的党中央不断推出一系列标识性概念，生产一系列解决现实重大问题和人类共同面临的问题的思想方案，这是内在性话语权产生的重要基础。

3. 显性话语权和隐性话语权

权力有两种形式：一种是显性权力，一种是隐性权力。与之相对应的话语权，也可以分为显性话语权和隐性话语权两种。显性话语权受制于显性权力，即我们习惯称之为合理合法性权力（根据法律和规定授予的权力，具有合理合法性）；隐性话语权受制于隐性权力，通常是一种看不见的力量在发挥作用（不是根据法律和规定授予的权力，是一种隐匿在显性背影中的无形力量）。

显性话语权是话语权的核心。显性话语权，顾名思义是可以看得

① 王天恩：《信息文明时代中国哲学社会科学学术话语体系建设》，《思想理论教育》2017 年第 11 期。

见的话语权，主要是话语权力运行过程中能够显而易见的，诸如政府权力机关、国家权力、政治权力等领域形成的权威话语权，属于显性话语权。显性话语权有两方面特征：一是话语体系的形成是显性的，能够用语言文字表达出来，形成一种特定的话语体系。显性话语权的形成关键在于话语体系的形成是显性的。在学术界目前的话语体系建设中，基本上都属于显性话语体系，哲学社会科学的话语体系从归属来看都可以纳入显性话语体系之中，主要是话语的生产和再生产的过程中，话语始终是看得见、听得到的。话语体系的显性化就是言说主体表达出来的话语是可以让听者听得到的，其表达出来的意思可以为听者所听懂和把握。二是该权力是可以监控的、可视化的。显性话语权的核心在于权力是公开透明的，其在运行过程中是可以被监控的依言行事的权力。从这个意义上说，显性话语权是以一种公开透明的方式获得的，是在人民群众的认可和接受中逐渐形成的，体现出话语权的主导性。

隐性话语权则不同，隐性话语权由隐性权力所决定，隐性话语权不是通过一种公开透明的方式来获得的。隐性话语权的形成主要是以隐性权力为核心形成的话语运作的结果。诸如"现代资本意味着积累起来的劳动对活劳动的支配和统治一样，现代世界秩序则意味着资本为枢轴的综合权力——较大权力对于较小权力——的支配和统治。"① 这种支配其实就包含着隐性权力的支配，因而它能够形成隐

---

① 吴晓明：《"中国方案"开启全球治理的新文明类型》，《中国社会科学》2017 年第10 期。

性话语权，这是长期以来西方话语权控制世界的重要奥秘之一。其实，在人类长期的实践活动过程中，在人与人之间的交往中逐渐形成一种不同于显性的话语方式，即通过各种暗语、暗示、领悟、参悟、隐性威慑力和影响力等方式来运行。隐性话语权在话语体系中发挥着一种隐秘的力量。如何规范和约束隐性话语权也是学术界亟待深入研究的重大课题。

4. 实践性话语权、规范性话语权和制度性话语权

从另外一种类型分工来看，话语权可以包括实践性话语权、规范性话语权和制度性话语权等多种类型。其主要根据在于实践性权力、规范性权力和制度性权力的运作及其效果。有专家指出："'实践性权力'、'规范性权力'与'制度性权力'三种类型。实践性权力是改变他人实践处境的能力，其行使既可以采取强制性的也可以采取非强制性（比如交易）的形式；规范性权力是改变他人规范处境的能力，其中最为重要的是加予他人应为的权力，这种权力又被称为规范性的话语权，与其相对的是工具性的话语权；制度性权力是改变他人制度处境的能力，表现为决定权，并具有决策权与裁决权两种不同的形式。当前，在决定权受到严格制度限制的前提下，争夺和运用话语权成了人们改变自己与他人制度处境的重要方式。"①

实践性权力、规范性权力和制度性权力的运行最终会形成实践性话语权、规范性话语权和制度性话语权，他们之间相互促进、相互制

---

① 张乾友：《从权力改变处境的功能区分权力的不同类型》，《中国人民大学学报》2016 年第 2 期。

约、协同发展。

实践性话语权。实践性话语权受实践性权力制约，是在实践性权力运行过程中人们对实践权力的认可、认同和遵循的过程中形成的一种话语权。人们在社会实践过程中总会形成某种特定的权力，这种权力一经形成就会形成特定的话语权，为人民所接受和遵循。而且，不同的实践范畴、实践领域，其所形成的实践权力也不同，所阐释的实践话语权力也不尽相同，这就可以解释哲学社会科学的话语权不是单一的、线性的，而是多维度的、全方位的。各个领域都有其话语权及其运行价值，从而使得话语权在各个领域和场合中都能够在实践的基础上继续发挥作用。

规范性话语权。规范性话语权是在实践性话语权基础之上形成的。古人云，没有规矩不成方圆。规范性是一个社会的根本属性，也是社会运行的基本规则。规范性话语权同样受到规范性权力所制约，特定的社会结构会形成特定的社会规范，形成一种约束力，我们习惯称之为规范性权力。规范性权力有强制性规范权力（诸如命令性规范、禁止性规范、刚性规范、授权性规范等这些都是属于强制性规范）和非强制性规范权力，有刚性规范权力和秉性规范权力等。由于规范性权力的多样性也就会形成规范性话语权的多样性。规范性话语权主要是教化人们在日常生活、社会工作中遵循一定的社会规范，并对违反这种社会规则、道德规则等行为给予约束性、惩戒性谴责和规训，如道德谴责。规范性话语权从总体上看，主要是解决人们在特定的场合下如何以言行事、以言取效。违背规范性话语权，则在话语的交往过程中未必能取得预期效果，甚至走向对立面。

制度性话语权。制度性话语权由制度性权力所决定。简单来说，制度性权力可以分为国际制度权力和国内制度权力两种。国际制度权力就目前的形势来看，主要是由资本主义国家控制。就国际制度而言，谁掌握了国际秩序的制定权和主动权，谁就掌握了国际制度性话语权。有学者认为："自'世界历史'被开辟出来之后，国际秩序一般由两个基本方面支撑：一方面是理论上的国际权利体系，它抽象地规定权利主体、相关主体的权利和义务，以及各种形式规则等；另一方面则是实质上的权利关系和结构，它是由一系列的'实力'单位，亦可说是'强权'单位所构成的支配和统治的体系；而这已提醒就其现代性所规定而言，则主要是由资本的全球逻辑和力量分布来取得基础定向的。在现代权力取得压倒性优势的地方，这一体系意味着马克思所说的资本主义世界对非资本主义世界的支配和统治，意味着前者对后者来说无所不在的强势地位。"[①] 从这一阐释中可以看出，西方掌握世界秩序的制定权，从而形成了一套资本主义世界对非资本主义世界支配和统治的权力，这种制度性权力在国际很多秩序的形成和维护中起到统摄作用，进而其形成的制度性话语权也具有统摄作用，抑或称为"标准"。

就国内而言，制度性话语权是在社会主义制度的形成和发展中逐渐形成的话语权力。尤其是改革开放 40 年来，中国道路，即中国特

---

① 吴晓明：《"中国方案"开启全球治理的新文明类型》，《中国社会科学》2017 年第 10 期。

色社会主义道路开辟了人类一种新的生活方式和运行方式，打破了西方的制度垄断，并"给世界上那些既希望加快发展又希望保持自身独立性的国家和民族提供了全新选择，为解决人类问题贡献了中国智慧和中国方案。"① 中国道路经过长期的努力，走出了一条不同于西方制度安排的道路，开阔了人类社会发展的新视野，形成了比较完善的中国特色社会主义制度。这一制度形成了一系列的话语体系，体现了中国风格、中华民族特色。中国制度的优越性逐渐凸显，越来越得到国际国内的认同，因而，中国制度在当前获得两种话语权：一种是内部性的话语权，一种是外部性的话语权。总之，实践性话语权、规范性话语权和制度性话语权既相互联系，又各有侧重，是话语权形成和发展的三个基本路径，也是推动中国话语体系建设的主要方式。

此外，话语权的类型区分还有很多，涉及中国哲学社会科学各个领域以及中国社会伟大斗争中的各个方面，为了论述方便，笔者挑选了以上几种比较有代表性且与社会主义核心价值体系话语权建设密切相关的话语权类型，对进一步探索新时代社会主义核心价值体系的话语权建设具有参考价值。

二、社会主义核心价值体系与话语权

重视社会主义核心价值体系话语权，主要是它关系到一个国家的

---

① 习近平：《决胜全面建成小康社会　夺取新时代中国特色社会主义伟大胜利——在中国共产党第十九次全国代表大会上的报告》，人民出版社 2017 年版，第 10 页。

灵魂塑造和精神领航，关乎整个国家的精神生活。唯有掌握社会主义核心价值体系话语权才能真正起到筑魂的目的，为此，中央从国家战略高度来推动社会主义核心价值体系，从意识形态安全的总体高度来审视社会主义核心价值体系，从人类文明的伟大进程中来推动社会主义核心价值体系建设，立意之高前所未有。

（一）社会主义核心价值体系是兴国之魂

2011 年 10 月，党的十七届六中全会通过了关于《中共中央关于深化文化体制改革推动社会主义文化大发展大繁荣若干重大问题的决定》，进一步提出了社会主义核心价值体系建设的时代课题和历史使命，明确指出社会主义核心价值体系是"兴国之魂"，从而把社会主义核心价值体系建设提到更高层次。社会主义核心价值体系成为"兴国之魂"至少需要具备以下条件：

一是社会主义核心价值体系须成为社会主义伟大实践的价值引领和思想之魂。在当前，社会主义核心价值体系已成为中国特色社会主义道路发展、中国特色社会主义理论体系发展的价值指引，已成为社会实践、社会发展的自觉追求，并内化为广大人民群众的信仰。社会主义核心价值体系不同于资本主义核心价值体系的关键点在于社会形态不同、所有制结构不同、主体性不同等等。社会主义核心价值体系是否可以在中国特色社会主义道路发展、是否可以在中国特色社会主义理论体系发展中起到切实的引领作用，关乎中国特色社会主义实践的成败，关乎中华民族的伟大复兴。这就是说，社会主义核心价值体系须在中国特色社会主义道路发展中起到引领作用，成为其思想之魂，进而推动社会主义的伟大实践继续走向前进。只有具备这种能力的社会主义核心价值体系才能堪当"兴国之魂"的重任。

二是社会主义核心价值体系须在推动国家兴旺、民族复兴的过程中，能够引领当代中国多元价值体系的共生发展、有序发展，成为中华民族复兴不可替代的价值之魂、思想之魂。众所周知，"社会主义核心价值体系"这一概念的提出与儒家文化的核心价值体系、其他传统文化的核心价值体系、西方社会的核心价值体系、各类宗教的核心价值体系相比是较晚的。但是，"社会主义核心价值体系"概念的提出和其思想的出现并不是同步的，"社会主义核心价值体系"思想的出现比"社会主义核心价值体系"概念的提出要早许多。社会主义核心价值体系的思想内容最早可以追溯到共产国际，这一点可以从共产党的成立及其革命运动那里得到体现，其标志性转折在于 20 世纪 50 年代社会主义制度在中国的确定，即社会主义核心价值体系的思想体系在中国已成雏形。因此，谈社会主义核心价值体系不能简单地理解为最近十几年才出现的概念，它是社会主义革命和建设实践在精神领域特定产物的进一步提炼和提升，因而它与其他价值体系有着密切的联系。如何处理好这些纷繁复杂的关系十分重要。

不同的文化类型蕴含着不同的价值体系。一个开放的社会有着多元文化共生发展，一个良性的社会必须存在多元的价值观念和价值体系。社会主义核心价值体系如何与儒家文化的价值体系、其他传统文化的价值体系、西方社会的价值体系等共生发展？有学者认为，可以用社会主义核心价值体系代替其他价值体系，这种观点值得商榷，且事实上是难以行得通的。一个社会的多样性正是由于价值观念的多样性存在，在于不同文化类型的价值体系共在。这是极为正常的，单一价值体系的社会在现代社会进程中是难以想象的。但是，既然无法替代，那就任多元价值体系自由、无序发展？这也值得商榷。社会主义核心价值体系必须要成为多元价值体系的引领者，引领多元价值体系共生发展、和谐发展，才不会导致社会价值失序、行为失范。也只有这样，社会主义核心价值体系才能挑起"兴国之魂"的重担。

三是社会主义核心价值体系须有国际化的战略眼光，能够得到国际社会的理解、认同和接受。把社会主义核心价值体系提高到"兴国之魂"的高度，就蕴含着国际化的战略眼光。即是说，社会主义核心价值体系要在国际多元价值体系的较量中立于不败之地，否则就难以堪当"兴国之魂"之使命。社会主义核心价值体系不仅在社会主义国家占主导地位，能够引领多元社会思潮；还须得到世界其他一些国家的认同和接受，能够在西方发达国家的多元价值体系中有一席之地，从而推动西方发达国家对社会主义核心价值体系的理解和认可。

（二）作为"兴国之魂"的社会主义核心价值体系须掌握话语权

社会主义核心价值体系作为"兴国之魂"必须要牢牢掌握话语权。"话语不仅反映和描述社会实体与社会关系，话语还建造或'构成'社会实体与社会关系；不同的话语以不同的方式构建各种至关重要的实体，并以不同的方式将人们置于社会主体的地位。"① 话语权将为描述社会实体、社会关系奠定基础，同时也为建构这些关系奠定基础。话语权贯穿社会主义核心价值体系建设的始终，是当前推进社会主义核心价值体系建设最紧迫的问题之一。进言之，社会主义核心价值体系失去话语权，在一定意义上说，就失去了被人民群众接受和信任的基础，也就失去了群众根基，也就意味着无法成为社会主义伟大实践的价值引领和思想之魂，无法在社会多元价值体系中得到认同和支持，也就难以引领多元价值体系发展。当然，更为糟糕的是，社会主义核心价值体系失去话语权就面临西方价值体系的空间挤压和瓦解，社会主义核心价值体系走向国际社会更无从谈起。为此，"如何在学习借鉴人类文明成果的基础上，用中国的理论研究和话语体系解读中国实践、中国道路，不断概括出理论联系实际的、科学的、开放融通的新概念、新范畴、新表述，打造具有中国特色、中国风格、中国气派的哲学社会科学学术话语体系，是理论界和学术界面临的重大而紧迫的时代课题。"② 社会主义核心价值体系建设只有掌握自己的话语权，才能创造更加丰富多彩的话语形式和话语形态，才能更好地推动话语体系发展。

党的十八大以来，党中央高度重视话语体系建设。2016 年 5 月 17 日，习近平在哲学社会科学工作座谈会上指出："发挥我国哲学社

---

① ［英］诺曼·费尔克拉夫：《话语与社会变迁》，殷晓蓉译，华夏出版社 2003 年版，第 3 页。

② 《李长春在马克思主义理论研究和建设工程工作会议上的讲话》，2012 年 6 月 2 日，见 http：//cpc. people. com. cn/GB/64093/64094/18059720. html。

会科学作用，要注意加强话语体系建设。在解读中国实践、构建中国理论上，我们应该最有发言权，但实际上我国哲学社会科学在国际上的声音还比较小，还处于有理说不出、说了传不开的境地。要善于提炼标识性概念，打造易于为国际社会所理解和接受的新概念、新范畴、新表述，引导国际学术界展开研究和讨论。"① 解读中国、诠释中国，中国人应该最有发言权，这实质上就是要建构中国哲学社会科学的话语权问题，也是对社会主义核心价值体系的话语权建设提出新要求。

客观地说，改革开放的实践与理论建构不完全同步，后者甚至远远滞后于前者，以至于面对中国改革开放取得的如此巨大的成就，在理论上却还没有形成一套比较好的叙述系统和话语体系，去推动改革开放成就的世界性传播。甚至在一些领域"在国际上的声音还比较小，还处于有理说不出、说了传不开的境地"②。改革开放 40 年所取得的巨大成就在世界上产生了深远影响，但是我们的社会主义核心价值体系如何走向世界，让世界人民了解、认同、接受，还需要付出更加艰辛的努力。

党的十九大报告指出："经济保持中高速增长，在世界主要国家中名列前茅，国内生产总值从五十四万亿元增长到八十万亿元，稳居世界第二，对世界经济增长贡献率超过百分之三十。"③ 改革开放 40

---

① 《习近平谈治国理政》第二卷，外文出版社 2017 年版，第 346 页。

② 《习近平谈治国理政》第二卷，外文出版社 2017 年版，第 346 页。

③ 习近平：《决胜全面建成小康社会 夺取新时代中国特色社会主义伟大胜利——在中国共产党第十九次全国代表大会上的报告》，人民出版社 2017 年版，第 3 页。

年，中国经济建设取得巨大成就，对世界的贡献也不断增加，但是应该如何把中国的成就与世界的和平发展紧密结合起来，讲清楚？为此，习近平强调，我们不仅要让世界知道"舌尖上的中国"，还要让世界知道"学术中的中国""理论中的中国"①。理论中国建设包含着话语体系、话语权建设等。围绕习近平的讲话精神，学术界从各个领域就话语权问题展开研讨和讨论，形成了一系列的研究成果，对进一步把握话语权的内涵具有重要参考价值。

由此，我们就面临两大基本问题：一是话语体系创新，并力图打破国际一些国家的话语垄断，建构符合大国崛起的话语体系，一种和平、共生、共赢的话语诠释体系；二是要建构与中国的国际地位相匹配的核心价值体系，即建构新时代社会主义核心价值体系。社会主义核心价值体系建设涉及国家安全战略，关乎国家意识形态安全。"必须坚持马克思主义，牢固树立共产主义远大理想和中国特色社会主义共同理想，培育和践行社会主义核心价值观，不断增强意识形态领域主导权和话语权，推动中华优秀传统文化创造性转化、创新性发展，继承革命文化，发展社会主义先进文化，不忘本来、吸收外来、面向未来，更好构筑中国精神、中国价值、中国力量，为人民提供精神指引。"② 从这个意义上说，社会主义核心价值体系肩负起构筑中国价值的重任。

---

① 《习近平谈治国理政》第二卷，外文出版社 2017 年版，第 340 页。

② 习近平：《决胜全面建成小康社会　夺取新时代中国特色社会主义伟大胜利——在中国共产党第十九次全国代表大会上的报告》，人民出版社 2017 年版，第 23 页。

（三）话语权是社会主义核心价值体系立身之本

首先，社会主义核心价值体系在国际多元价值观念交流和较量中立于不败之地离不开话语权。《中共中央关于深化文化体制改革推动社会主义文化大发展大繁荣若干重大问题的决定》指出：要"创新对外宣传方式方法，增强国际话语权，妥善回应外部关切，增进国际社会对我国基本国情、价值观念、发展道路、内外政策的了解和认识，展现我国文明、民主、开放、进步的形象。"[①] 当今世界，话语权越来越受到世界各国的重视，抢占话语权的制高点已成为语言竞争的一个重要领域，它直接关系到一个民族的意识形态安全和文化安全。

据有关媒体报道："中国国有电视台——中央电视台（CCTV）北美分台本周正式开播，美国观众可以通过康卡斯特（Comcast）有线电视、Dish TV，以及华盛顿的 MHz channel 3 收看 CCTV 北美分台的节目。此举是中国提升软实力和增强海外影响力的又一举措……中国几大媒体集团正纷纷进驻美国纽约。新华社去年进驻了百老汇大街一幢写字楼的顶层，并租用价格不菲的纽约时代广场广告牌。人民网在纽约帝国大厦 30 层租用了一处 281 平方米的区域作为驻美办公场所。而央视也计划在纽约及美国其他城市雇用 62 名记者。"[②] 从这里

---

① 《十七大以来重要文献选编》（下），中央文献出版社 2013 年版，第 578 页。

② 《中国国家级媒体纷纷进驻纽约》，2012 年 1 月 18 日，见 http：//news. 163. com/12/0118/09/7O1Q9NC700014AEE. html。

可以看出，国家新闻媒体越来越重视国家影响力的提升，也就是在国际社会中解决参与建构世界性的话语。社会主义核心价值体系是国家媒体传播的重要内容之一，当前，在全球化视野下，尤其是在国内媒体的国际化走向趋势下，社会主义核心价值体系建设必须牢牢掌握话语权。

在后金融危机时代，国际局势风云变幻，以美国、法国等为代表的发达国家内部的骚乱、中东的战乱危机、以希腊为代表的债务危机等正呈现出国际局势的新态势，体现在价值观念领域则表现出国际多元价值观念冲突的对象化日趋明显、程度日趋激烈。文化的激荡、价值观念的碰撞，在一定程度上说，谁掌握了话语权谁就掌握了主动权、主导权，就能在多元价值冲突中始终占主导地位。随着全球化的深入，发达资本主义国家利用其经济、军事、科技和政治等方面的强大实力，谋求霸权，文化方面尤其是意识形态的主导地位是他们所渴望的霸权的重要内容，也是其获取全面霸权的新途径。我们必须充分认识到文化建设特别是体现我国当代意识形态实质的社会主义核心价值体系的重要性，并切实给予高度重视。社会主义核心价值体系要想在国际多元价值观念的较量中立于不败之地，就必须要牢牢掌握话语权，积极抢占话语权的制高点。

其次，社会主义核心价值体系能否应对国内各种思潮、错误思想的泛滥离不开话语权。社会转型时期，在一个价值多样化及其冲突日益加剧的环境下，随着社会转型进入深刻调整的时期，国内各种社会思潮力量的较量、民怨的积累，如何解决"民众的怨恨"，满足"群众的愿望"将成为我们党在执政过程中必须面对的两大现实性问题。

推进社会主义核心价值体系建设将成为意识形态领域建设的核心。如何增强社会主义核心价值体系引领社会思潮的能力，如何增强社会主义核心价值体系的吸引力、诠释力等，如何使社会主义核心价值体系能够在批判、抵制各种错误思想和腐朽思想中取得胜利，关键在于话语权。

再次，社会主义核心价值体系是否能够得到大多数人的认同和支持离不开话语权。社会主义核心价值体系能否得到大多数人的认同和支持，既要使社会主义核心价值体系不断满足人民群众的精神文化需求，又要使社会主义核心价值体系不断提升服务人民群众精神满足的方式。这就要求在推进社会主义核心价值体系大众化的过程中，必须要提高社会主义核心价值体系的话语权。否则，大众化难以实现。话语权贯穿社会主义核心价值体系传播的每一个环节，失去话语权，在一定意义上说，会导致其他价值观念甚至是错误、腐朽的价值观念的话语权上升，直接损害人民群众的精神世界，必将导致社会主义核心价值体系失去主导地位。

最后，能否掌握话语权关系到社会主义核心价值体系建设的成败。尽管中央明确提出要大力推进社会主义核心价值体系建设，为社会主义核心价值体系发展提供广阔的平台和政治权力支撑。但是，我们也必须知道，社会主义核心价值体系发展必须要与社会多元价值观念相接触、相碰撞，即是说，它的发展必须遵循价值发展的一般规律。拔苗助长式、大跃进式的发展，从本质上说，不符合社会主义核心价值体系发展的要求。相反，社会主义核心价值体系的发展只有在多元价值观念较量中凸显其生命力、引领力，驾驭各种思想、应对思潮的能力，才能确保其主导地位——这就需要牢牢掌握话语权。

因此，社会主义核心价值体系建设需要掌握话语权，只有在掌握话语权的基础上才能更加顺利、更加健康地推动社会主义核心价值体系建设。而如何建构社会主义核心价值体系的话语权，也就成为一个亟待破解的难题。

三、社会主义核心价值体系话语权的生成

话语权属于话语体系的范畴，是话语体系的内核。社会主义核心价值体系话语权的生成，必须要区分两种不同层面：一是社会主义核心价值体系研究层面，二是社会主义核心价值体系宣传（包括传播）层面。两个层面相互联系，但又有所区分。理论研究层面让社会主义核心价值体系话语权有利于宣传和被群众所接受。

进言之，社会主义核心价值体系作为一个研究领域要建构该领域的话语体系，从而为社会主义核心价值体系研究和对外交流提供基础，必须要区别两种不同的话语体系。即是说，社会主义核心价值体系宣传（传播）话语体系与社会主义核心价值体系研究话语体系不能等同，有必要作出区分，这本身符合社会主义核心价值体系发展的内在要求。从宣传话语角度看，在重大问题上要旗帜鲜明地阐明社会主义核心价值体系的基本立场和观点，阐明社会主义主流意识形态的历程和观点，增强理论的说服力和吸引力，增强思想性，让世界各国人民了解社会主义核心价值体系。有学者认为："从寻求解决中国自

身面临的国际问题出发，应该是中国国际话语体系构建的出发点。"①
社会主义核心价值体系要得到世界的理解和支持，需要以世界的眼光
去建构话语体系。当然，在国内日常生活中，社会主义核心价值体系
建设的话语体系更多的是满足不同群体的语言需求，通过通俗易懂、
喜闻乐见的话语形式不断增强社会主义核心价值体系的可接受性；而
社会主义核心价值体系研究话语体系，则是指称社会主义核心价值体
系在学术研究中形成的话语体系。社会主义核心价值体系作为学术研
究的对象，必然会形成一定的话语系统，为解释现实的价值观念问题
提供语言范式。

　　而这两套话语体系的建设，关键在于话语权。社会主义核心价值
体系的传播更要抢占话语权，面对世界多元价值观念的话语冲突，失
去话语权对社会主义核心价值体系建设是极为不利的。社会主义核心
价值体系话语权的形成至少包括以下几个方面的内涵：

　　第一个方面，社会主义核心价值体系话语的描述力和解释力。描
述力和解释力是社会主义核心价值体系话语的两大基本功能，可以从
两个层面去看：从国际层面，提高社会主义核心价值体系话语的解释
力，很重要的一点在于参与国际多元价值体系的较量和角逐中，展示
社会主义核心价值体系的话语力量。就国内而言，社会转型时期，随
着社会利益结构的深刻调整和价值观念多元化的深刻变革，社会主义
核心价值体系话语必须要增强对社会实体和社会关系的描述力和解释
力。为化解群众的思想困惑、价值困惑等提供更加具有说服力、感染

---

① 张志洲：《提升学术话语权与中国的话语体系构建》，《红旗文稿》2012 年第 13 期。

力的论据和论证。真正做到以理服人、以情动人和以意导人的有机统一。在言语交流中让群众自觉接受社会主义核心价值体系。

第二个方面,社会主义核心价值体系话语的批判力。社会主义核心价值体系话语的建构很重要的一个维度在于参与国际多元化价值体系的对话和交流,面对国际上咄咄逼人的价值观渗透的态势,社会主义核心价值体系的话语体系能否应对,直接关系到社会主义意识形态的发展。增强社会主义核心价值体系话语的批判力就是针对国际上各种复杂的不同价值形态,对企图渗透、吞噬我国主流价值观念的行为给予批判,揭示其真面目。在与国际多元价值体系话语交流和碰撞中增强社会主义核心价值体系抵御和应对风险的能力。

第三个方面,社会主义核心价值体系话语的影响力。一般而言,社会主义核心价值体系话语的影响力包括国际影响力和国内影响力。提升社会主义核心价值体系话语的影响力,即要加强语言价值论的基础理论研究,为社会主义核心价值体系话语发展奠定坚实的理论基石。毋庸置疑,社会主义核心价值体系话语的研究和发展对语言价值论基础理论具有依赖性,在一定意义上说,推动语言价值论的研究才能进一步推动社会主义核心价值体系话语的发展。同时,又要积极发挥社会主流媒体的优势,不断提高传播社会主义核心价值体系的艺术水平。

第四个方面,社会主义核心价值体系话语的引领力。话语是一门艺术,古人云:"一句话使人笑,一句话使人跳。"社会主义核心价值体系能否引领社会思潮,不仅要在内容方面提升引领社会多样性社会思潮的能力,而且要提高社会主义核心价值体系引领的话语艺术和话语水平。在新的历史条件下，社会主义核心价值体系引领社会思潮的话语不是以暴风骤雨的革命形式去引领社会思潮，也不能机械地进行制度性强制，毕竟思想领域的东西还是主要通过思想争鸣、思想讨论去分清，通过不断提高话语引领的艺术来增强社会主义核心价值体系的引领力。

以上四个方面，构成了新时代社会主义核心价值体系话语权的基本内涵，推进新时代社会主义核心价值体系建设，必须要深刻把握这些内涵，唯有这样，才能正视应对社会主义核心价值体系话语权建设面临的挑战，才能真正化解由外部性风险和内部性制约等带来的挑战，在实现社会主义现代化强国的历史进程中增强社会主义核心价值体系的导向力。

第 五 章

社会主义核心价值体系话语权
建设面临的机遇与挑战

  自 2006 年社会主义核心价值体系被明确提出以来，如何推动社会主义核心价值体系的大众化传播，让广大人民群众认可和接受，并自觉成为日常生活和工作中的价值引领和行为规范，使社会主义核心价值体系真正起到凝心聚力的作用和功能，这是我们研究社会主义核心价值体系话语权建设面临的一个重大课题。

  纵观十多年来，社会主义核心价值体系话语权建设面临的许多机遇与挑战，总体来说，是挑战大于机遇。社会主义核心价值体系话语权包括国际话语权和国内话语权两个方面，即社会主义核心价值体系话语权建设既面临国际方面的机遇和挑战；又面临国内方面的机遇和挑战；同时，也面临信息化时代的机遇和挑战。如何把握这几个方面，是推动社会主义核心价值体系话语权建设必须思考的问题。

一、社会主义核心价值体系国际
话语权建设的机遇与挑战

为什么要在国际社会上谈社会主义核心价值体系话语权建设？主要有以下几个原因：一是分化的世界，全球化与反全球化的较量日趋激烈给中国带来严峻挑战；二是中国在国际社会上的话语权争夺面临新挑战；三是信息文明时代的人类共同问题与中国参与的话语权挑战；四是信息化时代人类共同问题凸显与中国国际话语权挑战。这些挑战直接影响社会主义核心价值体系话语权建设，对社会主义核心价值体系的国际性传播形成强大的阻滞力。长期以来，有一种观点认为，社会主义核心价值体系是只针对国内而言的。事实上，全球化时代，国际国内总是密切联系的，而且社会主义核心价值体系的话语权首先要考虑的是国际方面的因素，即能否掌握国际话语权问题。

（一）分化的世界，全球化与反全球化的较量日趋激烈给中国带来严峻挑战

2018 年达沃斯论坛年会的主题是"在分化的世界中打造共同命

运",这个"分化的世界"比较形象地概括了当今世界的国际复杂局势,体现了当今世界许多国家对国际社会产生的一种现代性焦虑。有学者指出:"现在恐怕是西方世界的分化,更具体地讲,是特朗普总统经济民族主义的'美国优先',让欧盟、日本、加拿大经济体和美国的矛盾加深。如美欧自贸协议(TTIP)停滞、亚太伙伴关系协定(TTP)被美国放弃,以及北美自贸协定(NAFTA)美国要推倒重来。美国主导、西方支持的全球传统贸易机制,因为美国而陷入乱局。全球化被贸易保护主义的阴霾所笼罩,如果说逆全球化不可逆转,全球经济复苏的势头也可能被阻断。除了贸易上的传统秩序紊乱,西方世界在安保机制、地缘政治等方面的分歧也在加大,这也会成为新经济周期的负面因素。美欧之间因为利益而分化,中美之间的贸易纠纷有扩大的迹象。"① 从这里可以看出,分化的世界,至少体现在三个层面上的分化:一是西方世界的分化,二是世界贸易的分化,三是文明的分化。

1. 西方世界的分化

近年来,西方内部的分化是一个重要动向,随着美国和欧洲等一些国家的裂隙越来越大,西方内部分化的痕迹明显增加。这种分化,一定意义上消解了西方长期以来的话语霸权、制度霸权、军事霸权、政治霸权等。也就是说,西方统治世界的时代已经步入衰退,逐渐步入了后西方时代。2017 年召开的慕尼黑安全会议,出现了以《后真相、后西方、后秩序?》为题的讨论材料,

---

① 张敬伟:《达沃斯论坛难以改变分化的世界》,《北京青年报》2018 年 1 月 24 日。

该报告提出了当今世界面临三大挑战：西方世界民粹主义和反全球化主义盛行，西方世界秩序出现裂痕，后西方甚至后秩序时代的形成。① 这三大挑战，使得西方国家力图维系的西方秩序面临前所未有的冲击。从这个意义上说，"西方主导的世界秩序正走向终结，非西方国家开始建构世界事务"②。在这个过程中，西方和非西方之间的冲突、较量会更加激烈，局部地区的冲突、代理人战争更加明显，地区不稳定性、不可控性明显增加，恐怖主义等非传统势力越来越对世界的和平和发展构成威胁。中国作为非西方国家的一部分，随着西方的分化，中国同美国、欧盟等国家和地区的关系更加微妙。党的十九大报告作出了中国越来越走近世界舞台中央的战略判断，意味着中国在世界的坐标系发生了根本性的变革，使得中国的治国理政观

---

① 具体来说该报告认为："当前世界面临的三大挑战：首先是西方世界民粹主义和反全球化主义盛行。民粹主义政党通过'后真相'世界里的信息操控手段，煽动恐惧情绪，借由选举和全民公投，在 10 多个西方国家掌权或参政。即便在得票不多的国家，他们也成为政治议题的主导力量，从而迫使主流政党采取不同的政治议程。这种民粹主义抬头有其经济原因。从 2007 年到 2014 年，工业化经济体大多数民众的收入停滞不前甚至显著下降。反全球化主义背后也有文化原因。政治的'左右区分'越来越模糊，自由世界和民粹主义的两极化越来越明显。其次，西方世界秩序出现裂痕。学者普遍认为二战后和平秩序的主要基础，即'自由民主'的传播、自由贸易基础上的经济相互依赖和处理世界性事务的国际机构网络，都遭到民粹主义的系统性挑战。第三大挑战是后西方甚至后秩序时代的形成。报告提出了一系列疑问：未来的国际秩序将是什么样？是一种散乱的秩序下，地方霸权主义制定各自势力范围的游戏规则？还是西方国家力图维持西方秩序的核心价值和架构？谁能够担任公共产品的提供者，在有利于自身的基础上也惠及他人？"参见管克江、任彦、高石：《慕尼黑安全会议基金会发表最新年度报告认为——"西方主导的世界秩序正走向终结"》，《人民日报》2017 年 2 月 16 日。

② 管克江、任彦、高石：《慕尼黑安全会议基金会发表最新年度报告认为——"西方主导的世界秩序正走向终结"》，《人民日报》2017 年 2 月 16 日。

念、中国价值如何被西方国家所了解和接受，成为极为重要的问题。反之，如果西方国家在中国走近世界舞台中央的过程中，一直拒斥中国的价值观、拒斥中国价值，那么，中国面临的挑战也就更为持久和艰难。

2. 世界贸易的分化

世界贸易的分化是伴随全球化进程逐渐形成的，世界贸易的分化在价值观方面也会得到某种程度上的显现。随着全球化进程的加快，世界贸易越来越频繁，改变了传统的地方性生产方式和交往方式；随着科学技术的发展和生产贸易的不断扩大，人类走上了全球化道路。在这个过程中，席卷世界各国、各民族和地方的生产方式逐渐被取代，甚至被消灭，单一国家的生存方式也发生了改变。正如马克思所言："资产阶级，由于开拓了世界市场，使一切国家的生产和消费都成为世界性的了。使反动派大为惋惜的是，资产阶级挖掉了工业脚下的民族基础。古老的民族工业被消灭了，并且每天都还在被消灭。它们被新的工业排挤掉了，新的工业的建立已经成为一切文明民族的生命攸关的问题；这些工业所加工的，已经不是本地的原料，而是来自极其遥远的地区的原料；它们的产品不仅供本国消费，而且同时供世界各地消费。旧的、靠本国产品来满足的需要，被新的、要靠极其遥远的国家和地带的产品来满足的需要所代替了。"① 生产消费突破了传统的地方性，使得全球化生产日益成为贸易的主要生产方式。因此形成了资本主导的世界贸易体系，西方

---

① 《马克思恩格斯选集》第 1 卷，人民出版社 1995 年版，第 276 页。

国家主导制定了世界贸易的各种规则和制度，形成了"马克思所说的资本主义世界对非资本主义世界的支配和统治，意味着前者对后者来说无所不在的强势地位"①。

不过，随着中国经济贸易的崛起以及世界非西方国际经济贸易的发展，世界贸易秩序的分化也越来越明显。自由贸易和反自由贸易（贸易保护主义）进入了新的博弈阶段，全球化与反全球化之间的博弈也日趋明显。有学者指出："随着美国等贸易强国在国际贸易中地位的下降，其贸易单边主义日益盛行，对多边贸易规则产生了破坏作用，但我们不能由此而简单判定：美国贸易政策已经由自由主义全面转向贸易保护主义。各个经济体着眼于自身在国际贸易格局中的优势与劣势，力求将自身利益诉求植入国际贸易秩序中，多重博弈将成为一种常态。中国对外贸易的迅猛发展是国际贸易格局分化的重要因素，也得益于加入以 WTO 为基本框架的多边贸易规则。"② 贸易保护主义的兴起，会对全球化贸易产生很大冲击，影响着思想观念的变迁，对多元价值观念的共生发展必将形成一股寒流，不可小觑。

3. 文明的分化

文明分化的核心是价值观的分化。在分化的世界中，尽管显露出来的都是西方国家的分化，政治层面、贸易层面上的分化，但从根本上说，这些分化最终会导致文明的分化，尤其是价值观的分化。在反

---

① 吴晓明：《"中国方案"开启全球治理的新文明类型》，《中国社会科学》2017 年第10 期。

② 张亚斌、范子杰：《国际贸易格局分化与国际贸易秩序演变》，《世界经济与政治》2015 年第 3 期。

全球化浪潮中，西方国家力图维持西方秩序的价值，力图确保西方价值观的安全。西方文明的优越论由来已久，不管是弗朗西斯·福山（Francis Fukuyama）提出的后又被自己修正的"历史的终结论"，还是以美国为首的一些国家几十年来秉承的价值观外交，抑或是借助各种由头搞乱世界的地区冲突。从根本上说，这些都是因为西方国家一方面要在硬实力方面统治世界，另一方面又要在软实力方面统治世界。一些国家甚至不惜用战争来推动"西方中心论""西方文明中心论""西方价值观优越论"等的传播。从这里就可以看出，长期以来西方价值观在世界争得了主导权、话语权。近年来，随着非西方国家的崛起，西方主导的价值观正面临非西方国家的价值冲击，导致价值观的分化和冲突。

（二）中国国际社会上的话语权争夺面临新挑战

改革开放40年来，中国社会发生了翻天覆地的变化，多元文化互动不仅在中国具有广阔天地，更为重要的是西方多元文化在中国大地上已生根发芽，有的甚至根深蒂固，对广大人民群众产生了很大的影响。有学者认为，中国话语权构建存在着三大问题："首先，中国国际话语设置的统领性不强，尚未形成一个有机协调、高效运转的系统。一直以来，中国对外的声音多头、资源分散，在国际传播事务上涉及部门众多，形成了一种归口管理、层级分割的结构，这种多头行政层级化的模式导致沟通、协调难度增大，难以形成合力。其次，在国际传播中，中国媒体的议题设置能力不强，习惯于被动跟随国际强势媒体，特别是对一些重大国际问题常常保持沉默，抑或言辞隐晦、不温不火，对国际社会关切度不够明朗，也就无法像 CNN、BBC 和半岛电视台等国际一流媒体那样设置国际事务议程，进而难以影响、引导国际舆论。第三，话语传播模式创新性不够，表现在叙事方式不够成熟，话语传播体系不够完善，在国际交流中说教色彩过浓，空泛直白，简单僵硬；同时，对新媒体认识不够、研究不多进而重视不够。"[1] 在社会快速发展以及参与国际事务过程中，话语的系统性、话语传播的国际化有待提升，话语创新的模式有待突破，除此之外，中国国际话语权建设还面临其他方面的重要挑战。

1. 意识形态的分歧，导致中国话语融入资本主义主导的世界话语体系中面临重重障碍

当今世界，资本主义社会与社会主义社会长期共存，在意识形态领域还存在较大的分歧，意识形态领域的斗争在一定时期还很严峻，并且还出现了许多新的特征，资本主义意识形态和社会主义意识形态的较量，不但没有因苏联的解体而终止，反而愈演愈烈。从这个意义上说，当前国际意识形态斗争仍然十分激烈，资本主义意识形态的战略意图和战略野心，不容小觑。西方国家对我国的意识形态战略总体上说还处在渗透、瓦解的状态。2015 年 12 月 11 日，习近平在全国党校工作会议上的讲话中指出："国内外各种敌对势力，总是企图让我们党改旗易帜、改名换姓，其要害就是企图让我们丢掉对马克思主义的信仰，丢掉对社会主义、共产主义的信念。而我们有些人甚至党内

---

① 胡正荣、李继东：《如何构建中国话语权》，《光明日报》2014 年 11 月 17 日。

有的同志却没有看清这里面暗藏的玄机，认为西方'普世价值'经过了几百年，为什么不能认同？西方一些政治话语为什么不能借用？接受了我们也不会有什么大的损失，为什么非要拧着来？有的人奉西方理论、西方话语为金科玉律，不知不觉成了西方资本主义意识形态的吹鼓手。"① 资本主义意识形态和社会主义意识形态的较量，核心在于是否坚持马克思主义信仰和社会主义、共产主义信念。资本主义国家通过各种途径，力图让中国共产党放弃马克思主义信仰和社会主义、共产主义信念，几十年如一日地努力，可谓用心良苦。客观地说，这对中国国际话语权建设融入世界文明带来了不少障碍。

中国国际话语权所面临的挑战，关键在于如何与资本主义世界主导的意识形态话语处理好关系。就目前而言，世界仍然是资本主义主导的世界，资本主义的意识形态仍然占主导地位。社会主义意识形态的话语难以融入到资本主义的话语体系中去，使得社会主义意识形态的话语与资本主义世界形成了一种无形的隔离屏障。尤其是苏联解体以来，国际共产主义进入低谷，社会主义意识形态更是处在一种失语的状态。西方资本主义话语更是对社会主义进行"妖魔化"，对社会主义意识形态的话语走进人们生活带来极大的消极影响。中国特色社会主义发展重新让社会主义焕发青春活力，再次证明社会主义的科学性和合理性，让社会主义意识形态的话语重新获得新的力量，以一种新的话语形式再次走进当今世界。尽管资本主义国家已经无法阻止中国特色社会主义的发展，无法阻止中国的崛起，但是在意识形态领

---

① 《习近平谈治国理政》第二卷，外文出版社 2017 年版，第 327 页。

域，却是想尽办法来消解我国社会主义意识形态的力量，从而使得社会主义意识形态的话语在国际、国内两个方面都面临挑战。

2. 冷战思维阴魂不散、左右国际关系，给中国的国际话语权带来诸多挑战

冷战结束以来，本该终结的冷战思维，却备受西方一些国家青睐。西方强势国家秉持冷战思维，对发展中国家，尤其是中国进行遏制，力图改变中国的政治生态。相反，改革开放以来，中国采取积极的和平外交政策，把握和平与发展是时代主题，集中精力发展经济。可以说，中国积极摒弃冷战思维，倡导国际社会之间加强合作、实现共生共赢发展，倡导建立更加公正合理的世界秩序。但是冷战思维仍然笼罩着国际关系，给一些国家带来不可估量的灾难。习近平指出："冷战结束以来，在西方价值观念鼓捣下，一些国家被折腾得不成样子了，有的四分五裂，有的战火纷飞，有的整天乱哄哄的。如果我们用西方资本主义价值体系来剪裁我们的实践，用西方资本主义评价体系来衡量我国发展，符合西方标准就行，不符合西方标准就是落后的陈旧的，就要批判、攻击，那后果不堪设想！最后要么就是跟在人家后面亦步亦趋，要么就是只有挨骂的份。"① 历史证明，冷战思维导致一些国家仍然处在动荡、混乱之中，如何摒弃冷战思维，这是中国获取国际社会话语权的重要环节。

事实上，习近平在多种场合的讲话中反复强调冷战思维已经不能适应现代社会发展的需要，强调"我们要摒弃一切形式的冷战思维，

---

① 《习近平谈治国理政》第二卷，外文出版社 2017 年版，第 327 页。

树立共同、综合、合作、可持续安全的新观念。我们要充分发挥联合国及其安理会在止战维和方面的核心作用，通过和平解决争端和强制性行动双轨并举，化干戈为玉帛。我们要推动经济和社会领域的国际合作齐头并进，统筹应对传统和非传统安全威胁，防战争祸患于未然。"① 但是，事实上，冷战思维对国际事务处理仍然产生影响，给中国参与处理国际事务带来很多的阻碍，也给中国国际话语权的形成和发展形成强大的阻滞力。

3. 海外中国故事叙述的话语权面临新挑战

海外中国故事如何叙述，不同的文化系统所建构的话语体系不尽相同，不同国家的主体所建构的话语体系也不尽相同。这一方面是中国的故事如何阐释、如何叙述，另一方面是海外相关机构和媒体如何建构中国的叙述系统，两者由于文化背景、价值观念的差异，甚至个别机构和媒体因价值立场的问题，导致叙述中国故事的话语体系有天壤之别。近年来，关于"中国威胁论""崩溃论""黄祸论"等各种话语建构，都给中国故事的叙述话语权带来很大挑战。

一方面，西方汉学机构在努力重构中国故事的叙述系统，争夺话语权。在西方，很多国家的汉学（Sinology，或称中国学）发展兴盛，成立了一系列的中国研究机构或汉学研究机构，凝聚了一大批海外中国研究的学者。"西方汉学研究，主要是指对西方关于中国文化研究的反研究，是国人站在母体文化的氛围里，探索母体文化在西方世界传播与接受的历程和特点，了解它在异质文化中影响的广度和深度，

---

① 《习近平谈治国理政》第二卷，外文出版社 2017 年版，第 523—524 页。

分析西方汉学家的研究方法等。从外延上说，它是国人对中国文化研究的一种拓展与延伸；从内涵上说，它是国人对中国文化研究的一种借鉴与补充。研究西方汉学，可以在整体上促进国人对中国文化的研究。"① 不同的母体文化及其语言思维，对中国问题的研究自然会形成具有母体文化特点的话语体系。诸如法国近代现代中国研究中心（Centre d'études sur la Chine moderne et contemporaine）、美国费正清中国研究中心（Fairbank Center for China Studies）、意大利意中经济文化交流协会（Istituto Italo-Cinese per gli scambi economici e culturali）、英国汉学协会（British Association for Chinese Studies）、英国剑桥大学亚洲与中东研究学院东亚系（Department of East Asian Studies，Faculty of Asian and Middle Eastern Studies，University of Cambridge）、加拿大不列颠哥伦比亚大学维真学院中国研究部（Chinese Studies Program，Regent College，University of British Columbia）、美国密西根大学中国信息研究中心（China Data Center of University of Michigan）、柏林墨卡托中国研究中心（Mercator Institute for China Studies）等，在推动世界了解中国、认识中国方面发挥了积极的作用。

但是，也必须看到，少数海外机构和学者歪曲中国历史、曲解中国故事，给中国国际话语权建设带来消极影响。有学者指出："有不少海外学者从'西方中心主义'出发，极大地曲解了中国模式。英国学者柯岚安认为：'中国经济发展迅速，但政治选举缺乏民主。'

---

① 苏芹：《论西方汉学研究对高校传统文化教育的启示》，《湖北经济学院学报（人文社会科学版）》2016 年第 9 期。

美国学者狄忠蒲认为，中国特色社会主义是'裙带共产主义'；美国的所谓中国问题专家李侃如认为，中国特色社会主义是'新权威主义'；美国人文与科学学院院士哈维认为，中国特色社会主义是'中国特色自由主义'；哈佛大学教授裴宜理认为，中国特色社会主义是'中国特色民粹主义'；加拿大学者贝淡宁认为，中国共产党是'中华孔子党'；《江泽民传》的作者、美国作家库恩在《纽约时报》撰文《习近平的中国梦》，直言'中国梦有民族主义之嫌'。美国学者约瑟夫·奈也有类似的观点，他说：'爱国主义如果被外国误解成民族主义，就有可能削弱中国梦的广泛吸引力，引发一些周边国家的敌意。'"① 这些现象尽管是少数，但是在西方具有一定的影响力，这种批评中国的话语体系长期霸占西方主流媒体，蒙蔽了西方国家民众的视野，久而久之，就形成了一种习惯和认识上的偏见。对中国故事的话语体系建构产生极为不利的影响。

另一方面，西方主流媒体抹黑中国，炒作中国，消解中国的国际贡献和价值，影响中国国际话语权的构建。新中国成立以来，许多西方主流媒体对中国的报道就存在"傲慢与偏见"。改革开放以来，尽管中国在经济社会发展等方面取得巨大成就，中国对国际社会的贡献不断增大，但是仍然有一些媒体抹黑中国，不实事求是地报道中国、评价中国，而是混淆视听、误导一些国家的民众，使之对中国的印象大打折扣。以德国为例，《德国媒体报道中国的调查研究报告》称，

① 张传泉：《中国话语权面临的挑战和路径选择》，《重庆大学学报（社会科学版）》2017年第5期。

德国媒体对中国充满了成见，"在报道中部分歪曲了中国形象"。报告显示，2008 年德国 7 家媒体有关中国内容的各类报道数量为 8766 篇。这些报道中，一多半都属于固有观念下的"陈词滥调"，带有"矮化（中国形象）"的特点。[①] 类似这样的西方媒体歪曲报道的案例非常多，对中国的国际话语权建设无疑起到了很大的消极作用。有学者指出："近日，英国独立电视台（ITV）播出了一部由现居伦敦的澳大利亚调查记者约翰·皮尔格导演拍摄的纪录片《即将到来的对华战争》。该片一反西方媒体在涉华纪录片中惯用的歪曲事实、断章取义、偷换概念、双重标准等手段，试图打破刻板印象的枷锁，从历史和全球的角度来解析当今世界的安全形势，在一定程度上批评了美国等西方国家一贯持有的'中国威胁论'。"[②] 为此，如何讲好中国故事，叙述好中国的历史传统、现代化进程，必须要正视西方媒体的各种报道，尤其是歪曲中国、抹黑中国、矮化中国，甚至妖魔化中国的报道，及时采取应对措施，才能更好地建构中国的国际话语体系。

此外，长期以来，一些国外反华势力、逃亡组织和分裂势力等，利用西方媒体和网站等资源，恶意歪曲中国现实、攻击中国共产党。在一些境外网站和现实生活世界中，各种反华、攻击中国共产党的新闻报道、书籍并不鲜见。这些现象误导了世界上一些民众对中国的了

---

① 青木：《德报告批德媒歪曲中国形象 多数充满对华成见》，《环球时报》2010 年 6 月 17 日。

② 许诺：《他者视角建构新中国观——纪录片〈即将到来的对华战争〉探析》，《对外传播》2017 年第 2 期。

解，可以说，海外中国故事叙述的话语权建设任重道远。

（三）重经济合作轻价值观外交，导致中国在国际社会上难以掌握一定的话语权

经济外交和价值观外交是国际外交上的两个重要路径。经济外交主要是以经济贸易、经济合作等方面来推动一个国家的外交，甚或说一个国家的外交服务于经济建设这一中心；价值观外交，主要是以价值观念的同质性和异质性来划分外交的圈子或势力范围，对异质性价值观的国家采取的往往是不友好的方式，而是敌意、围堵、封锁、谴责、分化、渗透等。两者相互作用，但侧重点不同，外交结果也大相径庭。

长期以来，价值观外交是西方一些发达国家外交的重要战略选择。笼统来说，中国的外交大致经历了从价值观外交到经济外交的重大转变。新中国成立以来，中国的外交采取"一边倒"，即倒向社会主义一边。毛泽东认为："一边倒，是意味着在政治上必须同社会主义阵营的国家团结起来，同社会主义国家站在一边，不能一脚跨在社会主义方面，一脚又跨在西方资本主义方面。"①"一边倒"的外交政策实质上凸显了社会主义意识形态的交往，凸显了社会主义价值观的外交。改革开放以来，中国确立以经济建设为中心，实施改革开放的伟大战略，突破了以社会主义意识形态为划分的外交策略，实施了愿

---

① 裴坚章：《毛泽东外交思想研究》，世界知识出版社1994年版，第115页。

意同一切国家进行经济贸易交往的外交策略，从而逐渐形成了以经济合作为外交的重心，国家的外交服从、服务于国内的以经济建设为中心。一定意义上说，淡化了意识形态（含价值观）在外交中的首要位置，增加了经济合作在外交中的分量，从而实现外交上的重大转变。邓小平审时度势，及时提出了"冷静观察、稳住阵脚、沉着应付、韬光养晦、善于守拙、决不当头、有所作为"的外交方针。这种转变，适合了中国经济发展的重大战略，中国人民一心一意谋发展，韬光养晦。邓小平认为："我们再韬光养晦地干些年，才能真正形成一个较大的政治力量，中国在国际上发言的分量就会不同。"①改革开放40年的伟大实践证明，这种外交转变是正确的，也是符合人类社会发展大局的，也符合中国和世界各国人民的根本利益，从根本上改变了中国外交的格局。

但是，正因为这样，中国虽然摒弃了冷战思维下的外交，但是西方发达国家特别是以美国为首的一些西方发达国家，仍然坚持价值观外交，从而导致中国的外交与西方的外交观念不在一个频道上。这样就形成了自说自话的局面，而中国长期处在国际话语权弱势一方，就导致中国有理说不出，说出来也传不开的困境。这给中国的国际话语权，尤其是社会主义核心价值体系话语权的建设带来挑战：

其一，西方国家凭借其价值优越感及所占据的价值观制高点，对中国的价值观进行围堵、抨击和渗透。西方许多国家在价值观方面充

---

① 中共中央文献研究室编：《邓小平年谱（一九七五——一九九七）》（下），中央文献出版社2004年版，第1346页。

满着原动力式的优越感。一些西方国家占据价值观制高点，高举西方价值观大棒，抨击非西方国家价值观念，对我国价值观建设尤为如此。自新中国成立以来，我国的意识形态就面临西方的围堵，价值观念也遭受西方国家的渗透。西方一些国家正是因为高举价值观的大棒，占据了所谓的价值"道义"，到处给其他国家做价值判断和价值评价，导致世界许多国家陷入文明的冲突之中。这也给中国的国际话语权建设带来极大的冲击。"当前，中国国际话语权与国家实力不相匹配的矛盾日益突出，中国在国际话语权竞争中仍然面临诸多挑战和掣肘，包括西方官方话语的打压、西方媒体的歪曲、发展中国家的不信任、国际话语规则的制约、中国学术话语的乏力等。"① 由此，我们可以发现，中国的外交要逐渐展现中国的价值力量和价值魅力，这是提升社会主义核心价值体系话语权的根本方式之一。

其二，一些国家经济上依赖中国，意识形态上围堵和瓦解中国。改革开放以来，中国门户开放，放眼世界，形成了以经济外交为主导的中国新型外交战略，但在一定意义上说，却轻视了在经济合作中的价值观念的交流。这导致了一些国家采取两种手段对付中国。只要细心琢磨，就不难发现，一些国家经济上依赖中国，意识形态上却围堵中国，甚至在安全领域上瓦解中国。他们成为西方意识形态入侵中国的跳板，用从中国经济中获取的利益来组织力量攻击中国的意识形态。这些国家在经济领域加强与中国合作，对中国经济有着依赖感，

---

① 张新平、庄宏韬：《中国国际话语权：历程、挑战及提升策略》，《南开学报（哲学社会科学版）》2017年第6期。

搭上了中国经济发展的快车，从中获取了巨额的利润，但是在政治领域、国家安全领域、意识形态领域却对中国采取围堵、遏制的战略，这种现象近年来越来越明显。甚至有的国家一方面在外交上、安全上与中国对立，另一方面又依靠中国的巨大市场和商机与中国做生意。这种格局容易给一些国家带来误解，认为不管政治上如何与中国对立，经济上却还能照常与中国做生意赚钱。这必将给中国的意识形态安全带来很大的挑战。

因此，要让世界了解中国，就必须要让世界了解中华民族爱好和平、以和为贵、睦邻友好、共生共赢的价值观念，让世界了解中国共产党人立党为公、执政为民、开放包容、维护世界和平的价值观念。

（四）信息化时代人类共同问题凸显与中国国际话语权挑战

人类正进入信息化时代、人工智能时代，人类面临前所未有的机遇和挑战，人与机器人之间的关系、国家之间的新的竞争关系都逐渐发生改变。人的生态、社会生态、国家之间的生态都在悄然发生变化。"人工智能不仅正在深刻地改变世界，改变人类的生产和生活方式，而且它的发展在一定程度上正改变着'人'本身，改变着对'人'的认知。"[1] 从这个意义上说，在人工智能时代，人类的存在方式发生了根本性的变革，这种变革直接影响到人对人本身的认知和人对人本身的前提性反思。随着信息化和人工智能的快速发展，在一定

---

[1] 孙伟平：《人工智能对"人"的挑战》，《光明日报》2018 年 1 月 29 日。

程度上说，人类进入了一个新的历史时代，世界也进入了一个新的历史时代，哪个国家在信息化、人工智能方面走在前列，就能够在国家安全、社会发展等方面掌握主动权、主导权和话语权。人工智能改变了人的存在方式和生活方式，必将引进价值观念的变革。"人类的进步越来越依赖前提性反思，以往人类的前提性反思，只是针对自己的观念、思想、理论以及思维方式和行为方式等。而超级人工智能的出现将更进一步涉及关于人类自身存在方式的前提性反思。"[①] 人工智能的出现，使得人类自身的存在方式发生了改变，一场关于对人的认知活动正在全球范围内展开，人与人的关系、人与自身的关系、人与机器之间的关系等都在发生改变。"机器与人的关系问题，说到底就是人与技术的关系问题，只是问题的焦点集中到了智能上。"[②] 这种反思活动，在深层次里改变人们的思维方式和价值观念，比如人伦关系的改变、家族观念的改变等。中国如果不能跟上这个时代的步伐，在人工智能方面走在世界的前列，那么也就难以引领人们的思维方式和价值观念的变化，也就无法掌握话语权。因此，一项正在改变人类存在方式和生活方式的人工智能实践活动悄然兴起，对当代中国而言，机遇与挑战并存，挑战大于机遇。尽管中国有比较好的信息化基础和人工智能的前期研究基础，但唯有抓住这次机遇，才能不会被时代所抛弃，甚至能够走在时代前列，对中华民族伟大复兴而言，具有

---

① 王天恩：《人工智能的发展和人类文明的走向》，《中国社会科学报》2017 年 11 月 7 日。

② 王天恩：《人工智能的发展和人类文明的走向》，《中国社会科学报》2017 年 11 月 7 日。

关键性的战略意义和战略价值。

二、社会主义核心价值体系国内
话语权建设的机遇与挑战

社会主义核心价值体系的思考必须要从外部性反思转向内在性反思。外因是事物变化的条件，内因是事物变化的根据。社会主义核心价值体系话语权既受到国际方面的影响，这是外因；又受到国内各方面因素的影响，这是内因。社会主义核心价值体系话语权建设在一定程度上说，内部的因素才是更根本的因素。正视社会主义核心价值体系在国内传播中遇到的挑战，对理解社会主义核心价值体系话语权的影响力具有重要意义。

（一）物质财富的丰富性与人们精神境界提升的不匹配问题

党的十一届三中全会以来，党中央把国家的重心从原来的以阶级斗争为纲转到以经济建设为中心，实现了党的治国理政战略转变，提出要不断解放和发展生产力，重新激活了人民的主体性、创造性，有效地发挥了人民群众的首创精神，从而使中国社会发生了深刻的变革。

1. 从站起来到富起来的重大转变

1840 年以来，中华民族遭受了来自世界许多国家带来的苦难和悲剧，中国从一个独立的国家逐渐演变为半殖民地半封建国家，从中央帝国逐渐走向被殖民的国家。一百多年来，中华民族和中国人民受尽屈辱和剥削，遭受无数灾难，从根本上说，就是国家没有独立，民族站立不起来。直到 1921 年中国共产党成立，至此"中国人民谋求民族独立、人民解放和国家富强、人民幸福的斗争就有了主心骨，中国人民就从精神上由被动转为主动"①。唯有在中国共产党的领导下，中国人民经过了艰苦卓绝的斗争，取得了国家独立、民族解放，一改一百多年来的民族屈辱史，凸显了中华民族的人民主体性，开创了一个新的时代。

但是，如何从站起来到富起来，这是一场巨大的变革，经历了长期的艰辛的探索，也经历了复杂的社会阶段。这里至少包含两层含义：

从站起来到解决温饱问题。关于这个阶段，学术界习惯称之为从解决挨打到解决挨饿的问题。贫穷不是社会主义，社会主义要消灭贫穷。这是中国共产党的政治承诺。从 1956 年到 1978 年，中国在探索社会主义道路的过程中，尽管为后面的改革开放打下了牢固的基础，但是也历经曲折，甚至走了不少弯路。这个阶段仍然没有解决人民群众的温饱问题。从站起来到解决温饱、解决挨饿的问题，在中国这么大的一个国家，贫困人口如此多的国家里，尤为艰难。直到实施家庭联产承包责任制，"包产到户""包干到户"，发挥人民群众的积

---

① 习近平：《决胜全面建成小康社会　夺取新时代中国特色社会主义伟大胜利——在中国共产党第十九次全国代表大会上的报告》，人民出版社 2017 年版，第 13 页。

极性、主动性和创造性，"把不合法的合法起来"①。在很短的时间之内，人民群众基本上解决了挨饿的问题，解决了温饱问题。

从解决温饱到富起来的问题。这个阶段是从小康到全面小康的阶段。通过改革开放，极大地解放和发展生产力，使人民群众的物质生活不断得到丰富和发展。国家的社会财富也极速增加，经过 40 年的努力，中国的物质财富、人民生活水平极大提高，综合国力极大提升。"40 年来，我们始终坚持以经济建设为中心，不断解放和发展社会生产力，我国国内生产总值由 3679 亿元增长到 2017 年的 82.7 万亿元"②。从这里可以看出，国家综合实力的提高，逐渐从贫穷落后的国家走向富裕起来的国家。从站起来到富起来的改变，是近代以来中国社会的伟大变革之一，是中国人民主体性的彰显，是人民对美好生活向往的奋斗历史，也是人民对美好价值实现的重要表征。从站起来到富起来，重点解决了人民群众的物质生活财富问题，解决了社会物质财富的积累问题。这个过程基本上完成。到 2020 年将全面建成小康社会，"到建党一百年时建成经济更加发展、民主更加健全、科教更加进步、文化更加繁荣、社会更加和谐、人民生活更加殷实的小康社会"③，全面消除贫困，从而开启了中华民族走向社会主义现代化强国的新征程。

---

① 《邓小平文选》第一卷，人民出版社 1994 年版，第 323 页。

② 习近平：《在庆祝改革开放 40 周年大会上的讲话》，人民出版社 2018 年版，第 11 页。

③ 习近平：《决胜全面建成小康社会 夺取新时代中国特色社会主义伟大胜利——在中国共产党第十九次全国代表大会上的报告》，人民出版社 2017 年版，第 27 页。

2. 从富起来到强起来的重大转变

党的十九大对富起来到强起来的重大转变有了明确的路线图，提出新时代中国特色社会主义发展的战略安排，主要分两步走：2020—2035 年，基本实现社会主义现代化。其主要特征在于："我国经济实力、科技实力将大幅跃升，跻身创新型国家前列；人民平等参与、平等发展权利得到充分保障，法治国家、法治政府、法治社会基本建成，各方面制度更加完善，国家治理体系和治理能力现代化基本实现；社会文明程度达到新的高度，国家文化软实力显著增强，中华文化影响更加广泛深入；人民生活更为宽裕，中等收入群体比例明显提高，城乡区域发展差距和居民生活水平差距显著缩小，基本公共服务均等化基本实现，全体人民共同富裕迈出坚实步伐；现代社会治理格局基本形成，社会充满活力又和谐有序；生态环境根本好转，美丽中国目标基本实现。"① 从这里可以看出，从富起来到强起来，不仅强调物质财富，凸显经济实力，更加强调人民平等、依法治国、共同富裕、社会文明程度等方面的发展。这就意味着，不再以 GDP 为目标导向，不以 GDP 主义为价值导向，更加凸显人的价值、社会文明发展的价值等。

2035—2050 年，要把我国建成富强民主文明和谐美丽的社会主义现代化强国。"我国物质文明、政治文明、精神文明、社会文明、生态文明将全面提升，实现国家治理体系和治理能力现代化，成为综

① 习近平：《决胜全面建成小康社会　夺取新时代中国特色社会主义伟大胜利——在中国共产党第十九次全国代表大会上的报告》，人民出版社 2017 年版，第 28—29 页。

合国力和国际影响力领先的国家，全体人民共同富裕基本实现，我国人民将享有更加幸福安康的生活，中华民族将以更加昂扬的姿态屹立于世界民族之林。"① 这里就更加突出地强调把物质文明、政治文明、精神文明、社会文明、生态文明并列起来，协同发展。这就意味着，中国社会逐渐从对物质的追求转向物质追求和精神追求并重的时代，人们不仅期待更好的收入，还期待更美好的生活。进言之，人们对社会的民主、法治、公平、正义、安全、生态等领域有着更高的追求。

毫无疑问，过去 40 年，尽管物质财富增加了不少，但是，还没有很好地解决社会精神领域问题、价值困惑问题，进而形成一种矛盾，这种矛盾就是：物质财富的丰富性与人们精神境界提升的不匹配问题。这个问题亟待解决。

3. 物质财富的丰富性与人们精神境界提升的不匹配问题

从马克思的角度看，"'精神'从一开始就很倒霉，受到物质的'纠缠'"②。这种纠缠，说到底，还是存在决定意识。人们怎么生活，就会形成什么样的价值观念。改革开放以来的巨大成就从理论上说，应该要全面提升人们的精神境界。甚至可以说，人们的精神提高应该与人们的物质财富的增长相匹配。

改革开放以来，在经济体制改革方面，我国实现了社会主义计划经济与市场经济相结合的方式，形成以公有制为主体、多种所有制经济共同发展，是社会主义初级阶段的基本经济制度的重要论断。逐步

---

① 习近平：《决胜全面建成小康社会 夺取新时代中国特色社会主义伟大胜利——在中国共产党第十九次全国代表大会上的报告》，人民出版社 2017 年版，第 29 页。

② 《马克思恩格斯选集》第 1 卷，人民出版社 1995 年版，第 81 页。

探索了以公有制为主体、多种所有制经济共同发展的基本经济制度，并逐步实现了两个转变：一是实现了从原来把市场经济作为补充地位逐渐转向计划和市场共同发展，发挥市场的主体作用，建立完善社会主义市场经济体制的转变；二是实现了从原来的市场的基础性作用转变为决定性作用，创造性地提出和发展社会主义市场经济。这两个转变，表明市场经济的地位和作用在国民经济社会发展中越来越凸显其决定性作用。在这个过程中，市场主导的利益经济在很大程度上推动个体和社会财富的快速增长。因而，在短短的 40 年，中国从解决挨饿问题，跃升为从富起来到强起来的阶段。然而，物质财富的丰富性与人们的精神境界总是存在很大的差距。甚至可以说，改革开放以来，人民的物质财富快速增长，人们精神文化水平的提高滞后于经济快速发展，导致人们精神生活中存在不适应状态，这种不适应主要凸显在以下几个方面：

一是财富观念滞后的问题。当一个社会快速从贫穷到富裕之后，财富的价值观念亟待重构。古代有"不患寡而患不均"的观念，那么财富差距拉大之后，如何形成一种看待财富的价值观念？即是说，现代社会的财富观念既要跳出传统的"不患寡而患不均"，又要防止贫富差距悬殊带来的社会价值观念冲击，影响社会稳定；而且，一部分获取巨额财富的群体，由于缺乏正确的财富观念，在社会上掀起炫富、奢侈、奢靡的风气，"笑贫不笑娼"、金钱至上、金钱万能等拜物主义观念泛滥，误导了一大批青年人，消解了社会主流的价值观念。这是一个很大的问题。

二是社会精神的独立自主问题。这个问题主要是解决思想的路径依赖问题。毫无疑问，一个国家、一个民族，谈独立自主，必须要在物质基础上强调精神上能够独立自主，在价值观上能够独立自主。这是最核心、最根本的问题。从富起来到强起来的转变，固然离不开物质基础，但从根本上说，就是要解决精神层面上的独立自主问题，解决精神强大的问题。精神生产有自己的规律性，不能一蹴而就。精神生产尽管受到物质生产的作用和影响，但是，从总体上来说，精神生产具有相对的独立性。这就意味着，中国社会在精神层面上从站起来、富起来到强起来的历程会更加曲折。这就是说，改革开放 40 年来，从放眼世界学习西方到本土化的转变，实现了从跟跑、并跑到领跑的飞跃，逐渐摆脱了"学徒状态"①。向外部学习是改革开放以来的实然状态，如何建立起自己的学术主张，建立中国的思想流派；如何生产思想，使中国的思想生产跟得上物质生产的步伐，建设一个理论中国，这是亟待破解的重大课题，也是解决独立自主的根本路径。

三是集体主义价值观念淡化，个人主义价值观念不断张扬，形成此消彼长的态势。如果从观念上来考察，改革开放以来，最大的变化在于集体主义价值观念的消解和个人主义价值观念的生长，个人主义的价值观念在某些领域遮蔽了集体主义价值观念的光芒。从计划经济走向市场经济，使得计划经济体制下形成的集体主义价值观念面临市场经济的挑战，导致集体主义和个人主义在市场经济行为中出现此消彼长的态势。集体主义弱化和个人主义张扬，使得价值观念的个体化倾向越来越明显，导致社会上出现一批唯利是图者。价值观念的个体

---

① 吴晓明：《中国学术如何走出"学徒状态"》，《文汇报》2014 年 12 月 12 日。

化成长，本来不是个问题，但是弱化、淡化、虚无化集体主义价值，甚至消解主流价值，则是一个值得深究的问题。

（二）中国崛起与价值引领乏力的瓶颈亟待破解

改革开放的 40 年是中国快速崛起的 40 年，是中国不断提升国际影响力的 40 年。随着中国经济的快速发展，中国在世界的综合影响力不断提升，为世界经济发展不断贡献中国的方案。在改革开放进程中，中国经济成功地融入全球化进程中，不管是经济实力还是综合国力，中国目前在世界的影响力明显上升。在国际局势深刻变革的复杂局势下，中国以不凡的定力沉着应对国际时局的变化，为国际格局及时提供"中国方案"，积极参与国际秩序的制定，在推动全球化、自由贸易等方面成为世界的旗帜。并且在推动亚投行、"一带一路"建设中为推动世界多元化发展布局等。这些都是改革开放带来的深刻变革。

然而，我们必须要看到，虽然中国经济可以"走出去"，"中国方案"也可以"走出去"，为世界一些国家所接受，但是，长期成为我们的软肋是价值观频频受制于人，这与当代中国的国际地位相差甚远。进言之，中国的国际硬实力与中国的软实力（核心是价值观）不相匹配。长期以来，西方的价值观占有着所谓"普世价值"的美誉，在世界占主导地位。中国自改革开放以来，一直想用本土化的价值观来抵御西方价值观的渗透，从核心价值体系到核心价值观的提出和确立，在很大程度上都是中国为突破西方的价值观封锁所做的努力。但是，这种局面没有根本改变。而价值观的受困，在一定程度上必将影响未来中国综合国力的提升，制约中国为世界作出更大贡献。因此，如何破解这个局，是当前推动中国综合国力上升和价值观的国际影响力亟待解决的问题。从西方的崛起历史可以看出，大国崛起必定要伴随价值观的崛起。甚或说大国崛起首先要推动价值观崛起。自文艺复兴以来，世界的文明中心逐渐转向西方，西方的价值观念也就在这个背景下崛起，成为标榜"世界最好"的价值观念。我们要借鉴西方价值观建设的经验，挖掘西方如何以自由、平等、博爱等价值观包装成为"普世价值"的经验。当前，随着世界中心甚或发生新的变化的国际大格局时代，中国的崛起应当毫不掩饰地推动中国价值的崛起，也就是推动社会主义核心价值体系的崛起。

就内部而言，社会主义核心价值体系唯有不断掌握群众才能增强其价值引领力和规范力。"人们的观念、观点和概念，一句话，人们的意识，随着人们的生活条件、人们的社会关系、人们的社会存在的改变而改变"①。改革开放40年，中国社会发生了翻天覆地的变化，随着经济社会的发展，人们对主流价值观念的认同度也不断提高。根据有关调查数据显示：中国社会科学院社会学所于2013年开展了"中国社会状况综合调查"第四期的全国调查，覆盖全国31个省、自治区和直辖市，访问了10240位城乡居民。调查中列举了19项社会价值理念，询问公众哪些是一个好的社会所应具有的价值标准。统计结果表明，有6项价值理念排在第一序列，有40%左右的公众选择，分别是平等（46.8%）、民主（43.2%）、公正（39.7%）、富强

---

① 《马克思恩格斯选集》第1卷，人民出版社1995年版，第291页。

（39.2%）、文明（39.1%）与和谐（37.0%）。这6项理念都是党和政府所倡导的社会主义核心价值观中国家和社会层面的内容，这表明社会主义核心价值观已逐渐深入人心，并成为人们判定社会发展结果的重要价值尺度。排在第二序列的价值理念选择者比例在20%上下，分别是诚信（22.1%）、爱国（22.0%）、法治（20.1%）和自由（18.4%）；排在第三序列的有两项，仅有不足10%的公众选择，即友善（9.0%）和敬业（3.8%）。第二、第三序列的价值观多属于个人和社会层面中的内容。①

　　从这些数据可以看出，社会主义核心价值观的一些观念日益深入人心，人们对社会的公平、正义、平等等给予了比较大的关注。说明人民群众对平等、公正的需求不断增强。人们对社会的认同很重要的一个维度在于对社会的主流价值观的认同。

　　事实上，在看到好的一面的同时，也要看到中国崛起过程中价值引领乏力的一面。社会主义核心价值体系自提出以来，经历了社会主义核心价值体系作为社会主义意识形态本质体现的阶段，经历了社会主义核心价值体系和社会主义核心价值观并存的阶段，经历了重点阐释社会主义核心价值观的阶段，再到党的十九大重新阐释社会主义核心价值体系的阶段。党的十九大报告把社会主义核心价值体系提升为习近平新时代中国特色社会主义思想的重要组成部分，明确其为构建中国精神、中国价值、中国力量，为人民提供精神指引的时代使命。从这些阶段的变化过程，我们可以看出，在一段时间内，强调社会主

---

① 李炜：《社会主义核心价值观的公众认可度分析》，《经济日报》2014年12月2日。

义核心价值观比较多，学术界和理论界研究的比较多，而逐渐淡化了社会主义核心价值体系。

尽管社会主义核心价值观是社会主义核心价值体系的进一步提炼和集中概括，他们之间是内核和外围的关系。但是，从概念本身而言，社会主义核心价值体系在一定时期内没有像社会主义核心价值观那样受到关注，社会上的广泛宣传集中力量在传播社会主义核心价值观，而非社会主义核心价值体系。其主要原因在于，社会主义核心价值体系四个层次的内容比较复杂，老百姓难以记住，在日常生活中比较难以全面掌握社会主义核心价值体系的内容。尔后，提炼了社会主义核心价值观。这就是说，国家在价值体系方面提出了很好的方案，但是，由于内容的复杂性，比较难以为一般群众快速掌握。但是，老百姓相信不相信、认同不认同，这是社会主义核心价值体系的根本性问题。老百姓理解社会主义核心价值体系（观），总是从生活世界、工作世界中去理解和把握，诸如对平等、公平、正义等方面的追求。为此，构建新时代社会主义核心价值体系，增强引领人们精神生活的力量，仍然任重道远。

（三）现代政府和市场关系亟待进一步理顺，影响人们的价值观念塑造

如何正确处理政府和市场的关系，关乎党的治国理政大局。改革开放的40年也是政府和市场相互"纠缠"的40年。社会主义市场经济的提出本质上说就是要解决政府和市场关系问题。近年来，我们一方面极力推动市场化运行，另一方面又极力想守住社会主义公有制经

济的底线，两者之间不可避免地构成结构性矛盾。如何破解这一难题，关乎未来社会主义经济发展大局。

党的十一届三中全会开启了中国改革开放，积极推动市场经济发展，先后推进经济特区、自贸区、雄安新区等一系列重大战略部署。改革开放伊始，围绕政府和市场的关系就一直成为争论的重要问题。个人利益和集体利益问题、社会利益和国家利益问题等，构成了改革开放 40 年来中国社会的重要问题。

如何处理政府和市场的关系问题？改革开放初期围绕计划经济和市场经济的争论，至今仍然是一个理论难点。党的十二大开幕式上邓小平提出市场经济和社会主义市场经济理论，从根本上说，不仅要解决社会主义和市场的关系，还要解决政府和市场的关系。我国的市场经济体制经历了"计划经济为主、市场经济为辅"，到"计划经济与市场经济相结合"，再到"社会主义市场经济"的改革过程，实现了以下变革：以推动家庭联产承包责任制为突破口，实现了从人民公社制度向双层经营体制改革的转变；从最初的扩权让利、两步利改税、承包租赁，到按照"产权清晰、权责明确、政企分开、管理科学"的要求，实现规范的公司制改革，国有企业逐步成为适应市场风云变幻的新经济主体；积极探索公有制的实现形式，鼓励发展个体、私营等非公有制经济，形成了国有、个体、私营、外商等不同经济成分在市场大潮中共同发展的态势；按照效率优先、兼顾公平的原则，以按劳分配为主体，允许生产等要素参与分配；等等。

事实上，市场在资源配置中起决定性作用与坚持公有制的关系问题，政府和市场的问题，从本质上说是执政党和市场的关系问题。由于市场和政府的复杂关系，体现在价值方面也就存在较大的差异，即市场带来的价值观念和政府主导的价值观念不完全一致，甚至部分价值观念还存在冲突。因此，如何进一步理顺政府和市场关系，对塑造人们的价值观念具有重大的基础性意义。

（四）主流意识形态安全与当代中国社会思潮的挑战问题

改革开放 40 年来，多元社会思潮发展迅猛，高歌猛进，进入中国社会生活的各个领域，在人们的日常生活中影响很大，给主流意识形态的建构带来冲击。主流意识形态与非主流意识（尤其是境外思潮）的较量始终存在，而且越来越激烈。如何以主流意识形态引领社会思潮，这是关乎国家意识形态安全大局的问题。

近年来，在社会上影响比较大的社会思潮主要有民族主义、历史虚无主义、新自由主义、民粹主义、新左派、普世价值论、新儒家、生态主义、极端主义、道德相对主义等。各种社会思潮之间界限的不明显与其没有显著的理论标志联系在一起，以致针对同一问题的不同观点背后的理论支撑往往让人难以分辨。当然也与大众传播媒体受到主流意识形态的有效控制联系在一起。

党的十八大以来，在以习近平同志为核心的党中央坚强领导下，我国意识形态工作取得一系列的新进展、新成果，总体发展势头良好，在一些领域从根本上改变了以往"挨打、挨骂"的局面。我国的意识形态建设一改过去比较被动的局面，实施主动出击，主动对接社会各群体、人民群众热切关注的重大问题以及人民群众的需求和意愿，从而争取到了意识形态的主动权、领导权、话语权。从总体上说，体现了意识形态建设的理论自信、制度自信、价值自信。诚然，在看到总体趋势较好的情况下，也必须正视，近年我国意识形态建设面临更加严峻的形势，不管是在国际还是国内层面上，意识形态建设都面临一系列的新问题、新情况、新挑战。如何从马克思主义的基本立场、观点出发，从实事求是出发，辩证分析，切实有效地应对当前我国意识形态面临的严峻挑战，将是新时代我国意识形态建设的重大课题。

三、信息化时代社会主义核心价值体系话语权建设面临的挑战

人创造信息，信息也创造人，这个创造主要是信息在创构人们的存在方式和生活方式，从而使人们的思想价值观念发生很大的改变，人与人之间的相互关系、人与社会之间的相互关系也随着人与信息的相互性发生了根本性的变革。这对社会主义核心价值体系话语权的形成和发展具有很大的挑战性。

（一）信息时代社会主义核心价值体系话语权建设面临极大的挑战

信息时代对当前中国影响最大的是网络。习近平反复强调：过不了互联网这一关，就过不了长期执政这一关。网络越来越成为青年人

的聚集地，人民群众交流的集散中心，是生产话语权的重要地方。社会主义核心价值体系话语权建设如果不重视网络的客观存在及其影响，那么，社会主义核心价值体系话语权的形成和发展必将受到很大的限制。

当前，国内发生的很多事件几乎都离不开网络，无论政治问题、经济问题、社会问题、文化问题还是生态问题，许多事件都在网络上得到充分的"体现"，没有网络安全，也就没有国家安全，"网络空间是亿万民众共同的精神家园。"① 如何使网络用得好、管得住，这是当前我国意识形态建设的核心问题。

网络在思想表达、价值观念传播等方面更加具有影响力，尤其值得关注的是资本在自媒体时代参与管控网络媒体，主要体现在以下几个方面：第一，防止社会在网络上撕裂。国内各阶层都把网络作为交往、发声的重要平台。近几年，一些网络事件如雷洋案等，在一定程度上又掀起了"左"派和右派之间的交锋。网络越来越成为各思想派别交锋的敏感地带，网络意识形态建设要想办法停止社会撕裂，防止不同群体在网络上的对抗、排斥、撕裂。通过网络意识形态建设，实现各个网民在网络层面上的新的整体，构建网络共同体。第二，网络意识形态建设既要防右，也要防"左"，重点要防极左。近年来，右的思想在网络比较泛滥，中央采取了一些措施，使右的思想得到及时控制。但是，极左思潮在网络泛滥，对社会伤害也非常大，其公开发布的不当言论，值得警惕。邓小平早就提醒过："右可以葬送社会

---

① 《习近平谈治国理政》第二卷，外文出版社 2017 年版，第 336 页。

主义，'左'也可以葬送社会主义。中国要警惕右，但主要是防止'左'。"① 近年来左的思潮涌动，在社会上影响很大，对极左思潮需要进行有效控制。第三，防止资本控制网络媒体。网络斗争中最该引起注意的是资本对媒体的控制。不管是传统媒体还是新兴媒体，党的"喉舌"不能受制于人，否则将带来不可估量的风险。苏联的教训不得不引起我们的深思。为此，我们建议，划定网上舆论"红线"，强化网络管理，增强网络意识形态的研究，不断挖掘现实社会意识形态和网络社会意识形态的勾连点和链条；不断完善网络意识形态的调控机制，增强网络意识形态建设的针对性、时效性、有效性；积极以社会主义核心价值观为引领，强化网络世界中的核心价值观建设，降低网络意识形态对社会的攻击性和冲击性，真正做到习近平指出的"对模糊认识要及时廓清，对怨气怨言要及时化解，对错误看法要及时引导和纠正，让互联网成为我们同群众交流沟通的新平台，成为了解群众、贴近群众、为群众排忧解难的新途径，成为发扬人民民主、接受人民监督的新渠道。"② 使网络空间天朗气清、生态良好，真正在意识形态领域掌握主动权、领导权、话语权。

（二）人工智能时代对社会主义核心价值体系话语权建设的挑战

人工智能是国际竞争的新焦点，涉及国家安全和国际话语权。

---

① 《邓小平文选》第三卷，人民出版社 1993 年版，第 375 页。
② 《习近平谈治国理政》第二卷，外文出版社 2017 年版，第 336 页。

2017 年 7 月，国务院出台了《新一代人工智能发展规划》，认为人工智能成为国际竞争的新焦点。该文件指出："人工智能是引领未来的战略性技术，世界主要发达国家把发展人工智能作为提升国家竞争力、维护国家安全的重大战略，加紧出台规划和政策，围绕核心技术、顶尖人才、标准规范等强化部署，力图在新一轮国际科技竞争中掌握主导权。当前，我国国家安全和国际竞争形势更加复杂，必须放眼全球，把人工智能发展放在国家战略层面系统布局、主动谋划，牢牢把握人工智能发展新阶段国际竞争的战略主动，打造竞争新优势、开拓发展新空间，有效保障国家安全。"[1] 并能为人工智能发展的不确定性带来新挑战，"人工智能是影响面广的颠覆性技术，可能带来改变就业结构、冲击法律与社会伦理、侵犯个人隐私、挑战国际关系准则等问题，将对政府管理、经济安全和社会稳定乃至全球治理产生深远影响。"[2] 从这个规划的定位来看，可以说，人工智能关涉未来国家安全和国际安全。

一个民族能否在未来的复杂竞争关系中立于不败之地，人工智能是一项绕不开，而且是必须要突破的领域。唯有掌握人工智能发展中的核心技术，领跑世界，才能赢得未来。一些国家在军事领域已经或正在制定雄心勃勃的计划，生产出极其危险的机器人，对相对落后的

---

[1] 《国务院关于印发新一代人工智能发展规划的通知》（国发〔2017〕35 号），中华人民共和国中央人民政府网，http://www. gov. cn/zhengce/content/2017－07/20/content_5211996. htm。

[2] 《国务院关于印发新一代人工智能发展规划的通知》（国发〔2017〕35 号），中华人民共和国中央人民政府网，http://www. gov. cn/zhengce/content/2017－07/20/content_5211996. htm。

国家而言，这种威胁是致命的。从蒸汽机时代、电气化时代等技术进步的历史实践证明，能否跟上时代的列车，关乎一个民族的兴衰。为此，在信息化时代、人工智能时代，中国毫无疑问地要跟上时代的列车，甚至成为时代的弄潮儿，才能为中华民族的未来发展提供广阔空间。中国从维护国家安全的战略高度去把握人工智能，势在必行。近年来，从党中央到地方，从智库到专家学者，从顶级机构到中小学，都开始重视信息化和人工智能的发展，都在为这项国际竞争做好准备。

人工智能使人类的共同问题更加凸显。人类的命运到底何处去？毫无疑问，全球化时代，人类社会面临的风险普遍增加。人与人、人与社会、人与国家、国家与国家之间的共生风险在不断增加。"全球正在进入具有高度不确定性的'风险社会'时代，风险成为现代社会的重要特征，并正在改变现代社会的运行逻辑与规则，人类社会的价值理念、行为方式正在被系统化地重构，全球治理演变为'全球风险社会'治理。当前，全球风险治理的碎片化、低效率现象严重，现有公共管理、国际治理方式还不能适应风险社会治理的要求。现代社会是一个具有内生复杂性、测不准性、脆弱性等特征的复杂系统，复杂性是全球风险社会形成的根本机理，全球风险社会治理离不开复杂性范式与中国参与。"① 而且，随着人类的不确定性更加凸显，人类面临共同的生存问题和发展问题也必将更加突出，人类如何避免不

---

① 范如国：《"全球风险社会"治理：复杂性范式与中国参与》，《中国社会科学》2017年第2期。

被机器化，甚或被机器人所取代，是人类未来共同面临的重大课题。在人工智能化时代，全球治理逐渐走向风险治理，如何继续维护世界和平、促进邓小平当年提出的南北问题、南南问题的解决在一定程度上说，都需要重新反思和审视。况且，"人类也正处在一个挑战层出不穷、风险日益增多的时代。世界经济增长乏力，金融危机阴云不散，发展鸿沟日益突出，兵戎相见时有发生，冷战思维和强权政治阴魂不散，恐怖主义、难民危机、重大传染性疾病、气候变化等非传统安全威胁持续蔓延。"① 为此，中国要走向社会主义现代化强国，毫无疑问要参与到这种伟大的信息化革命中去，参与到新的历史伟大斗争中去，为中华民族、为人类社会的发展贡献新的力量。

总之，社会主义核心价值体系话语权在国际方面遇到的挑战总是受到中国国际话语权的制约，社会主义核心价值体系内含在中国的国际交往之中，中国的国际话语权受到制约，那么也必将影响社会主义核心价值体系话语权的建构。改革开放 40 年来，中国综合国力的提升，有利于社会主义核心价值体系的国际化传播，让世界更多地了解中国价值，了解中国价值引领其决策的过程，进而营造一个比较好的国际环境。

---

① 《习近平谈治国理政》第二卷，外文出版社 2017 年版，第 538 页。

第 六 章

新时代社会主义核心价值
体系话语权运行机制

　　任何一种价值体系唯有掌握一定的话语权才能在多元价值共生中立于不败之地，才能在当今世界的价值纷乱中掌握主导权。西方价值体系之所以在世界范围内仍然具有强大的价值评价力，关键在于掌握了话语权。而近代以来，中国价值逐渐被西方统摄，甚至被吞噬，究其缘由，除了落后的中国挨打、被殖民入侵之外，还包含中国价值失去了话语权。因此，党的十九大召开，提出了中国特色社会主义进入了新时代，意味着社会主义核心价值体系也要紧跟时代步伐，不断掌握话语权才能更加有利于引领人们的精神发展，为构筑中国精神、中国价值、中国力量作出贡献。

一、社会主义核心价值体系话语权建设基本要素

运行机制是社会主义核心价值体系话语权形成的核心要素，社会主义核心价值体系话语权的形成和发展不是自然而然的过程，它的形成主要有三个环节：一是社会主义核心价值体系的理论魅力，理论的针对性和亲和力；二是社会主义核心价值体系得到主体认可的程度；三是社会主义核心价值体系得到主体接受、认可的机制。进言之，不是有了社会主义核心价值体系及其话语体系，就能够形成话语权。社会主义核心价值体系话语权的形成必须要经过一个环节，就是形成社会主义核心价值体系与民众的相互性机制。

（一）夯实社会主义核心价值体系的理论根基

新时代谈社会主义核心价值体系建设不应该囿于社会主义核心价值体系本身，而应该放到社会主义核心价值体系是社会主义意识形态的本质体现层面上去把握，放到党治国理政的高度上去把握。过去一段时间，研究社会主义核心价值体系往往局限于社会主义核心价值体

系本身来研究，而忽视了其背后的理论支撑和理论的力量，忽视了执政党的力量等。

党的十九大报告把"打铁还需自身硬"改为"打铁必须自身硬"，强调共产党人"自身必须始终过硬"。如果从社会主义核心价值体系角度看，社会主义核心价值体系要获得话语权、掌握话语权关键在于自身"硬"，至少体现在以下几个方面。

1. 共产党"自身必须始终过硬"

为什么说社会主义核心价值体系能否掌握话语权关键在于执政党"自身必须始终过硬"？社会主义核心价值体系是中国共产党提出，并体现出中国共产党主体性意志的价值体系，体现出中国共产党不忘初心、牢记使命的价值导向，是全社会的核心价值体系。这就是说，社会主义核心价值体系如何建设，取决于执政党自身如何建设。习近平指出："我们党要始终成为时代先锋、民族脊梁，始终成为马克思主义执政党，自身必须始终过硬。"① 共产党作为执政党，必须要自身过硬，这种过硬主要体现在以下几个方面：

首先，共产党人素质过硬。中国共产党是中国工人阶级的先锋队，是中国人民和中华民族的先锋队，是中国特色社会主义事业的领导核心。这一论断就决定了中国共产党人必须要有过硬的素质。这种素质主要是政治坚定、信仰坚定。革命时期，每一个共产党人都是很好的意识形态的宣传者和价值观的传播者，为此，毛泽东曾经就长征

---

① 习近平：《决胜全面建成小康社会　夺取新时代中国特色社会主义伟大胜利——在中国共产党第十九次全国代表大会上的报告》，人民出版社 2017 年版，第 16 页。

时期有过一个评价，"长征是宣言书，长征是宣传队，长征是播种机"，每一个共产党人都是意识形态的宣传者、传播者。每个人自身立场过硬、政治坚定、信仰坚定等，才能造就人人都是党的宣传者。当代中国，如果每位共产党员都能成为社会主义核心价值体系的传播者和宣传者，其影响力可见一斑；如果每位共产党员都善于传播社会主义核心价值体系，那么话语权建设就容易得多。相反，如果共产党人都不认同、不传播、不宣传社会主义核心价值体系，甚至走向社会主义核心价值体系规范性的对立面，那不但不能给社会主义核心价值体系话语权建设添砖加瓦，还会起到反作用。面对 9000 多万党员，如何盘活存量，提升素质，尤其是政治素质，对推进社会主义核心价值体系话语权建设必将起到极为重要的作用。

其次，共产党组织力、领导力过硬。社会主义核心价值体系是当代中国共产党人的价值标尺，体现共产党人精气神的价值尺度。共产党是一个独特的组织，也是一个极为有组织力、领导力和战斗力的组织。实践证明，共产党在长期的革命战争中形成了铁的纪律、过硬的组织纪律和强大的组织能力。正是因为有铁的纪律，造就了一支强大的队伍，彰显了强大的组织力和领导力。毛泽东指出："谁使长征胜利的呢？是共产党。没有共产党，这样的长征是不可能设想的。中国共产党，它的领导机关，它的干部，它的党员，是不怕任何艰难困苦的。谁怀疑我们领导革命战争的能力，谁就会陷进机会主义的泥坑里去。"① 这里凸显了共产党过硬的组织力、领导力。历史证明，共产

---

① 《毛泽东选集》第一卷，人民出版社 1991 年版，第 150 页。

党的组织力和领导力都是很强的，尤其是改革开放40多年来中国所取得的伟大成就，更是证明了这一点。但是，我们也必须看到，在市场经济时代，多元价值观念的渗透和物质利益诱惑不断吞噬一些人的心灵，党内出现了不少问题，甚至出现"塌方式腐败"，影响极为恶劣。因此，必须要有强大的组织力和领导力，全面从严治党才能纯洁党的队伍、提高党的战斗力，才能赢得党心民心，才能形成一种良好的精神状态，才能有利于人民群众认同和接受社会主义核心价值体系。

再次，共产党执政能力过硬。执政能力关乎国家福祉和民族振兴。党的执政不是一劳永逸的，也不是一朝一夕的。"新形势下，党面临的执政考验、改革开放考验、市场经济考验、外部环境考验是长期的、复杂的、严峻的。精神懈怠危险、能力不足危险、脱离群众危险、消极腐败危险更加尖锐地摆在全党面前。不断提高党的领导水平和执政水平、提高拒腐防变和抵御风险能力，是党巩固执政地位、实现执政使命必须解决好的重大课题。"[1] 党的十八大提出"四个考验"和"四个危险"，其中就提出了"能力不足危险"，警醒全党务必要提高执政能力和执政水平。面对改革开放的考验、市场经济的考验、外部环境的考验，必须要提高党的执政能力，推动国家治理体系和治理能力的现代化，不断适应国际国内的各种复杂挑战。共产党只有执政能力过硬才能在国际国内方面力挽狂澜，争取主动性和主导性，才能在新的历史伟大斗争中赢得人民的认同和支持。共产党执政能力过

---

[1] 《胡锦涛文选》第三卷，人民出版社2016年版，第653页。

硬是政党自信的核心和基础，也是社会主义核心价值体系掌握话语权的基础。共产党执政能力过硬，就能长期执政、永葆执政地位，社会主义核心价值体系才能持久，才能为其掌握话语权提供可能；共产党执政能力过硬，才能充满政党自信，增强吸引力、凝聚力和认同度，社会主义核心价值体系的认可才有坚实的群众基础。

以上这几个要素是"自身必须始终过硬"的基本条件，也是社会主义核心价值体系得到人民群众认可的重要基础。

2. 社会主义核心价值体系的理论支撑够硬

社会主义核心价值体系不是漂浮在社会各种活动之中，而需要扎根于深厚的理论土壤，才能茁壮成长。从提出社会主义核心价值体系到建成社会主义核心价值体系不是一蹴而就的事情，而是一场长期的攻坚战，是一项意识形态领域的重大工程。

2006年中央首次提出社会主义核心价值体系这一概念，时至今日，我们仍然说社会主义核心价值体系建设任务还没有完成，还在进行之中，还面临一系列新的问题和新的挑战，提炼社会主义核心价值观的任务还未完成，离建构令人向往的价值观还有很长的一段路要走。这就需要深厚的理论支撑，唯有过硬的理论支撑，才能孕育出具有理论性、说服力、引领力的价值体系。

然而，什么样的理论可以成为社会主义核心价值体系的理论支撑？一般而言，主要包括以下三个方面：一是马克思主义的理论支撑；二是中国化马克思主义的理论支撑；三是中华优秀传统文化的理论支撑。三者缺一不可，共同夯实社会主义核心价值体系的理论根基。

第一，马克思主义的理论支撑。唯有马克思主义保持强大的理论力量才能给社会主义核心价值体系提供有力支撑。一般而言，我们习惯把社会主义核心价值体系建立在马克思主义价值论的基础之上，认为马克思主义价值论是社会主义核心价值体系的根基。这一判断具有可行性。社会主义核心价值体系立足于马克思主义理论，必须要发挥马克思主义的批判力、解释力、穿透力，展现马克思主义的思想深度、高度和宽度。批判性是马克思主义的基本属性，"新思潮的优点又恰恰在于我们不想教条地预期未来，而只是想通过批判旧世界发现新世界。"① 社会主义核心价值体系要引领社会思潮，增强话语权必须要有批判性。解释力是展现马克思主义理论魅力的重要体现，社会主义核心价值体系的首要内容就是坚持马克思主义的指导思想，如果能够很好地发挥马克思主义批判和指导现实实践的作用，凸显马克思主义在当代世界的解释力和理论影响力，必将对社会主义核心价值体系话语权建设提供很好的支撑。

第二，中国化马克思主义的理论支撑。1938 年毛泽东在《论新阶段》中提出"使马克思主义在中国具体化"，从而使马克思主义中国化逐渐走向理论化的思考。毛泽东指出："马克思主义的中国化，使之在其每一表现中带着中国的特性，即是说，按照中国的特点去应用它，成为全党亟待了解并亟须解决的问题。"② 马克思主义中国化既是一个实践的过程，也是一个理论发展的过程，同时也是理论与实践相结合的过程。马克思主义中国化"按照中国的实际

① 《马克思恩格斯全集》第 47 卷，人民出版社 2004 年版，第 64 页。
② 《中共中央文件选集》第 11 册，中共中央党校出版社 1991 年版，第 658—659 页。

运用马克思主义和把中国革命、建设和改革的经验提升为马克思主义理论"①。这里包含两个层面：一是马克思主义理论的中国实践层面，内容始终是在实践中生成、积淀和发展的。马克思主义是中国革命、建设和改革的行动指南，中国特色社会主义实践必须充分运用马克思主义理论。正因为如此，没有马克思主义就没有中国共产党，就没有中国的革命胜利，也就不会有 40 多年改革开放的伟大实践。二是中国实践经验的理论提升。在马克思主义的指引下，中国共产党带领中国人民经历了中国革命、建设和改革的长期曲折的发展过程，其间既有宝贵的经验，又有深刻的教训。总结经验是我们党的优良传统，也是我们党理论发展的一大法宝。马克思主义与中国实践相结合才能推动马克思主义理论创新，形成中国化的马克思主义理论成果。中国化的马克思主义理论聚焦时代问题，回应时代挑战，解决实际问题，在总结实践经验的基础之上进行理论提升，形成中国化的马克思主义理论。从毛泽东思想到习近平新时代中国特色社会主义思想，都是坚持问题导向、针对现实问题、解决现实问题而形成的思想。这些思想的解释力为增强社会主义核心价值体系的话语权提供了理论基础。

第三，中华优秀传统文化的理论支撑。中华优秀传统文化是社会主义核心价值体系的深厚土壤，是推动社会主义核心价值体系茁壮成长的历史底蕴和理论支撑。社会主义核心价值体系自信除了以上两点的强硬支撑之外，还与中华优秀传统文化的深厚根基紧密联系在一起。

----

① 梅荣政：《马克思主义中国化的三个基本问题》，《毛泽东邓小平理论研究》2008年第 5 期。

中华民族的厚重历史是社会主义核心价值体系建设的基石。习近平指出："站立在九百六十多万平方公里的广袤土地上，吸吮着五千多年中华民族漫长奋斗积累的文化养分，拥有十三亿多中国人民聚合的磅礴之力，我们走中国特色社会主义道路，具有无比广阔的时代舞台，具有无比深厚的历史底蕴，具有无比强大的前进定力。"① 吸吮着五千多年中华民族漫长奋斗积累的文化养分是社会主义核心价值体系自信的支撑。社会主义核心价值体系只有植根于中华优秀传统文化，才能够获得强大的精神力量和智慧支持，社会主义核心价值体系才有过硬的文化底蕴。

简言之，社会主义核心价值体系唯有建立在马克思主义理论、中国化马克思主义理论和中华优秀传统文化的基础之上，才有过硬的理论支撑。这是全世界其他任何一种价值体系都难以比拟的雄厚资本和过硬的支撑，用好这三者的理论支撑，社会主义核心价值体系建设才能具有更加广阔的发展空间。

3. 社会主义核心价值体系内容够硬

内容决定形式，形式为内容服务。社会主义核心价值体系话语权建设必须要内容够硬，也就是内容要有解释力、说服力和吸引力，要有理论魅力、吸引力和亲和力等。

2006 年中央首次提出社会主义核心价值体系，把内容概括为四个部分：马克思主义指导思想、中国特色社会主义共同理想、以爱国

---

① 习近平：《决胜全面建成小康社会　夺取新时代中国特色社会主义伟大胜利——在中国共产党第十九次全国代表大会上的报告》，人民出版社 2017 年版，第 70 页。

主义为核心的民族精神和以改革创新为核心的时代精神、社会主义荣辱观。这是中央第一次概括社会主义核心价值体系的内容，为宣传提供指引。在这个基础之上，2012 年，党的十八大报告进一步提炼了社会主义核心价值观，并概括为"三个倡导"：倡导富强、民主、文明、和谐，倡导自由、平等、公正、法治，倡导爱国、敬业、诚信、友善。作为社会主义核心价值观的主要内容，为社会主义核心价值观的培育和践行提供参考性方案。2013 年 12 月，中共中央办公厅印发了《关于培育和践行社会主义核心价值观的意见》，进一步把"富强、民主、文明、和谐是国家层面的价值目标，自由、平等、公正、法治是社会层面的价值取向，爱国、敬业、诚信、友善是公民个人层面的价值准则，这 24 个字是社会主义核心价值观的基本内容，为培育和践行社会主义核心价值观提供了基本遵循。"① 从"倡导"到"基本遵循"，表明社会主义核心价值观的内容初步定型，并作为社会实践的基本遵循。由此，从社会主义核心价值体系的基本内容到提炼社会主义核心价值观的基本内容，形成了两套话语体系和话语内容。社会主义核心价值体系和社会主义核心价值观之间的关系如何处理，该文件进一步做了说明，"社会主义核心价值观是社会主义核心价值体系的内核，体现社会主义核心价值体系的根本性质和基本特征，反映社会主义核心价值体系的丰富内涵和实践要求，是社会主义核心价值体系的高度凝练和集中表达。"② 从概括角度看，社会主义

---

① 《关于培育和践行社会主义核心价值观的意见》，《人民日报》2013 年 12 月 24 日。
② 《关于培育和践行社会主义核心价值观的意见》，《人民日报》2013 年 12 月 24 日。

核心价值观是社会主义核心价值体系的内核，是高度凝练和集中表达，比较好理解。但是，是否也可以理解为社会主义核心价值观的内容是社会主义核心价值体系内容的内核，是高度凝练和集中表达？社会主义核心价值体系的四部分内容和社会主义核心价值观的三部分内容之间如何处理关系，是一个亟待破解的难题。

毫无疑问，根据这一遵循，社会主义核心价值观的内容是社会主义核心价值体系内容的内核，前者是对后者的高度凝练和集中表达。但由此又带来了一个问题，就是如何从社会主义核心价值体系的内容中提炼出社会主义核心价值观的内容，讲清楚内容自身的逻辑推理、理论的自洽性，这是掌握话语权的基础。

因此，归结起来，社会主义核心价值体系内容要够硬，必须要解决理论的自洽性、逻辑的严密性问题，理论要有足够的阐释力、吸引力和亲和力。

（二）社会主义核心价值体系得到社会主体认可的程度

社会主义核心价值体系话语权建设既要理论支撑够硬，内容本身够硬，还要获得社会主体的认可，这是一个十分关键的问题。

这就是说，社会主义核心价值体系话语权建设，不仅要研究社会主义核心价值体系的内容，还要了解和研究接受对象。从传播学角度看，接受对象是否接受，或者说在何种程度上接受，直接影响到社会主义核心价值体系话语权建设。为此，研究社会主义核心价值体系的接受对象，换位思考，了解对象本身非常重要，至少要重点把握以下两个方面的问题：一是党员领导干部对社会主义核心价值体系的理解和认同；二是大中小学生对社会主义核心价值体系的理解和认同。不同群体对社会主义核心价值体系的理解和认同，从总体看不尽相同。

1. 党员领导干部对社会主义核心价值体系的理解和认同

社会主义核心价值体系首先要得到党员领导干部的接受和认同。党员领导干部是社会主义核心价值体系培育和践行的表率，他们对社会主义核心价值体系的态度直接影响人民群众对社会主义核心价值体系的看法。这一点非常关键。大量资料显示，领导干部出问题，首先是理想信念出了问题，在价值观念上出了问题，这是滋生腐败的总开关。习近平指出："我们党作为执政党，面临的最大威胁就是腐败。党的十八大以来，我们党坚持'老虎'、'苍蝇'一起打，使不敢腐的震慑作用得到发挥，不能腐、不想腐的效应初步显现，反腐败斗争压倒性态势正在形成。反腐倡廉、拒腐防变必须警钟长鸣。"[1]

近年来，从许多腐败官员的忏悔记录中可以发现一个共同的特点，即失去理想信念是导致腐败的重要原因。习近平指出："理想信念动摇是最危险的动摇，理想信念滑坡是最危险的滑坡。一个政党的衰落，往往从理想信念的丧失或缺失开始。我们党是否坚强有力，既要看全党在理想信念上是否坚定不移，更要看每一位党员在理想信念上是否坚定不移。"[2] 党员领导干部的理想信念关乎党的兴衰，关乎一个政党价值体系的树立，关乎政党的精气神。面对 9000 多万党员

---

[1] 《习近平谈治国理政》第二卷，外文出版社 2017 年版，第 44 页。

[2] 《习近平谈治国理政》第二卷，外文出版社 2017 年版，第 34—35 页。

和大量的领导干部，如何使他们坚定理想信念，这是新时代党建的重大课题，也是价值观建设的重大课题。而社会主义核心价值体系是巩固党员干部理想信念的根本，固本培元的根基。加强党员以及领导干部的社会主义核心价值体系教育，增强内在性的理想信念培育。

因此，社会主义核心价值体系话语权建设，最首要的是抓好党员，抓好领导干部，特别是一些高级领导干部。他们对社会影响大，只要他们坚定理想信念，就可以为社会主义核心价值体系增加正能量。

2. 大中小学生对社会主义核心价值体系的理解和认同

青年是国家未来，关乎中华民族发展的方向。党的十九大报告指出："青年兴则国家兴，青年强则国家强。青年一代有理想、有本领、有担当，国家就有前途，民族就有希望。"① 青年的价值观决定了中国社会未来的价值观，学校是青年人价值观成长的重要舞台，也是人生成长的重要阶段，大中小学生如何形成一种有利于祖国、有利于人民、有利于民族未来的价值观，则关乎青年的未来成长。

目前，我国高等学校之多，学生人数之多都超过了以往任何一个时期，人才培养的使命担当更加突出地摆在我们面前。截至 2017 年5 月 31 日，全国高等学校共计 2914 所，其中普通高等学校 2631 所（含独立学院 265 所），成人高等学校 283 所②；拥有上亿的学生，其

---

① 习近平：《决胜全面建成小康社会　夺取新时代中国特色社会主义伟大胜利——在中国共产党第十九次全国代表大会上的报告》，人民出版社 2017 年版，第 70 页。

② 《全国高等学校名单》，中华人民共和国教育部网站，见 http：//www. moe. gov. cn/srcsite/A03/moe_ 634/201706/t20170614_ 306900. html。

中研究生 1981051 人，普通本专科生 26958433 人，成人本专科 5843883 人，中等教育 83274403 人①；等等。详见下表。

各级各类学历教育学生情况

内容	国民教育各阶段	毕业生数（单位：人）	招生数（单位：人）	在校生数（单位：人）
高等教育	研究生	563938	667064	1981051
	普通本专科	7041800	7486110	26958433
	成人本专科	2444650	2112290	5843883
中等教育	高中阶段教育	13306142	13962617	39700588
	初中阶段教育	14550183	14871663	43573815
初等教育		15932974	17524659	99962809
特殊教育		59164	91521	491740

从上表可以看出，我国日前有 3000 多万高等教育学生，8000 多万中等教育学生，9000 多万初等教育学生等，共计 2 亿多在校学生。他们对社会主义核心价值体系持什么样的态度和看法，在全国是有极为广泛而深远的影响力的。

党的十八大以来，以习近平同志为核心的党中央高度重视青年人的价值观培养。习近平先后在北京大学、北京师范大学、北京市八一学校等学校的讲话中都讲到青年人价值观培养问题。中共中央办公厅《关于培育和践行社会主义核心价值观的意见》中指出："培育和践行社会主义核心价值观要从小抓起、从学校抓起。"要"拓展青少年

---

① 《各级各类学历教育学生情况》，中华人民共和国教育部网站，见 http：//www. moe. gov. cn/s78/A03/moe_ 560/jytjsj_ 2016/2016_ qg/201708/t20170823_ 311668. html。

培育和践行社会主义核心价值观的有效途径。"党和国家从各个层面都非常重视青少年社会主义核心价值体系的培养问题，尤其是社会主义核心价值观的培育和践行问题。

为此，从国家战略角度看，要重视大中小学生的价值观教育，这是掌握青少年、培养青少年的根本大计。社会主义核心价值体系唯有得到大中小学生的接受和认同，才能形成鲜活的力量。毫无疑问，在信息化、网络化时代，多元社会思潮以及各种价值观念都在争夺青少年群体的接受和认同。社会主义核心价值体系在当前的网络思潮较量中不能缺场。不过，客观地说，在网络世界，社会主义核心价值体系的网络话语权亟待加强，掌握青少年的力度也亟待加强。社会主义核心价值体系在网络世界中处在不利形势，在某些领域存在马克思主义被边缘化的现象，社会主义核心价值体系被虚化、弱化的现象。为此，社会主义核心价值体系要掌握青少年，必须要研究青少年，研究学生，最直接来说，就是要研究学生的接受特点。

从实践角度看，要把握大中小学生的接受层次及其特点：

从中小学生的接受特点来看，中小学生由于年龄阶段低，是人生的"拔节孕穗期"，对感性方面的知识比较容易接受，因此感受性是显著的接受特点之一。何为感受性？澳大利亚哲学家弗兰克·杰克逊（Frank Jackson）认为："感受性质是物理主义描述所遗漏的东西。"①感受性是主体对外部现象的体验和感觉的一种关系。感受性包括"（1）对'外部'世界的经验，比如景象、声音、气味、光滑与粗糙

---

① 高新民、储昭华：《心灵哲学》，商务印书馆 2002 年版，第 86 页。

的感觉、冷热的感觉，以及肢体位置的感觉。（2）对纯'内在'世界的经验，如幻想的形象、白日做梦与自言自语时的内部景象及声音、回忆、聪明的主意、突然的直感。（3）对情绪（Emotion）与感受（Affect）的经验（感受是心理学家喜欢的一个怪词），包括：身体方面的疼、痛、痒、饥饿'感'；介于身体与心理之间的情绪风暴，比如怒、喜、恨、窘、欲、惊；身体成分最弱的感受，比如骄傲、焦虑、悔恨、嘲讽、悲伤、敬畏和冷静。"① 这种区分表征人的感受性至少可以归结为三个层次：外部世界经验的感受性，内部世界经验的感受性和情感、情绪的感受性。中小学生习惯用图像化理解外部世界，感受性是其接收外部信息的一种重要途径。社会主义核心价值体系掌握学生，需要了解学生的感受性接受特点，这就需要考虑社会主义核心价值体系的图像化、图示化显示，增强中小学生对社会主义核心价值体系的可接受性。

从大学生的角度看，对问题的追问以及搞清楚问题背后的故事、理论和逻辑，是其主要的接受特点之一。大学生跟中小学生的不同在于，大学生更强调价值的自我思辨，对事物的接受从感性理解转向理性化的思考，因此对问题的追问，对问题背后隐藏的故事、理论和逻辑越发显得感兴趣。因而，大学生的价值观培育就是要从知识性的是什么转向为什么、怎么办的层次，从而搞懂知识背后的故事、理论和逻辑。他们通过实践、体验或理论观察，能够比较理性地把握外部世

---

① ［美］丹尼特：《意识的解释》，苏德超等译，北京理工大学出版社 2008 年版，第 50—51 页。

界，从现实生活中找到答案。"人们——不是抽象概念，而是作为现实的、活生生的、特殊的个人——就是这种存在物。这些个人是怎样的，这种社会联系本身就是怎样的。"① 大学生的个体主体性不断增强，在生活中发现问题，思考问题，能够比较深入地理解一个社会的价值体系。

从这个意义上说，大学阶段推动社会主义核心价值体系的传播，需要从更高层面上把握大学生的接受特点，从重点阐释社会主义核心价值体系是什么，逐渐转向为什么的理论阐释，转向阐释社会主义核心价值体系为什么这样提炼和概括，以及背后的历史故事、理论逻辑等，从而深化大学生对社会主义核心价值体系的深度理解。因此，社会主义核心价值体系的培育和宣传必须要了解对象，增强针对性，做到有的放矢。

（三）社会主义核心价值体系得到主体接受、认可的机制

如前所述，社会主义核心价值体系既要内容过硬，又要把握对象，增强针对性，在这个基础之上，还要增强亲和力。唯有亲和力，人民群众才能更好地接受社会主义核心价值体系。

如何实现亲和力？笔者认为，那就是要重视主体、内容和对象之间的关联机制、运行机制。唯有打通主体、内容和对象之间的沟通机制，才能使社会主义核心价值体系发挥力道，形成话语权。因

---

① 《马克思恩格斯全集》第 42 卷，人民出版社 1979 年版，第 25 页。

此，推动机制创新，就成为社会主义核心价值体系话语权建设的重要环节。

何谓机制，从《辞海》解释看，机制是"原指机器的构造和动作原理，生物学和医学通过类比借用此词。生物学和医学在研究一种生物的功能（例如光合作用或肌肉收缩）时常说分析它的机制，这就是说要了解它的内在工作方式，包括有关生物结构组成部分的相互关系，以及其间发生的各种变化的物理、化学性质和相互联系。阐明一种生物功能的机制，意味着对它的认识从现象的描述进到本质的说明。"[①]《新华词典》把机制解释为："①机器的构造和工作原理；②借指有机体各部分的构造、功能、特性及其相互联系和相互作用等；③指用机器加工制造"[②] 等含义。根据以上解释，我们可以把机制理解为以下几种含义：一是机制是机器构造和工作的原理，后来逐渐运用到生物学、物理学、化学等自然科学和人文社会科学领域；二是机制是指称事物结构之间的相互关系。机制的形成源于事物之间的关系网络；三是机制是一种内在性关系，是能体现事物现象变化发展的内在根据、相互作用的依据，是制约事物变化发展的内在机理；四是机制亦可理解为事物各部分的构造、功能、特性及其相互关系等。这些阐释对社会主义核心价值体系的话语权机制建设具有重要启示。

一般而言，社会主义核心价值体系话语权包括国际方面的话语权

---

① 《辞海》（中），上海辞书出版社 1979 年版，第 1250 页。

② 《新华词典》，商务出版社 2001 年版，第 445—446 页。

和国内方面的话语权，其运行机制也包括外在性运行机制和内在性运行机制，打通外在性机制和内在性机制，形成有利于社会主义核心价值体系话语权建设的生态。为此，为适应新时代，社会主义核心价值体系话语权建设要推动机制创新，在创新机制中不断让社会主义核心价值体系赢得认同，形成具有中国特色的话语权。机制建设主要体现在以下几个层次：一是有利于对象接受、认同社会主义核心价值体系的运行机制；二是有利于主体和对象（即主体之间）形成情感共鸣、价值共识的相互性机制；三是有利于形成引领多元社会思潮的引领机制；四是有利于形成中国国际影响力的对话机制；五是有利于形成遏制各种反动势力价值观渗透的抵御机制，弘扬讲公道、讲正义的运行机制，从人类命运共同体的高度来推动中国话语的世界性认同等。从以上几个原则出发，构建社会主义核心价值体系的话语权建设机制，才能真正形成具有中国特色的话语权。

二、社会主义核心价值体系话语权建设的内在性机制

社会主义核心价值体系话语权建设的内在性机制指称社会主义核心价值体系在掌握人民群众中的话语运行机制，通过内在性机制确保社会主义核心价值体系掌握话语权。

社会主义核心价值体系是社会主义意识形态的本质体现，决定了它首先是面对国内群众的。社会主义核心价值体系从提出至今，其主

体对象主要是国内的人民群众。其主要任务是通过社会主义核心价值体系增强社会主义意识形态的凝聚力和吸引力，进而增强马克思主义在意识形态领域的主导权、话语权。

主要包括以下几个方面。

（一）社会主义核心价值体系的施行式话语机制

根据英国哲学家奥斯汀（J. L. Austin）在《如何以言行事》中的划分，话语可以分为施行式（Performative）和记述式（Constative）。施行式话语主要是表达"有些话不是用来记述事情的，而是直接用来做事的"①，从这个意义上说，它主要是以言行事。话语说出来是想实现某种意图，施行式话语，即以言行事，其特点在于规范和规训，往往通过判断句、祈使句，甚至是命令句等来表达。

施行式话语机制，主要是语言用来做事的机制，即以言行事机制。根据奥斯汀的阐释，施行式话语具有恰当与不恰当之分，往往通过"答应、命令、禁止等词语的第一人称、单数、现在时、直陈式和主动语态"②等，包括判定式、执行式、承诺式、表态式、阐述式等表达方式。

社会主义核心价值体系的施行式话语机制，主要是指社会主义核心价值体系以言行事的机制，表现在社会主义核心价值体系的施行式

① 转引自陈嘉映：《语言哲学》，北京大学出版社 2006 年版，第 214 页。
② 转引自陈嘉映：《语言哲学》，北京大学出版社 2006 年版，第 215 页。

话语是如何明确地表达国家的主流价值，如何通过判定式、执行式、承诺式、表态式、阐述式等方式以达到以言行事的目的。因此，社会主义核心价值体系以言行事说到底就是通过社会主义核心价值体系话语表达来规范和规训、约束人们的日常行为，起到价值引领作用，从而使社会主义核心价值体系成为凝聚人心、汇聚中国力量的价值引领。

为此，要形成有利于社会主义核心价值体系表态式、阐述式的话语机制。具体来说，对于社会主义核心价值体系在传播的过程中要旗帜鲜明地阐释什么，给社会行为提供什么样的行为规范、价值标准等，要有明确的表态，体现社会主义核心价值体系的价值立场。比如坚持以马克思主义为指导思想，这一点就是明确、直接地表达社会主义核心价值体系坚持什么、反对什么。这是判断社会主义核心价值体系与过去一切社会的核心价值体系的根本区别，也是社会主义和过去一切社会在价值领域的分水岭。习近平指出："马克思主义就是我们党和人民事业不断发展的参天大树之根本，就是我们党和人民不断奋进的万里长河之泉源。背离或放弃马克思主义，我们党就会失去灵魂、迷失方向。在坚持以马克思主义为指导这一根本问题上，我们必须坚定不移，任何时候任何情况下都不能动摇。"[1] 以表态式、阐述式话语毫无疑问地阐明中国共产党人始终坚持马克思主义为指导思想，并隐含着同一切反对马克思主义的行为进行斗争。党的十九大把社会主义核心价值体系纳入习近平新时代中国特色社会主义思想范畴

---

[1]　《习近平谈治国理政》第二卷，外文出版社 2017 年版，第 66 页。

中去，就明确表达了坚持马克思主义指导思想的意蕴，也就是要与一切反对马克思主义的势力进行斗争。

要形成有利于社会主义核心价值体系判定式、禁止式的话语机制。社会主义核心价值体系要在社会各个领域起到规范人们行为的作用，必须要有一套规范标准。坚持以什么为荣、以什么为耻，为人们的日常生活提供价值规范，是具有判定式、禁止式的话语方式。新时代要有新时代的精神状态和精神风貌，必须要坚持社会主义荣辱观。坚持以什么为荣、以什么为耻等都要旗帜鲜明。以判定式、禁止式表述社会主义荣辱观，可以起到约束和规范人们日常行为的作用。

（二）社会主义核心价值体系的记述式话语机制

话语具有记述的作用和陈述事实的功能，也就是说，话语具有描述和刻画事实的功能。"语言是从信号交流发展起来的，在这种基本意义上，记述式的确依托于施行式。但用语言行事不同于用信号行事，语言的特别结构造成了一种新的可能性，那就是可以单纯地用来记述……纯粹记述事实的求真本身成为一种独立的活动，真假成为独立的判断标准。"① 话语纯粹记述事实，主要是话语以客观的态度描述社会发展过程中的人类实践活动，作为人类活动的一种符号记忆。这是一种相对独立的活动。所谓相对独立活动，主要是话语总是主体的话语。话语是主体思想的表达，体现主体在特定场合下表达的主体

① 陈嘉映：《语言哲学》，北京大学出版社 2006 年版，第 215 页。

意志和思想，这也是为什么奥斯汀主张把记述式话语与施行式话语结合起来，因为在一些场合下还很难作出严格的区分。

从这个意义上说，社会主义核心价值体系的话语体系同样具有施行式和记述式两种表达方式。施行式话语主要是为做事，以言行事。记述式话语则客观地记录社会的实践活动及其所反映的价值观念。

从广义上说，社会主义核心价值体系是社会主义的而不是什么其他主义的价值体系。"尽管我们所处的时代同马克思所处的时代相比发生了巨大而深刻的变化，但从世界社会主义 500 年的大视野来看，我们依然处在马克思主义所指明的历史时代。这是我们对马克思主义保持坚定信心、对社会主义保持必胜信念的科学根据。"[1] 社会主义核心价值体系毫无疑问地要反映社会主义 500 年发展的历程，反映 500 年来共产党人孜孜以求的价值目标。从这个意义上说，社会主义核心价值体系的话语具有描述和刻画社会主义 500 年发展的历程，从而以记述式的话语表达社会主义价值观念的形成和国际共产主义价值观念的积淀。从狭义上说，社会主义核心价值体系主要是反映中国共产党人在长期的革命、建设、改革过程中逐渐形成的价值体系，尤其是改革开放 40 年来中国特色社会主义发展的核心价值；反映近代以来中华民族为争取民族解放、国家独立、国家富强的价值追求。从这个意义上说，社会主义核心价值体系的话语同样要描述和刻画近代以来中华民族进行的伟大斗争，尤其是中国共产党领导的伟大斗争中形成的价值观念，刻画中国共产党人的价值观念。

---

[1] 《习近平谈治国理政》第二卷，外文出版社 2017 年版，第 66 页。

为此，社会主义核心价值体系的记述式话语机制，是社会主义核心价值体系的话语陈述世界社会主义发展及其价值追求的机制，是陈述中国共产党人领导中国人民奋斗及其价值追求的机制。通过话语描述和刻画，展现出社会主义的价值力量，凸显社会主义意识形态的本质体现。进言之，通过记述式话语，使社会主义 500 年的价值追求得到全面的展现，近代以来中华民族奋斗的价值追求得到全面展现，中国共产党人领导中国人民革命、建设、改革的价值追求的全面展现，新时代中国特色社会主义伟大实践的价值观念得到集中体现和反映。"社会主义是干出来的"，在新时代中国特色社会主义伟大实践中描述和刻画人民的价值观念，体现最大公约数，随着实践的不断丰富和发展，社会主义核心价值体系也随之不断丰富和发展，社会主义核心价值观的提炼也必将进一步得到丰富和发展，记述式话语则能在这一方面发挥重要作用。

（三）社会主义核心价值体系的话语相互性机制

话语的相互性指称话语与权力的相互性、话语与主体之间的相互性、话语与话语的相互性等。社会主义核心价值体系的话语相互性归根到底在于形成有利于主体和对象（即主体之间）产生情感共鸣、价值共识的相互性机制，为此，要把握以下几个方面：

首先，建构社会主义核心价值体系话语和权力的相互性。从福柯的话语权力思想可以看出，话语与权力的相互性是构成话语权的重要机制，通过话语与权力的内在性勾连，形成话语权。社会主义核心价值体系话语建设，必须要建构话语与权力的相互性，从而在社会主义核心价值体系话语传播的过程中形成特定的话语权，又通过一定的话语权增强人民群众对社会主义核心价值体系的接受和认同。这就形成了一种相互性机制：一方面，社会主义核心价值体系通过话语的阐释得到人民群众的认可和接受，形成一定的话语效果，形成话语权；另一方面，社会主义核心价值体系话语权的形成又有利于推动社会主义核心价值体系的传播和人们的广泛认可，进而形成一个相互作用的良性循环。

其次，要建构社会主义核心价值体系话语与主体的相互性。话语的主体（人），体现人的意志和意愿。但是，作为一种话语，不完全依附于主体本身，话语游离于一定的主体，体现相对的独立性。一定的话语具有引导和规范主体行为的作用，可以起到耳濡目染的作用。因而能够形成话语与主体的相互性。进言之，话语与主体的相互性，指称社会主义核心价值体系话语在生产和再生产的过程中体现社会主体的共同意志，形成共识，体现社会的共同价值追求。这种话语塑造的价值又反过来规范和引领人们在现实生活中的行为规范，起到凝聚人心、规范言行、塑造灵魂的作用。两者形成一种良性互动的机制，既有利于提升社会主义核心价值体系话语建设形成话语权，又有利于提升人的道德素养和价值思维能力。

最后，社会主义核心价值体系话语与其他话语的相互性。社会主义核心价值体系话语不是凭空想象出来的，它源于国际共产主义的伟大实践，源于中国社会主义的伟大实践，尤其是改革开放以来中国特色社会主义的伟大实践。当然，还与其他哲学社会科学的话语资源、其他价值体系中的话语资源有着密切的关系。社会主义核心价值体系之所以成为核心，无非体现在两点：一是作为社会主义意识形态的本质体现，从意识形态建设高度提炼一个核心价值体系，作为社会的主导价值；二是社会主义核心价值体系与其他价值体系长期共生发展。从这里可以看出，社会主义核心价值体系的话语建设与其他价值体系的话语共生发展，相互汲取、相互借鉴，形成一种相互性。要推动社会主义核心价值体系的话语体系建设得更好，也需要其他价值体系共生发展，不断推动其他价值体系的发展，才能为社会主义核心价值体系提供滋养。

（四）社会主义核心价值体系的话语引领机制

社会主义核心价值体系的话语引领机制，主要指称社会主义核心价值体系话语引领其他价值体系话语、社会思潮的话语、人们日常生活话语的机制。社会主义核心价值体系的话语权形成，关键在于社会主义核心价值体系的话语体系是否具有引领能力，能够在社会各个方面，尤其是人们日常生活中起到引领作用。

所谓话语引领，至少表征为两个方面：一是直面现实矛盾的话语更具有说服力，这种表达更加公正、更加令人接受、更加公道，能够扣人心弦的话语，能起到温暖人心、团结人心、凝聚人心的作用。二是话语能够代表着新时代的特征，体现思想的时代性、前沿性和先进性。社会主义核心价值体系的话语如何引领其他社会思潮的话语、引领其他价值体系的话语，关键在于以上两点。

　　社会主义核心价值体系话语体现社会矛盾的深刻变革，增强引领力。改革开放 40 年中国社会发生了深刻的变革，社会矛盾也发生了很大的转化。党的十九大报告指出："我国社会主要矛盾已经转化为人民日益增长的美好生活需要和不平衡不充分的发展之间的矛盾。"[①]主要矛盾的转化意味着要引领人们正确看待主要矛盾的新变化，意味着要在价值层面上进一步阐释好人民对社会公平正义的价值追求，意味着要从弘扬正能量的角度来引领人们的价值观念。这就决定了社会主义核心价值体系话语要发挥引领作用。事实上，当一个社会矛盾不断发生变化，各种矛盾凸显的时候，也就是各种社会思潮涌动的时候，也是多元价值观念激烈碰撞的时候。在这种情况下，各种社会思潮发出来的声音都从不同的角度去分析，从不同阶层的角度去思考问题，甚至从境外一些势力的角度去审视中国出现的各种问题。对同样一个案例，立场不同，对问题分析思路和推导出的结论也大相径庭。在这个时候，社会主义核心价值体系的话语如何直面现实主要矛盾，从社会主要矛盾入手，全面反映人民群众的价值诉求，尤其是在公平正义方面凸显出来，起到引领作用？针对人民对民主、法治、公平、正义、安全、环境等方面日益增长的需要，社会主义核心价值体系话语唯有全面反映这些需求，才有说服力和引领力。

　　社会主义核心价值体系话语代表着新时代的特征。一种话语唯有体现这个时代的新要求才能增强引领力。这就需要在实践基础之上不

---

　　① 习近平：《决胜全面建成小康社会　夺取新时代中国特色社会主义伟大胜利——在中国共产党第十九次全国代表大会上的报告》，人民出版社 2017 年版，第 11 页。

断增强社会主义核心价值体系话语的时代性，通过社会主义核心价值体系话语来诠释最新的思想，展现出思想的魅力。因而，形成一种社会主义核心价值体系话语不断自我反思、自我更新、自我创新的机制，时刻使社会主义核心价值体系的诠释与时代共振。

（五）社会主义核心价值体系话语的创新机制

人们的日常生活是鲜活的、丰富多彩的，话语怎么样描述和刻画人们丰富的生活世界，就决定了这种话语的影响力和引领力。"语言是我们的思想以感官可以觉察的方式得以表达的方法。"① 生活的多样性、多变性，需要话语能够及时跟上人们生活的步伐，造就新时代的话语体系。一种话语能否具有吸引力与其创新能力密切相关。创新是推动社会主义核心价值体系话语发展的根本动力，唯有不断创新话语体系，才能增强社会主义核心价值体系的解释力和吸引力。这就需要形成一种有利于推动社会主义核心价值体系话语创新的机制。

1. 立足改革开放 40 年实践经验基础上进行话语创新

改革开放 40 周年，中国社会发生了翻天覆地的变化。社会主义核心价值体系话语创新要立足于改革开放的伟大成就，在总结改革开放经验的基础之上创造性地提出一些新的话语。这 40 年来，

---

① ［奥地利］路德维希·维特根斯坦：《维特根斯坦全集》第 2 卷，涂纪亮等译，河北教育出版社 2003 年版，第 189 页。

中国社会话语体系经历了多样性和复杂性的变化。党的十一届三中全会以来，中央果断结束阶级斗争的局势，实现了从以阶级斗争为纲向以经济建设为中心的话语转变，从根本上改变了社会生活中的话语思维和话语方式。人们在日常生活中不再围绕阶级斗争进行交流，不再担惊受怕地表达自己的看法和观点，不再被阶级斗争的话语场域所笼罩，从而围绕经济社会发展、围绕摆脱贫困追求富裕的话语应运而生。改革开放以来，逐渐从高度集中的计划经济转向以计划和市场都是手段，都可以为社会主义服务，实现从市场经济作为计划经济的补充的转变，实现从市场基础性作用到决定性作用的转变，简言之，从计划经济的话语体系转向了市场经济的话语体系，开辟了话语创新的新路径。社会主义核心价值体系话语建设是在这些话语体系转型中逐渐发展起来的，创新社会主义核心价值体系话语也必须要在这 40 年中国实践经验总结基础上进行反思和提炼，提出一些鲜活的话语。改革再出发，意味着要再次激活社会的改革创新力，必将激活一些新的话语形式，这些都是社会主义核心价值体系话语创新的重要源泉。

2. 立足于新时代的话语创新机制

社会主义核心价值体系话语创新要立足新时代，新时代最显著的特征是信息化、人工智能化。与传统的文明形态不同，信息化时代、人工智能时代，人与人的交往关系、人的自我建构关系、人与社会的互创关系都发生了根本性变革，这种改变，使得传统的话语难以适应新时代的话语需要，不能满足人们的生活、工作需要。"语言必须伸展得像我们的思想一样远。因此，它必定不能只表达实际存在的事实，而且也表达可能的事实。"① 人工智能的出现，使人类未来变得更加具有不可确定性，未来如何发展，人们的生活方式、存在方式都将有许多新的思考，这些都需要话语进行可能性表达。随着时代的发展，新的话语出现，正如恩格斯所言，"已经到了不得不说的时候"，很多新的话语就出来了。有资料显示："2018 年 1 月 19 日，中国首家微信支付无人快闪店落户上海。商店不设售货员，顾客通过手机扫描二维码自动支付，令现场体验的外媒记者大为惊叹。远在 2000 公里外，四川省苍溪县白驿镇岫云村依托互联网打造农产品品牌，开设'扶贫体验餐厅'，用科技助力脱贫攻坚。从'智慧零售'到'未来商店'，从共享经济到人工智能，一系列新技术新模式新业态方兴未艾，成为中国经济活力四射的生动写照。"② 随着人工智能的发展，各种新兴话语不断涌现出来，诸如智慧城市、智慧零售、智慧管理、无人快闪店等，丰富和发展了社会生活中的话语体系。社会主义核心价值体系话语创新要及时跟上这个时代话语变化的步伐，紧跟这个时代的变革，才能创造性地孕育新的话语。因此，社会主义核心价值体系不能停留在原来的话语叙述系统，必须结合智能时代的社会发展变革来推动社会主义核心价值体系话语体系创新。

---

① ［奥地利］路德维希·维特根斯坦：《维特根斯坦全集》第 2 卷，涂纪亮等译，河北教育出版社 2003 年版，第 189 页。

② 《从〈共产党宣言〉到当代中国马克思主义——写在〈共产党宣言〉发表 170 周年之际》，2018 年 2 月 22 日，中国社会科学网，见 http：//www．cssn．cn/zx/201802/t20180223_ 3854390．shtml。

3．立足于国家治理和全球化治理的话语创新

"立治有体，施治有序"。党的十八大以来，以习近平同志为核心的党中央推出一系列治国理政的重大举措，党的十九大报告指出："五年来，我们党以巨大的政治勇气和强烈的责任担当，提出一系列新理念新思想新战略，出台一系列重大方针政策，推出一系列重大举措，推进一系列重大工作，解决了许多长期想解决而没有解决的难题，办成了许多过去想办而没有办成的大事，推动党和国家事业发生历史性变革。"① 全方位进行改革，推动国家治理，形成了一系列的新话语，为社会主义核心价值体系话语建设提供了丰富的话语资源。为此，要将社会主义核心价值体系融入国家治理、社会治理机制，通过社会主义核心价值体系融入国家治理，在引领国家治理过程中汲取国家治理的话语资源，从而反过来丰富和发展社会主义核心价值体系的话语建设。

随着我国综合国力的提升，国家治理与全球治理统筹起来，实现全球治理和国家治理共振，为中华民族伟大复兴，为解决人类面临的共同问题提供比较优质的治理方案。"中国共产党是为中国人民谋幸福的政党，也是为人类进步事业而奋斗的政党。中国共产党始终把为人类作出新的更大的贡献作为自己的使命。"② 推动全球治理既是国家治理的需要，又是全球发展的需要，中国通过内部的国家治理，为

---

① 习近平：《决胜全面建成小康社会　夺取新时代中国特色社会主义伟大胜利——在中国共产党第十九次全国代表大会上的报告》，人民出版社 2017 年版，第 8 页。

② 习近平：《决胜全面建成小康社会　夺取新时代中国特色社会主义伟大胜利——在中国共产党第十九次全国代表大会上的报告》，人民出版社 2017 年版，第 57—58 页。

全球治理提供借鉴。过去 40 年的中国实践证明，国家治理的可借鉴性，"给世界上那些既希望加快发展又希望保持自身独立性的国家和民族提供了全新选择，为解决人类问题贡献了中国智慧和中国方案"①。全球治理指向全球性问题、人类面临的共同问题。以问题为导向的全球治理，在解决人类面临的共同问题过程中形成一些新的话语，为人民所接受。社会主义核心价值体系话语建设必须要打通国家治理和全球治理之间的沟通机制，从而挖掘和整理出有利于社会主义核心价值体系话语建设的资源，唯有这样才能在全球化时代推动社会主义核心价值体系的话语体系创新，才能有利于推动社会主义核心价值体系为世界其他国家所了解、理解和接受，社会主义核心价值体系的国际话语权形成才有更好的基础。

三、社会主义核心价值体系话语权建设的外在性机制

从外部性话语权来看，社会主义核心价值体系话语权是整个国家话语权建设的重要组成部分。任何一个国家都有话语权的诉求，这种诉求主要是国际话语权。二战以来，国际社会发生深刻变革，以美苏为首的一些国家掌握国际话语权，而且是在资本主义和社会主义相互

---

① 习近平：《决胜全面建成小康社会　夺取新时代中国特色社会主义伟大胜利——在中国共产党第十九次全国代表大会上的报告》，人民出版社 2017 年版，第 10 页。

对立中争夺国际话语权。新中国成立首先要获得国际社会的承认和接受，融入国家社会的大家庭，这个时候也需要国际话语权。毕竟国家不能掌握国际话语权，也就难以掌握主动权。

新中国成立以来，我国的话语权也随着国内形势和国际形势的变化而发生变化。有专家认为，中国国际话语权大致经历了三个阶段："中国的国际话语权也随着这一进程起伏消长，经历了一个变化演进的过程：从建国后至 20 世纪 80 年代国虽弱而国际话语权表现特殊的时期，到 20 世纪 90 年代至 2008 年国力渐强而国际话语权未能相偕与进的时期，再到近些年来国际话语权意识的增强与话语权的趋升。"① 这个区分从总体上说具有一定合理性。但是，我们可以从三个 30 年来区分：即改革开放之前的 30 年、改革开放之后的 30 年和未来深化改革的 30 年。从这一历史脉络来看，就可以把中国的国际话语权纳入百年中国社会历史进程中去考量，纳入人类历史近百年的发展历史中去考量。社会主义核心价值体系的国际话语权建设也受制于这三个阶段，具体来说，第一个 30 年，社会主义核心价值体系本身受到不同程度的制约，其对外功能作用显现出特殊性；第二个 30 年，在以经济建设为中心的改革开放时代，社会主义核心价值体系服从和服务于经济建设，把精力更多地关注中国社会发展，对外意识形态输出逐渐被淡化，国家与国家之间的交往不受意识形态制约，社会主义核心价值体系的国际话语权建设，在一定时期与中国的经济实力

---

① 陈正良等：《新中国成立以来中国国际话语权的演变》，《浙江社会科学》2016 年第 6 期。

增长不相匹配，甚至在一段时间里，马克思主义被淡化、弱化，影响到社会主义核心价值体系的国际话语权建设；第三个 30 年，尤其是党的十八大以来，从根本上改变了意识形态的被动局面，社会主义核心价值体系的国际话语权建设也迎来了新的春天。前两个 30 年的话语权叙述更多的是回顾历史，而后面这个 30 年的话语，则面对未来，具有开创新时代中国国际话语权的新意蕴。因此，今天谈社会主义核心价值体系话语建设的外在性机制主要是在这个背景下推进的。

社会主义核心价值体系话语建设的内在性机制主要是解决内部性的话语权问题，而要获得国际话语权，则需要通过外在性的传播机制。社会主义核心价值体系话语建设的外在性机制，目的是形成有利于中国国际影响力的对话机制，形成有利于遏制各种价值观渗透的抵御机制，形成有利于国际社会上弘扬讲公道、讲正义的话语运行机制，从人类命运共同体的高度来推动中国话语的世界性认同等。

（一）全球多元价值对话机制

多元文化及多元价值共生的格局千百年来就已经形成。在全球化时代，如何使各种文明共生发展，则需要通过形成一种良好的对话机制，用对话文明替代教导文明。

对话机制是增进人类理解、解决分歧、形成共识的重要机制。当今世界进入了一个深刻调整的时代，全球化与反全球化相互交织在一起，文明冲突日趋激烈，价值冲突也日趋激烈，人类面临许多共同问题亟待汇聚人类智慧。"当今世界正处于大发展大变革大调整时期，各国相互联系和依存日益加深，人类面临许多共同挑战。"① "今天，互联网、大数据、云计算、量子卫星、人工智能迅猛发展，人类生活的关联前所未有，同时人类面临的全球性问题数量之多、规模之大、程度之深也前所未有。世界各国人民前途命运越来越紧密地联系在一起。面对这种局势，人类有两种选择：一种是人们为了争权夺利恶性竞争甚至兵戎相见，这很可能带来灾难性危机。另一种是人们顺应时代发展潮流，齐心协力应对挑战，开展全球性协作，这就将为构建人类命运共同体创造有利条件。我们要抓住历史机遇，作出正确选择，共同开创人类更加光明的未来。"② 如何化解争夺、化解人类共同面临的风险，毫无疑问，唯有团结协作、齐心协力才能应对未来，这就需要文明的对话，建立文明的对话机制，说到底就是多元价值对话机制。

自文艺复兴以来，西方价值观在世界上逐渐占主导地位，在西方世界和非西方世界的两大板块中，西方世界价值观显然统摄着非西方世界，非西方世界尽管存在多元化的价值观，但面对西方价值观的渗透，往往处在弱势，处在被同化、弱化，甚至妖魔化的地位。正如马克思在《共产党宣言》中提出的，资产阶级由于开拓了世界，"正像它使农村从属于城市一样，它使未开化和半开化的国家从属于文明的

---

① 习近平：《习近平致中国—拉美和加勒比国家共同体论坛第二届部长级会议的贺信》，《人民日报》2018 年 1 月 23 日。

② 习近平：《携手建设更加美好的世界——在中国共产党与世界政党高层对话会上的主旨讲话》，《人民日报》2017 年 12 月 2 日。

国家，使农民的民族从属于资产阶级的民族，使东方从属于西方。"①
与使东方从属于西方一样，非西方的价值观在一定程度上"从属于"
西方。然而，几百年来的世界冲突和战争，就包含文明的冲突，文明
之间的冲突在几百年西方文明与非西方文明的交流中得到验证。

如何避免争权夺利恶性竞争甚至兵戎相见，通过全球价值对话是
一种比较理想的交流机制。通过对话来增进多元文明之间的了解，化
解由于文明的不同导致价值观念理解上的偏差，真正为世界的文明发
展做好增量。为此，建立全球多元价值对话机制，主要是建立国家层
面、民间层面的对话机制，建立经济、政治、文化、社会、生态、信
息技术等领域推动全球多元价值对话的机制。建立国家层面（官方
层面）的价值对话机制，是增进全球多元文明理解和共同发展的重
要路径。长期以来的文化入侵、价值观渗透等往往都是通过影视作
品、各种文化交流等渠道，具有一定的遮掩性。在一定意义上说，全
球多元价值观较劲，基本上还是处在比较"含蓄"的状态（只有以
美国为首的部分国家，打着解放其他民族，给其他民族带来西方自
由、民主等价值观的旗号发动战争，这种直接的、野蛮的方式目前遭
到许多国家的反对，在国际社会上不得人心）。从国家层面上建立价
值对话机制，国家之间坦诚相待，增加价值理解和价值共识，从而化
解误解，减少政治对抗。

近年来，一些西方国家随着中国的崛起更加警惕中国、围堵中
国。其中原因很多，但价值观方面仍然保持冷战思维。从近期德国总

---

① 《马克思恩格斯选集》第 1 卷，人民出版社 2012 年版，第 405 页。

理默克尔对中国"颇有微词"就可以看出欧洲一些国家的过度焦虑。价值观方面的过度忧虑，是目前西方一些国家"警惕"中国的原因之一。价值观方面的重大分歧和误解，将影响国家与国家的政治互信以及其他领域的发展。因此，社会主义核心价值体系，尤其是社会主义核心价值观的一些内容诸如民主、自由、平等以及其他方面的价值内容都跟西方价值观有着共通之处。通过价值对话机制，可以起到其他领域沟通难以取得的效果。同样，建立国家层面的全球对话机制，为非官方在传播社会主流价值体系方面提供思路。中国的文化创造、文化作品、文化交流、艺术鉴赏等方面的国际化行动，对推动全球多元价值对话起到了不可替代的作用。其他领域的对外交流同样肩负着价值传播的责任，让世界更好地了解中国，读懂中国，了解中国价值和中国精神，对进一步深化中国的改革开放具有重要意义。

（二）建立国际社会多元价值引领机制

全球化时代，多元价值的混战及其背后的政治势力推动，使得社会价值较量仍然是软实力较量的重要内容。中国作为世界大国，改革开放 40 年来的综合实力提升与中国价值的传播不相匹配。中国经济"走出去"与中国价值"走出去"也不相匹配。党的十八大以来，中国努力从过去在价值方面处在弱势的状态中摆脱出来，在国际社会上积极发出中国声音，积极在全球多元价值较量中谋取共识，并积极倡导和平发展的价值观念，力图在各种价值混战中起到调和与引领作用，使"万物并育而不相害，道并行而不相悖"。

为此，要建立在多元中立主导、在多样中谋共识、在多变中定方向的话语体系运行机制。长期以来西方价值主导的世界格局，在一定时期内起到了很好的作用，但是，随着中国和世界其他国家的发展，西方的话语体系开始难以解释中国和世界遇到的现实问题。难以解决中国的问题，这就需要中国发出自己的声音。党的十九大提出了中国越来越走近世界舞台的中心，就需要形成一种价值引领机制。这种机制不是要取代过去的价值形成机制，而且要站在多元价值混乱的时代，定好人类文明共同进步的方向，在多元价值中树立主导地位。

在多元中立主导，才能谋共识。中国价值具有以和为贵、协和万邦的传统，"中华民族历来讲求'天下一家'，主张民胞物与、协和万邦、天下大同，憧憬'大道之行，天下为公'的美好世界。我们认为，世界各国尽管有这样那样的分歧矛盾，也免不了产生这样那样的磕磕碰碰，但世界各国人民都生活在同一片蓝天下、拥有同一个家园，应该是一家人。世界各国人民应该秉持'天下一家'理念，张开怀抱，彼此理解，求同存异，共同为构建人类命运共同体而努力。"① 多元中立主导，这个主导，不是西方世界的主导，也不是教导式的主导，在多元中立主导，就是要从人类命运共同体的高度去立主导。习近平提出人类共同价值，就是要为人类命运共同体提供价值指引，以人类共同价值为主导，才能体现最大公约数。目前，所谓西

———

① 习近平：《携手建设更加美好的世界——在中国共产党与世界政党高层对话会上的主旨讲话》，《人民日报》2017年12月2日。

方的"普世价值"还是其他文明的价值，说到底还是体现其文明的价值，而不是关乎人类命运的价值。以人类共同价值立主导，从而化解各种文明的价值诉求和多元文明之间的价值冲突，从而使人类尽可能地避免出现系统性风险和人类风险。在这一主导下，人类通过对话协商等方式，逐渐找到解决人类问题的共同方案，应对当今世界人类面临的共同挑战，从价值方面形成价值共识。

在多元中立主导，才能定方向。在多元中立主导之后，才能定方向。"人类正处在大发展大变革大调整时期。世界多极化、经济全球化深入发展，社会信息化、文化多样化持续推进，新一轮科技革命和产业革命正在孕育成长，各国相互联系、相互依存，全球命运与共、休戚相关，和平力量的上升远远超过战争因素的增长，和平、发展、合作、共赢的时代潮流更加强劲。"[①] 长期以来人类有着共同的追求，包括和平、安全、发展、共生、共赢等都是人类的共同需要，以人类共同价值为主导，则能够确定人类社会发展的方向，即走向和平、安全、发展、共生、共赢的方向。几百年来，在人类文明生存、发展过程中发生了太多的流血牺牲，发生了太多的战争杀戮，甚至有的是种族屠杀。因而，"人类追求和平的愿景和愿望始终是强烈的。在多元中立主导，才能确保人类的和平发展方向，从而避免二战以来的各种战争导致的灾难。让人类创造的各种文明交相辉映，编织出斑斓绚丽的图画，共同消除现实生活中的文化壁垒，共同抵制妨碍人类心灵互动的观念纰缪，共同打破阻碍人类交往的精神隔阂，让各种文明和谐

---

① 《习近平谈治国理政》第二卷，外文出版社 2017 年版，第 538 页。

共存，让人人享有文化滋养。"①

（三）建立弘扬正气、道义和正义的国际运行机制

当前，中国要获得更多的国际话语权，不仅要依靠中国的强大实力，还要在联合国的主导下形成国际社会上讲正气、讲道义和讲正义的机制。唯有唱响讲正气、讲道义、讲正义的主旋律，才能在国际多元价值观较量中占领制高点。

国家实力强大有利于增强国际话语，但这只是必要不充分条件。有学者指出，"国家实力强大并不必然意味着其国际话语权的强大。主要原因有三：第一，国际话语权并不按照国家实力大小来分配。如在某些领域，一些小国由于善于设置议题或站在道义制高点而拥有更强的话语权。第二，不同国家实力的构成结构不同，仅有强大的经济和军事等物质性实力，而缺乏强大的价值观、意识形态和制度影响力也难以赢得强大的国际话语权。第三，国际话语权可分总体性国际话语权和不同问题领域的国际话语权。'西强我弱'是对总体性国际话语权结构的表述，而在气候、反恐、核不扩散等具体问题领域，各国的国际话语权大小则各有不同。一个国家在某一领域的话语权强并不意味着在另一个问题领域的话语权也强。"② 一个国家如果不能把强

---

① 习近平：《携手建设更加美好的世界——在中国共产党与世界政党高层对话会上的主旨讲话》，《人民日报》2017 年 12 月 2 日。

② 张志洲：《国际话语权建设中几大基础性理论问题》，《学习时报》2017 年 2 月 27 日。

大的实力用在正道上，那必然会对他国造成危险，第一次世界大战、第二次世界大战的历史表明，一个国家的强大实力，如果用于开疆扩土，满足某些人的野心，则必然会给世界带来灾难，最终也难以形成有利于人类和平发展的话语权。要突破冷战思维，打破零和思维，必须要从传统的"国强必霸"的观念中走出来，转向一个国家越强大就越有担当，就越能维护世界和平和稳定，维护世界的公平与正义。

积极推动建立讲道义、讲公道、弘扬正义的国际运行机制，主要是在联合国的主导下，遵循联合国的基本价值导向，形成一种有利于维护世界和平、维护人类共同利益、维护国家之间和平共处的运行机制。通过制定一系列的体制机制，使发达国家更加尊重人类的共同利益，承担更多的国际道义。集中精力维护正义，反对任何邪恶的行为，共同应对全球性非传统威胁。

积极推出"中国主张"，作为全球讲道义、讲公道的旗帜。世界上许多国家饱受霸权主义、强权政治、战火摧残之苦，致使许多发展中国家遭受西方国家的剥削和践踏，埃及、突尼斯、利比亚、伊拉克、阿富汗、叙利亚等一系列国家在大国的角逐中陷入战乱，饱经战火蹂躏和摧残。归根到底在于世界秩序本身有失公允，没有形成一种更加公平正义的国际秩序。在"强权即真理"的时代，真理在大炮的射程范围之内，这种情况下，一般国家何以具有国际话语权？针对这一现象，必须要打破西方垄断的国际秩序，打破失去道义和正义的一些规则。"中国主张"，就是在国际事务中敢于讲道义、讲公道，积极推动社会秩序更加公正，真正为人类命运共同体提供中国发展智慧和中国方案，等等。为此，中国国内各个对外部门要形成口径一致的机制，不断在国际组织、国际活动、国际事务中坚持讲公道、讲正义的运行机制。

党的十八大以来，中国积极参与全球治理，参与制定国际社会规则和秩序，如果能在国际社会上言行一致，始终奉行讲道义、讲公正的原则，则能够有利于全球治理，国际社会上相信中国的人就会越来越多，信任中国的国家会越来越多，支持中国的国家和人民也就会越来越多，中国由此就能够形成中国的国际话语权，进而增强社会主义核心价值体系的话语权。所以，对外传播社会主义核心价值体系，尤其是社会主义核心价值观，关键在于推动公平正义，以公平正义为核心，不断让世界人民了解一个真实的中国，一个崛起的中国，一个追求和平的中国，一个正在为人类作贡献而且不断作出更大贡献的中国。这样，社会主义的优越性就更能体现出来，社会主义核心价值体系在国际社会上才有更多的人相信、接受、认同，才能更好地形成社会主义核心价值体系的国际话语权。

第 七 章

新时代社会主义核心
价值体系话语权建构

    党的十九大报告提出中国特色社会主义进入了新时代，在这个国际国内形势深刻变革的时代，不仅中国社会进入了新的时代，在一定意义上说，整个世界也进入了一个新的时代。新时代社会主义核心价值体系话语权建设，既要考虑国际话语权的建设，不断增加社会主义核心价值体系的国际影响力和吸引力，为建设社会主义现代化强国提供良好的国际价值导向和发出中国声音，增强中国价值的世界性认同，又要增强内在性的针对性和亲和力，不断增强社会主义核心价值体系在多元价值中立主导、定方向的作用，发挥新时代社会主义核心价值体系在价值世界中"定海神针"的作用。

一、以党的政治建设为统领，增强党内价值凝聚力

新时代社会主义核心价值体系话语权建设的核心在于党的建设，必须要把党的建设摆在首位，以党的政治建设为统领，增强党内价值凝聚力。

中国特色社会主义的最大优势在于中国共产党的领导。实践证明，解决中国问题的关键在党。改革开放以来，我们之所以能够取得这么大的成就，关键在于党的领导。党的十九大报告指出："党政军民学，东西南北中，党是领导一切的。"[1] 党是领导一切的，意味着作为社会主义意识形态本质体现的社会主义核心价值体系建设毫无疑问是党的领导的重要内容。社会主义核心价值体系建设是关乎执政党建设的全局、关乎社会主义建设的全局性问题，如果社会主义核心价值体系被边缘化，就会导致社会主义意识形态

---

① 习近平：《决胜全面建成小康社会 夺取新时代中国特色社会主义伟大胜利——在中国共产党第十九次全国代表大会上的报告》，人民出版社 2017 年版，第 20 页。

被边缘化，直接威胁到党的长期执政安全和国家的长治久安。因此，党是领导一切的，必须对社会主义核心价值体系的建设进行全面领导。

党要领导一切，必须要加强党的建设，增强党的领导质量和水平，这是推动社会主义核心价值体系建设的根本。这就需要加强党的建设，全面提升党的建设水平。"坚持和加强党的全面领导，坚持党要管党、全面从严治党，以加强党的长期执政能力建设、先进性和纯洁性建设为主线，以党的政治建设为统领，以坚定理想信念宗旨为根基，以调动全党积极性、主动性、创造性为着力点，全面推进党的政治建设、思想建设、组织建设、作风建设、纪律建设，把制度建设贯穿其中，深入推进反腐败斗争，不断提高党的建设质量，把党建设成为始终走在时代前列、人民衷心拥护、勇于自我革命、经得起各种风浪考验、朝气蓬勃的马克思主义执政党。"① 这里旗帜鲜明地提出了新时代中国特色社会主义建设必须以党的政治建设为统领。所谓统领，就是以政治建设统摄和领导思想建设、组织建设、作风建设、纪律建设，把制度建设贯穿始终，全面协调这些领域的建设，凸显政治意识、大局意识、看齐意识和核心意识，从而使全党讲政治、懂政治，具有现代性的执政意识和执政能力。以政治建设为统领，推动社会主义核心价值体系话语权建设，必须要抓好以下几个方面。

---

① 习近平：《决胜全面建成小康社会　夺取新时代中国特色社会主义伟大胜利——在中国共产党第十九次全国代表大会上的报告》，人民出版社 2017 年版，第 61—62 页。

（一）净化党内政治生态，坚定理想信念，夯实社会主义核心价值体系的话语权基础

党内政治生态关乎党的建设的根本，是党的全面领导的根本。净化党内政治生态，对增强社会主义核心价值体系话语权起到基础性的作用。为什么这么说呢？因为社会主义核心价值体系话语权的形成关键在于中国人本身，核心是 9000 多万党员干部，他们才是真正传播、阐释和践行社会主义核心价值体系的主体，这是社会主义核心价值体系获得内在性话语权的核心问题。毋庸讳言，当前社会主义核心价值体系难以建设话语权不是中央不重视，也不是主流媒体不传播，关键是全体党员如何起到表率作用，如何克服党员理想信念淡薄、马克思主义信念淡薄等问题。人民群众相信不相信社会主义核心价值体系，首先看身边的党员干部，此所谓，听其言、观其行。唯有不断推动党的建设，才能构建一个强大的政党，让全体党员肩负其时代使命，坚定其理想信念，以实际行动助推社会主义核心价值体系赢得话语权。

党内政治生态关乎党的凝聚力、战斗力和党内的生机活力，关乎党的长期执政和永葆执政地位。长期以来，党内政治生活有一个良好的目标是："努力在全党形成又有集中又有民主，又有纪律又有自由，又有统一意志又有个人心情舒畅、生动活泼的那样一种政治局面。"① 这就为党内政治生活提供了思想引领。1926 年 5 月，中央印

---

① 《关于新形势下党内政治生活的若干准则》，人民出版社 2016 年版，第 4 页。

发《支部的组织及其进行的计划》第一次涉及党的生活问题的阐释。《古田会议决议》进一步明确提出"党内的生活都政治化、科学化"命题等。2016 年中央针对当代中国出现的一系列新形势、新特点，制定了《关于新形势下党内政治生活的若干准则》，从而为新时期党内政治生活提供纲领性指引，总结了党形成的党内政治生活的主要经验，即"形成了以实事求是、理论联系实际、密切联系群众、批评和自我批评、民主集中制、严明党的纪律等为主要内容的党内政治生活基本规范"①。从这里可以看出，在党的建设过程中，党中央一直高度重视党内政治生活，并形成了一套行之有效的经验和做法。历史证明，重视和规范党内政治生活，这是中国共产党从严治党的一条重要经验，是净化党内政治生态的关键。通过净化党内政治生态来夯实社会主义核心价值体系话语权建设的基础。

1. 要加强理想信念建设，解决"总开关"问题

理想信念动摇是最危险的动摇，理想信念滑坡是最危险的滑坡。改革开放 40 年来，人民的物质财富增长和精神境界提升不成正比，党内不少同志的生活水平提高与精神境界提升也不成正比，甚至有的成反比。归根到底，在于理想信念出了问题。要解决理想信念问题，一方面要加强马克思主义经典文献教育，党员干部要形成良好的学习生态，尤其是学习马克思主义经典著作的生态。干部培训要真正把马克思主义基本原理变成生动的道理，根本方法变成管用的办法。另一方面是扎实推进"党员姓党、党员姓马"教育，一定要解决"党内

---

① 《关于新形势下党内政治生活的若干准则》，人民出版社 2016 年版，第 1—2 页。

姓马不信马、党员姓马不信马"的问题。

2. 抓住关键少数，管好用好社会权力，防止权力解构政治生态

在一定时期，政治生态被破坏，核心问题在于部分党员干部权力不受监督，权力任性，权力干涉党组织民主作风建设，干涉司法公正，干涉人们正常的日常生活。为此，要"完善权力运行制约和监督机制，形成有权必有责、用权必担责、滥权必追责的制度安排。实行权力清单制度，公开权力运行过程和结果，健全不当用权问责机制，把权力关进制度笼子，让权力在阳光下运行。"① 要下力气解决权力腐败、权力任性、家族制与法治的根本性冲突问题。牢牢抓住关键少数，切实解决党员干部的不作为、乱作为、权力任性等行为，为净化党内政治生态提供基础。

3. 净化信息生态推动党内政治生活建设

净化信息生态，需要掌握信息文明进程的主动权，掌握信息技术的主导权，掌握意识形态创新的主导权。通过对信息的生产、传播、再生产等链条的有效管控，在大数据支撑下，解决信息源混乱无章的格局，解决信息歪曲传播的问题，解决信息的真实性和准确性问题。要使网络空间清朗起来，必须要不断推进依法治网，网络不是法外之地，要不断推动网络化的法治立法和法治建设，不断维护网络空间的有序性，增强网络咨政育人的功能，进而净化信息生态。通过净化信息生态来推动党内政治生态，推动信息生态与党内政治生态的深度融合，不断净化党内政治生态。

---

① 《关于新形势下党内政治生活的若干准则》，人民出版社 2016 年版，第 36 页。

4. 增强党员自我净化、自我完善、自我革新、自我提高的能力

榜样的力量是无穷的。率先垂范，身先士卒。全党同志要以什么样的精神状态、什么样的精神风貌去服务人民，如何汇聚成磅礴力量，这才是关键性问题。党内政治生态建设关键在于党员，党员要坚持实事求是，在社会上作表率。在这个基础之上，党员要不断自我净化、自我完善、自我革新、自我提高，站在新的历史起点上，即中国特色社会主义进入新时代，不断把握社会发展的总趋势，密切联系群众，善于听取批评，增强服务人民的能力和水平。全党要坚持不懈地努力，共同营造风清气正的政治生态，人民群众才能更好地接受和认同社会主义核心价值体系，才能自觉遵循社会主义核心价值体系的基本规范和基本要求，从内心认同这一价值体系，才能形成内在性话语权。

（二）弘扬政党价值观，为社会主义核心价值体系话语权建设提供引领

任何一个政党都有其核心价值观，新时代中国共产党人执政也有其价值观，而且这种价值要求应该高于对人民群众的价值要求。新时代，加强党的政治建设，既要风清气正的良好政治生态，又要好的价值观来规范党员行为。党的十九大报告就对党的价值观进行了精辟概括，指出要"弘扬忠诚老实、公道正派、实事求是、清正廉洁等价值观，坚决防止和反对个人主义、分散主义、自由主义、本位主义、好人主义，坚决防止和反对宗派主义、圈子文化、码头

文化，坚决反对搞两面派、做两面人"。① 这是党内第一次明确提炼党的价值观，对推动社会主义核心价值体系的话语体系建设具有重要启示。

1. 弘扬忠诚老实的价值观，是推动社会主义核心价值体系建设的基础，是其掌握话语权的基石

忠诚老实是一句普通的话语，却蕴含深刻的价值理念。中国人民自古以来勤劳勇敢，老实本分。中国共产党人强调忠诚老实的价值观，契合中国人民的本色，契合人民群众的真实想法，是人民群众内心认同和坚守的价值观念。因此，弘扬忠诚老实的价值观，能够让人民群众从内心里接受党的主张，也就有利于接受社会主义核心价值体系的基本主张，进而形成话语权。

2. 弘扬公道正派的价值观，直接与社会主义核心价值体系的主张具有一致性

社会主义核心价值体系强调公平正义，体现社会发展的核心价值追求。中国共产党强调公道正派的价值观，就直接与社会主义核心价值体系的公平正义对接起来，强调公道正派的价值观实质上就是在弘扬社会主义核心价值体系。在一定意义上说，公道正派是社会主义核心价值体系中公平正义的"习惯性"表达，这种表达方式比较贴近人民群众的认知心理和接受心理。从古至今，中国老百姓的生活世界中更习惯讲公道，讲正派，即做人要正派，做事要公道。这种观念是

① 习近平：《决胜全面建成小康社会　夺取新时代中国特色社会主义伟大胜利——在中国共产党第十九次全国代表大会上的报告》，人民出版社 2017 年版，第 63 页。

根深蒂固的。正如费孝通所言，中国社会主要是熟人社会，熟人社会的共同体与陌生人的共同体不同。熟人社会的共同体之间相互比较了解，关系比较紧密，比如血缘关系、宗族关系等。熟人社会的一个很大特点在于对人的作风是否正派有着非常高的要求，对做事是否公道有着独特的讲究。毫无疑问，一个做人不正派、做事不公道的人，在熟人社会里必将臭名远扬，难以得到其他人的接受和认可。中国共产党党员来源于人民，深知公道正派的重要意义。而在陌生人社会，人们彼此不是很了解，甚至不认识，在这种情况下，办事情就更强调契约、合同，强调公平正义。从这个意义上说，公道正派与公平正义在一定意义上具有内在的相互性，前者为社会主义核心价值体系话语权的形成提供了良好的基础。

3. 弘扬实事求是的价值观，凸显社会主义核心价值体系的根本属性和基本遵循，是其掌握群众和获取话语权的根本

"实事求是是马克思主义的精髓。要提倡这个，不要提倡本本。我们改革开放的成功，不是靠本本，而是靠实践，靠实事求是。"①实事求是是马克思主义中国化的精髓，是毛泽东描述中国化马克思主义的话语表达。毛泽东用实事求是来表达马克思主义，在话语创新方面引领马克思主义中国化发展。从这里就可以看出，党的十九大报告为什么把实事求是作为党的价值观。坚持实事求是一方面体现社会主义核心价值体系的根本属性；另一方面又要求社会主义核心价值体系话语体系建设要实事求是。邓小平指出："我读的书并不多，就是一

---

① 《邓小平文选》第三卷，人民出版社 1993 年版，第 382 页。

条，相信毛主席讲的实事求是。过去我们打仗靠这个，现在搞建设、搞改革也靠这个。"① 实事求是，理论联系实际是我们党的优良传统。但是，近年来，违背实事求是的现象是理论与现实脱节的问题：一方面，理论解释现实的能力不足，如"马克思难以讲中国话"，马克思主义基本原理难以变成生动的道理，马克思主义的根本方法难以变成管用的办法等现象还仍然存在。因而也就难以展现马克思主义的理论魅力，使得意识形态的阐释力、辩护力、引领力不足，导致党内政治思想遭受破坏，影响了实事求是作用的发挥。另一方面，由于市场的功利性和恶性竞争，弄虚作假、欺上瞒下的现象时有发生。更应值得警惕的是，有的单位弄虚作假的现象在一定意义上说还获得了体制式"鼓励"，长此以往，自然而然会破坏党内政治生态，违背了实事求是。因此，弘扬实事求是的价值观有利于人民群众掌握社会主义核心价值体系的根本属性和基本遵循。

4. 弘扬清正廉洁的价值观，反映了社会主义核心价值体系建设的内在要求

中国从古至今，人民群众都期盼政府清正廉洁、为官者清正廉洁，同样，人民群众最痛恨腐败，也恨贪官。政治清明是中华民族的优秀传统价值追求，也是开明盛世的基本要求。习近平指出，中国共产党是传统文化的忠实继承者，毫无疑问地继承了中国传统的政治清明、清正廉洁的价值要求。中国共产党执政从其本质上说，具有清正廉明的基本价值要求。这一要求与社会主义核心价值体系的荣辱观具

---

① 《邓小平文选》第三卷，人民出版社 1993 年版，第 382 页。

有直接的一致性和衔接性。弘扬清正廉洁的价值观，从中国共产党成立伊始就对党员有着严格的要求，推动党的先进性和纯洁性建设，并在不同的历史时期，针对党内的复杂形势制定了一系列规范和约束党员的行为，并对各种贪腐进行了果断斗争。近年来，随着党员人数的不断增加，如何保持党的纯洁性和先进性，是执政的一大挑战。中共七届二中全会上毛泽东向全党发出警告，要警惕敌人的糖衣炮弹，并且，中央在不同的历史时期出台相关准则，并针对一些党员、干部存在的理想信念不坚定，"享乐主义和奢靡之风问题突出，任人唯亲、跑官要官、买官卖官、拉票贿选现象屡禁不止，滥用权力、贪污受贿、腐化堕落、违法乱纪等现象滋生蔓延"① 给予严肃的处理。中国共产党以铁的纪律来践行清正廉洁的政党信条，这本身就是践行社会主义核心价值体系，成为推动社会主义核心价值体系传播的典范。

二、加强党对意识形态工作的领导，增强
社会主义核心价值体系话语权

中国共产党要长期执政、永久执政，实现国家的长治久安和社会主义现代化强国战略目标，必须要加强党对意识形态的领导权，并以此增强社会主义核心价值体系的话语权。习近平指出，意识形态工作是党的一项极端重要的工作。党的十八大以来，党在意识形态领域采

---

① 《关于新形势下党内政治生活的若干准则》，人民出版社 2016 年版，第 3 页。

取了一系列的新战略新举措，主动出击，乘风破浪，勇往直前，办了长期以来想办而没有办成的大事，解决了长期以来想解决而没有解决的意识形态难题，增强了党对意识形态工作的领导权，推动了社会主义核心价值体系话语权建设。

（一）在新的历史伟大斗争中加强党对意识形态工作的领导

解决中国的问题关键在党，推动中华民族伟大复兴，关键在于党的领导。党的领导毫无疑问地要牢牢把握意识形态工作的领导权。当前，国际国内形势发生深刻变革，中国特色社会主义进入新的发展阶段，在意识形态领域面临许多新的特点。主要体现在以下几个方面：一是传统的意识形态威胁仍然存在，斗争形势日趋严峻。长期以来，针对我国的意识形态，西方一些国家制定了长期的斗争策略，力图消解社会主义意识形态的努力至今仍然没有放弃，而且不断加强。在多元价值较量中，呈现出许多新的动向，值得我们警惕。二是周边国家意识形态斗争日趋复杂，非传统威胁势力不可小觑。随着中国经济的快速发展，引起周边一些国家的高度关注和不安。周边意识形态尽管不以社会主义意识形态、资本主义意识形态来区分，但是国家之间的意识形态较量日趋激烈。如何应对周边国家地区对我国意识形态的干扰和渗透，将是我国意识形态工作的难题，尤其是非传统安全带来的意识形态冲击。三是网络意识形态较量日趋激烈。信息化的意识形态，开辟了网络意识形态较量的战场。如何掌握好网络意识形态建设的主动权，关乎国家网络意识形态安全大局。应对这些意识形态领域的重大挑战和风险，唯有坚持和加强党对意识形态工作的领导才是我国意识形态建设的根本出路，也是应对新的历史伟大斗争的根本出路。

（二）掌握意识形态创新的主导权增强对意识形态工作的领导权

加强党对意识形态工作的领导权建设，必须要在意识形态创新中掌握主导权。意识形态的内容不是一成不变的，它必然要随着人们的实践活动的发展而不断丰富发展。改革开放以来，特别是党的十八大以来，中国实践取得了巨大成就，反映在意识形态领域，也就有许多亟待创新的内容。意识形态唯有不断创新，才能增强意识形态的解释力和吸引力，才能在当今世界多元意识形态较量中处于不败之地。加强党对意识形态工作的领导，关键在于掌握意识形态创新的主导权，主要体现在以下几个方面：一是把握意识形态内容创新的主导权，就是要掌握意识形态知识生产和再生产的主导权，这是意识形态工作的核心。党的意识形态内容创新是党的理论创新的重要组成部分，是马克思主义中国化最新理论成果的集中体现。二是形式创新的主动权，就是掌握意识形态内容的形式化表达及形式创新主动权，在面对信息化表达、数字化表达、图像式表达、记忆式表达等方面掌握核心技术研发和传播的主动权。三是话语创新的主导权，就是掌握意识形态话语生产、创造、转化的主导权。能否掌握话语权关系意识形态建设的成败。四是应对意识形态危机管控的主导权，就是要在多元意识形态较量中始终占据主动性，增强主动权，确保主导权。

（三）在现代化进程中推动党的意识形态创新，增强社会主义核心价值体系话语权的动力源

任何一种意识形态唯有与时俱进、不断改革创新才有可能适应时代快速发展的需要，才能不断满足人民群众的精神需要。社会主义核心价值体系的话语权建设亟待在两个方面进行创新：一是党的意识形态创新，展现出社会主义意识形态的时代特性，增强时代感和亲和力，为社会主义核心价值体系话语权建设提供不竭动力；二是推动社会主义核心价值体系本身的创新发展，这也是其掌握群众、争取话语权的内在根据。不过，在一定意义上说，我们推动社会主义核心价值体系创新，首先要推动党的意识形态创新，它必须走在时代的前列，才能引导社会主义核心价值体系的发展。

事实上，在全面建成小康社会之后，中国社会发展将进入更高层面的发展阶段，意味着进入实现现代化的新的历史征程，社会主义核心价值体系话语权建设是在这个背景下提出来的，因而，推动党的意识形态创新任务更加紧迫，更加艰巨。

新时代推动党的意识形态创新，一是推进思想创新，推动党的意识形态的时代化再造。思想创新是一个民族进步的先导，是一个民族理论思维的重要表征。恩格斯说过："一个民族要想站在科学的最高峰，就一刻也不能没有理论思维。"① 毛泽东指出："掌握思想领导是

---

① 《马克思恩格斯选集》第 3 卷，人民出版社 2012 年版，第 875 页。

掌握一切领导的第一位。"① 习近平指出："这是一个需要理论而且一定能够产生理论的时代，这是一个需要思想而且一定能够产生思想的时代。"② 伟大的时代需要创新思想，立足中国进入现代化的征程不断推进思想创新，尤其是加强党的思想理论创新，不断满足在新的伟大工程建设中的思想创新，通过推动思想创新来推动党的意识形态创新。二是要推进价值观创新，不断增强党的价值观对社会多元价值的引领，增强中国价值的世界影响力和吸引力。要在不断深化中国价值实践研究的基础上，推动社会主义核心价值体系的创新性发展，整合人类共同价值观形成当代中国价值观，增强在国际、国内的引领力。三是积极建构信息生态，网络化、信息化、人工智能快速发展，意识形态必须要不断创新，才能适应网络化、信息化、人工智能时代的到来。智能化时代的价值反思是人类社会发展不可逾越的鸿沟，这就需要立足于智能化时代人的价值思想、人的社会关系、人的自我创构等方面的价值反思，不断应对智能化时代对价值观念的冲击。为此，要立足于信息生态，在信息物化、物信息化的相互交融中创新意识形态发展，将是我国意识形态建设的重要趋势，也是把握社会主义核心价值体系话语权建设的趋势。进言之，社会主义核心价值体系要站在智能化时代的高度审视自身的创新发展，从而建构更加具有吸引力和人性化的价值体系。毫无疑问，人类历史上的每一次科技变革，都会带来人类价值观念的变革，中国过去错过了"蒸汽时代""电气时代"

---

① 《毛泽东文集》第二卷，人民出版社 1993 年版，第 435 页。

② 习近平：《在哲学社会科学工作座谈会上的讲话》，人民出版社 2016 年版，第 8 页。

的列车，不仅使国家落后挨打，在社会价值观方面也陷入了被殖民入侵的悲剧。现在进入智能化时代，社会主义核心价值体系必须要抓住这个契机，才能走在时代的前列，在人类价值世界起到引领作用，才能增强国际话语权。

三、创新社会主义核心价值体系
融入方式，增强亲和力

社会主义核心价值体系的传播不仅要体现高度，更要体现温度。社会主义核心价值体系的话语权建设须推动其融入方式的创新，也就是说，社会主义核心价值体系如何融入人们的日常生活中去、融入人们的学习和工作当中去，使人民群众在日常生活、学习和工作中，增强其亲和力，进而使广大人民群众自觉接受社会主义核心价值体系。

社会主义核心价值体系的话语权建设涉及中国社会的各个阶层和群体，不同的群体，因其接受特点不同，融入方式也不能千篇一律，必须要针对不同层次的人群采取不同的教育方式，这样社会主义核心价值体系融入人们的日常生活、学习和工作中才更有针对性与亲和力。

（一）社会主义核心价值体系的感受性融入

社会主义核心价值体系感受性融入是与人们的认知方式结合起来

的。马克思认为："人和自然界的实在性，即人对人来说作为自然界
的存在以及自然界对人来说作为人的存在，已经成为实际的、可以通
过感觉直观的"①。人们认识外部世界往往通过感觉直观的方式，形
成初步的印象，这就形成了一种感受性接受方式。当今时代，有学者
戏称，这是一个读图的时代，人们在日常生活中越来越习惯用一种图
式化、碎片化方式来把握外部事物，采取直观、可感知、可接触、可
体验等方式作为初步观察和接受外部现象的主要方式之一。这就决定
了社会主义核心价值体系必须要紧跟群众认知方式的新变化。过去我
们经常认为唯有小孩子喜欢图示化的认识，事实上，现在图式化、感
性化的认知方式越来越具有吸引力，在其他群体依然具有诱惑力。

"人以一种全面的方式，就是说，作为一个完整的人，占有自己
的全面的本质。人对世界的任何一种人的关系——视觉、听觉、嗅
觉、味觉、触觉、思维、直观、情感、愿望、活动、爱，——总之，
他的个体的一切器官，正像在形式上直接是社会的器官的那些器官一
样，是通过自己的对象性关系，即通过自己同对象的关系而对对象的
占有，对人的现实的占有"②。人们认识外部世界往往通过视觉、听
觉、嗅觉、味觉、触觉等方面来把握，人们认识外部世界是有情感
的，有温度的，这就决定了社会主义核心价值体系的传播既要有高
度，又要有温度，这个温度，就是让人民群众感受到社会主义核心价
值体系的温度。一种能够暖人心的价值体系必定会得到人民群众的欢

---

① 《马克思恩格斯文集》第 1 卷，人民出版社 2009 年版，第 196 页。
② 《马克思恩格斯文集》第 1 卷，人民出版社 2009 年版，第 189 页。

迎和接受，相反，一种拒人于千里之外的冰冷冷的价值体系，是很难被人们理解和接受的，这就是为什么要谈感受性融入的根本原因。

社会主义核心价值体系的感受性融入主要通过可感知、可接触、可体验的方式，融合趣味性、装饰性、表现性等，使社会主义核心价值体系的内容让人民群众在日常生活世界中通过视觉、听觉、嗅觉、味觉、触觉等方面就能体验和感受其温度，让人民群众感受到这是一种暖人心的价值体系。以润物细无声、耳濡目染的方式塑造人民群众的价值观。进言之，把社会主义核心价值体系的内容，尤其是社会主义核心价值观的 12 个词，通过图示化的方式，来诠释其内容，人民群众通过图像诠释，以读故事的方式了解其内容的来龙去脉和基本要求，通过图像说明道理，通过动漫、图像等感性的方式传播社会主义核心价值体系，从而使人民群众喜欢看、乐于学、有启迪、有感悟、有收获。

（二）社会主义核心价值体系的知识性融入

知识性融入是感受性融入基础上的一种呈现方式。在感受性融入的基础之上，实现知识性融入。感受性融入的特点在于图示化、碎片化、趣味性强。知识性融入的特点在于知识的全面诠释，系统性强、思想性强。

知识性融入指称社会主义核心价值体系要在理论上有说服力，理论的解释力要能够说服人。"批判的武器当然不能代替武器的批判，物质力量只能用物质力量来摧毁；但是理论一经掌握群众，也会变成物质力量。理论只要说服人［ad hominem］，就能掌握群众；而理论只要彻底，就能说服人［ad hominem］。所谓彻底，就是抓住事物的根本。但是，人的根本就是人本身。"① 理论具有说服力才能掌握群众，推动社会主义核心价值体系传播也必须要在理论上讲清楚，理论上的魅力呈现，才能让人心悦诚服，才能让人民群众接受。因此，知识性融入主要是对社会主义核心价值体系的理论本身作出要求，对理论本身阐释的科学性、学理性有较高的要求。

在这个基础之上，社会主义核心价值体系才能解释外部世界、武装群众头脑，内化于心、外化于行，做到知行合一。"哲学家们只是用不同的方式解释世界，而问题在于改变世界。"② 理论阐释世界、武装群众，才能推动社会实践，社会主义核心价值体系的知识性融入就是要在理论上阐释清楚，在这个基础之上引导人们明辨是非、懂真善美，并积极弘扬社会主义核心价值体系的基本主张。社会主义核心价值体系面对的是全社会群体，如何通过知识性的阐释，让民众更加了解社会主义核心价值体系的内在性主张和思想魅力，这是推动社会主义核心价值体系传播的重要方式。社会主义核心价值体系的知识性融入，主要是把社会主义核心价值体系的主要内容从理论层次进行阐释，让群众更好地理解社会主义核心价值体系，更加系统、全面地把握这一价值体系，了解这一价值体系在国家经济社会发展中的特殊作用。进而自觉接受和认同社会主义核心价值体系，并外化为日常行动的价值指引。

---

① 《马克思恩格斯选集》第 1 卷，人民出版社 1995 年版，第 9 页。
② 《马克思恩格斯选集》第 1 卷，人民出版社 1995 年版，第 61 页。

　　知识性融入要讲究技巧，不能盲目灌输。一般而言，知识性融入可以通过散点式透视和焦点式透视等方式来呈现。所谓散点式透视，指称通过多角度来诠释社会主义核心价值体系，从不同的侧面来刻画社会主义核心价值体系的基本立场、基本观点、基本主张及其时代特性，从而使人民群众对社会主义核心价值体系的把握更加全面，更加丰满，更加具有立体感。散点式透视来诠释社会主义核心价值体系，主要是从不同的侧面来分析社会主义核心价值体系的内容，形成多种话语系统和叙述方式，这些方式表面上看是多样性的，具有不同质感，但是综合起来，还是汇聚在一体，主线没变。这样可以满足不同群体的视觉效果、接受方式、认知水平等方面的差异性，即传播社会主义核心价值体系的方式多样，总有适合某些群体的诠释方式和话语方式，形成一种全方位、立体化的传播体系。

　　所谓社会主义核心价值体系知识性融入的焦点式透视，指称将社会主义核心价值体系的特定知识固定在某一位置或组织专家围绕某一特定知识点进行深入持久性的研究，形成一种稳定的研究成果，以高精尖的方式呈现理论的魅力和理论引领力。社会主义核心价值体系知识性融入既要全面推进，更要定点突破，努力解决其内容中的一些理论难题，定点突破宣传瓶颈，从而形成以点带面的传播方式。总之，社会主义核心价值体系"知识性融入"要讲清楚"是什么"的问题，从而让教育对象了解和掌握社会主义核心价值体系的基本知识和基本内容。通过经典的案例、故事来呈现社会主义核心价值体系的主要内容，为进一步深入研究"为什么"的问题提供基础，"是什么"的背后蕴藏着"为什么"的深刻逻辑。

（三）社会主义核心价值体系的问题式融入

知识的生产和再生产的过程中必定蕴含着知识背后的原因，把握知识本身是什么还不够，必须要进一步深入探讨其背后的为什么，这就形成了以问题为导向的思维方式和处理问题的方式。唯有抓住问题，才能抓住社会发展的要害，对社会主义核心价值体系的传播来说尤为如此。易言之，不直面现实问题，社会主义核心价值体系很难掌握群众，也就难以形成话语权。从问题融入，主要是指社会主义核心价值体系要直面国际和国内的现实问题，从诠释和化解现实问题过程中得到群众的认可，进而掌握话语权。

马克思说："问题就是时代的口号，是它表现自己精神状态的最实际的呼声。"[1] 问题是代表了时代的声音，从问题出发，把握时代脉搏，从而为解决时代课题提供指引。改革开放以来，中国社会进入了一个新的发展阶段，从问题入手，抓准问题，狠抓落实。邓小平指出："现在问题相当多，要解决，没有一股劲不行。要敢字当头，横下一条心。"[2] 以问题为导向，改革才有方向，使劲才能有方向。党的十八大以来，以习近平同志为核心的党中央树立问题意识，坚持问题导向，直面现实问题，大刀阔斧地进行改革。从根本上改变了党和国家的局面，推动中国特色社会主义进入了新时代。

---

[1] 《马克思恩格斯全集》第 40 卷，人民出版社 1982 年版，第 289—290 页。
[2] 《邓小平文选》第二卷，人民出版社 1994 年版，第 35 页。

习近平在多次讲话中强调要坚持问题导向。2015 年 3 月 29 日，习近平在会见博鳌亚洲论坛理事会成员时说："两年多来，我们立足中国发展实际，坚持问题导向，逐步形成并积极推进全面建成小康社会、全面深化改革、全面依法治国、全面从严治党的战略布局。"①2015 年，习近平在《深化司法体制改革》的讲话中强调："坚持问题导向、勇于攻坚克难，坚定信心，凝聚共识，锐意进取，破解难题，坚定不移深化司法体制改革，不断促进社会公平正义。"② 2016 年，习近平在《不忘初心，继续前进》的讲话中强调：要"坚持问题导向，坚持以我们正在做的事情为中心，聆听时代声音，更加深入地推动马克思主义同当代中国发展的具体实际相结合，不断开辟 21 世纪马克思主义发展新境界，让当代中国马克思主义放射出更加灿烂的真理光芒。"③ 2016 年，他在《"两学一做"学习教育，基础在学，关键在做》的讲话中强调："要突出问题导向，学要带着问题学，做要针对问题改，把合格的标尺立起来，把做人做事的底线划出来，把党员的先锋形象树起来，用行动体现信仰信念的力量。"④ 2017 年，在《高举中国特色社会主义伟大旗帜，为决胜全面小康社会实现中国梦而奋斗》的讲话中强调："全党要坚持问题导向，保持战略定力，推动全面从严治党向纵深发展，把全面从严治党的思路举措搞得更加科学、更加严密、更加有效，确保党始终同人民想在一起、干在一起，

---

① 《习近平谈治国理政》第二卷，外文出版社 2017 年版，第 25 页。
② 《习近平谈治国理政》第二卷，外文出版社 2017 年版，第 130 页。
③ 《习近平谈治国理政》第二卷，外文出版社 2017 年版，第 34 页。
④ 《习近平谈治国理政》第二卷，外文出版社 2017 年版，第 173 页。

引领承载着中国人民伟大梦想的航船破浪前进，胜利驶向光辉的彼岸。"① 从这里可看出中央以问题为导向涉及经济、政治、文化、社会、生态等各个领域，坚持问题导向，就是要直面现实问题，以问题倒逼各领域改革，进而推动全面深化改革。

社会主义核心价值体系的提出就与问题联系在一起，以问题为导向的社会主义核心价值体系建构，主要有以下几个考虑：一是经过几十年的努力奋斗，中国共产党在中国革命、建设、改革的过程中一直没有提炼出属于自己的核心价值体系，正因为如此，在改革开放过程中，因多元价值观的碰撞日趋激烈，中国社会的价值观受到严重的冲击，如何巩固社会主义意识形态，增强意识形态的吸引力和凝聚力，增强引领多元社会思潮的能力，这就需要提炼和概括社会主义核心价值体系。党的十九大报告再次强调社会主义核心价值体系，也是针对现实问题提出的，并赋予其新要求。二是社会主义核心价值体系坚持问题导向，主要是从问题出发，建构社会主义核心价值体系的问题体系，从人民群众日常生活中关心的问题为导向，采集人民群众在现实生活中遇到的问题，通过问题梳理，逐渐形成问题体系，增强社会主义核心价值体系回应现实问题、诠释现实问题的针对性和亲和力。

（四）社会主义核心价值体系的专题式融入

社会主义核心价值体系的专题式融入涉及三个方面：一是作为知

---

① 《习近平谈治国理政》第二卷，外文出版社 2017 年版，第 64 页。

识论的一部分，社会主义核心价值体系有着自身的学术思想和学术内涵，其理论变迁如何呈现等，需要从知识论的角度进行深入研究；二是作为社会主义意识形态的本质体现，社会主义核心价值体系需要在理论上讲清楚，理论只有说服群众才能武装群众，以理服人，首先要在理论上讲明白；三是作为社会实践的价值规范，社会主义核心价值体系如何引领社会思潮、如何引导人们的公共生活、如何规范人们的言行等，需要从规范角度进行理论研究，针对不同群体制定相应的行为规范和准则，这是推动社会主义核心价值体系落细、落小、落实的关键。而且，在全球化运作过程中，要针对不同的价值观念之间的交流、碰撞和冲突等深入研究理论问题。因为许多基本的理论问题、基础性的问题只有在研究阶段才能比较好地展开。

推动社会主义核心价值体系进入专题式研究。社会主义核心价值体系进入专题式研究包括两个层面：一是社会主义核心价值体系主要内容的专题式研究。从内容上讲，社会主义核心价值体系的内容包括国家、社会、公民个人三个层面，根据研究者的特点和规律，针对社会主义核心价值体系的基本内容，以专题的形式进行研究，诸如富强、民主、文明、和谐的专题式研究；自由、平等、公正、法治的专题式研究；爱国、敬业、诚信、友善的专题式研究等。通过分专题进行研究，推动社会主义核心价值体系从实践向基础理论拓展，从而牢固树立社会主义核心价值体系的根基。二是社会主义核心价值体系涉及基础理论的专题式研究。在推动社会主义核心价值体系的专题式研究过程中必然要涉及相关的基础理论，如人民主体性、价值论、规定论、地方性知识等，唯有通过专题式研究，才能拓展社会主义核心价值体系的理论根基，从而深化对社会主义核心价值体系的理论思考。

四、以人类命运共同体为统领，增强核心价值体系的话语权

中国倡导的"人类命运共同体"于 2017 被写入联合国决议，为解决人类文明提供中国方案。"人类正处在大发展大变革大调整时期。世界多极化、经济全球化深入发展，社会信息化、文化多样化持续推进，新一轮科技革命和产业革命正在孕育成长，各国相互联系、相互依存，全球命运与共、休戚相关，和平力量的上升远远超过战争因素的增长，和平、发展、合作、共赢的时代潮流更加强劲。"① 人类只有一个地球，地球是人类共同的家园。如何保护地球，关乎人类的共同命运。党的十八大以来，党中央审时度势，从人类命运的整体高度来审视人类的行为方式和生活方式，提出了"人类命运共同体"思想。

（一）中国共产党为什么要提出人类命运共同体

首先，中国共产党提出人类命运共同体是立足于中国共产党的根

---

① 《习近平谈治国理政》第二卷，外文出版社 2017 年版，第 538 页。

本价值追求。作为《共产党宣言》的忠实维护者和实践者，毫无疑问要坚持《共产党宣言》的基本价值追求和远大理想。《共产党宣言》阐明了共产党人的三种主张：一是义利观；二是所有制关系；三是人民主体性。

坚持什么样的义利观，是共产党人和其他无产阶级的分水岭。《共产党宣言》指出："共产党人同其他无产阶级不同的地方只是：一方面，在无产者不同的民族的斗争中，共产党人强调和坚持整个无产阶级共同的不分民族的利益；另一方面，在无产阶级和资产阶级的斗争所经历的各个发展阶段上，共产党人始终代表整个运动的利益。"① 这里明确体现了共产党人的义利观，这种义利观要求共产党人关注整个运动的利益，关注人类的共同利益。

坚持什么样的所有制关系，即消灭私有制，也是体现共产主义的特征。所有制关系不是一成不变的，《共产党宣言》指出："一切所有制关系都经历了经常的历史更替、经常的历史变更。"② 马克思恩格斯对未来社会的所有制也进行了阐释，归结为一句话，就是消灭私有制。"共产主义的特征并不是要废除一般的所有制，而是要废除资产阶级的所有制。但是，现代的资产阶级私有制是建立在阶级对立上面、建立在一些人对另一些人的剥削上面的产品生产和占有的最后而又最完备的表现。从这个意义上说，共产党人可以把自己的理论概括为一句话：消灭私有制。"③ 所有制关系是一种社会制度变化的重要

---

① 《马克思恩格斯选集》第 1 卷，人民出版社 2012 年版，第 413 页。
② 《马克思恩格斯文集》第 2 卷，人民出版社 2009 年版，第 45 页。
③ 《马克思恩格斯文集》第 2 卷，人民出版社 2009 年版，第 45 页。

标志，新中国成立之后至 1956 年年底，消灭剥削制度、建立公有制是社会主义的重要标志。由此，可以说，社会主义制度始终要坚持公有制，逐渐建立以公有制为主体的所有制关系。改革开放以来，逐渐形成了计划经济和市场经济的共同发展，并逐渐凸显市场在经济发展中的地位，但是，毫无疑问，公有制始终是社会主义的基本经济制度。习近平指出："实行公有制为主体、多种所有制经济共同发展的基本经济制度，是中国共产党确立的一项大政方针，是中国特色社会主义制度的重要组成部分，也是完善社会主义市场经济体制的必然要求。"① 坚持公有制的主体地位不动摇，从而为世界上提供一种不同于资本主义所有制关系的中国方案。

坚持为人民服务，坚持人民主体性，是共产主义追求的重要价值要求。"代替那存在着阶级和阶级对立的资产阶级旧社会的，将是这样一个联合体，在那里，每个人的自由发展是一切人的自由发展的条件。"② 表明共产党人奋斗的目的在于实现人的自由发展，体现了人的主体性。这种主体性是为了每一个人的自由而全面发展，实现人人的自由发展。人类命运共同体的提出，除了关注人类最终的命运，实现人类的共享发展，这其中包含着每个人的自由发展。

因此，中国共产党坚持以马克思主义为指导，必定坚守《共产党宣言》里的根本主张和政治承诺。毫无疑问，当代中国共产党人提出人类命运共同体，正是不忘初心、牢记使命的重要体现。

---

① 《习近平谈治国理政》第二卷，外文出版社 2017 年版，第 258 页。
② 《马克思恩格斯选集》第 1 卷，人民出版社 2012 年版，第 422 页。

其次，中国共产党提出人类命运共同体是立足于中国共产党的使命。中国共产党在一定意义上说是使命党。从其成立开始就肩负特殊的历史使命。党的十九大报告指出："中国共产党是为中国人民谋幸福的政党，也是为人类进步事业而奋斗的政党。中国共产党始终把为人类作出新的更大的贡献作为自己的使命。"① 中国共产党不仅是为中国人民谋幸福的政党，也是为人类进步事业而奋斗的政党。其重要体现就在于为人类的进步事业提出中国方案，贡献中国力量。众所周知，当今世界不管南北问题还是南南问题，一个都没有解决。人类社会的发展取得了巨大成就，但是，"人类也正处在一个挑战层出不穷、风险日益增多的时代。世界经济增长乏力，金融危机阴云不散，发展鸿沟日益突出，兵戎相见时有发生，冷战思维和强权政治阴魂不散，恐怖主义、难民危机、重大传染性疾病、气候变化等非传统安全威胁持续蔓延。"② 人类遇到的问题超出了一个国家的边界，作为世界性的问题，单凭任何一个国家都难以解决，这就需要全世界联合起来、协同起来，共同应对全球性危机。提出人类命运共同体以共建共享共赢的方式，携手同心，同舟共济，共渡难关，建设一个人民幸福的美好世界。

（二）以人类命运共同体为统领，推动人类共同价值的建设

新时代构建人类命运共同体，一方面要积极推进"一带一路"建

---

① 习近平：《决胜全面建成小康社会　夺取新时代中国特色社会主义伟大胜利——在中国共产党第十九次全国代表大会上的报告》，人民出版社 2017 年版，第 57—58 页。

② 《习近平谈治国理政》第二卷，外文出版社 2017 年版，第 538 页。

设，另一方面要积极推动人类共同价值建设。众所周知，"一带一路"建设是推动人类命运共同体的重要方式，这里不展开论述。我们重点阐释另外一个问题，即以人类命运共同体为统领，推动人类共同价值建设，从而为社会主义核心价值体系的国际话语权建设提供重要支撑。

全球化不仅让世界更加趋同，还让世界更加丰富多彩。全球化形成的多样性使多元价值观念更凸显其特色。"中国倡导人类命运共同体意识，反对冷战思维和零和博弈。中国坚持国家不分大小、强弱、贫富一律平等，尊重各国人民自主选择发展道路的权利，维护国际公平正义，反对把自己的意志强加于人，反对干涉别国内政，反对以强凌弱。"① 毋庸置疑，全球化使多元价值既面临机遇，又面临挑战。多元价值共生发展拓展了全球化的价值链条，丰厚了全球化的价值土壤。但是，面对当前多元价值引发的各种冲突，面对"普世价值"不"普世"的价值困境等，为人类寻求一种新的价值提供了一种诉求，也提供了某种可能。

中国作为世界和平发展的重要力量，在中国道路发展及其融入人类文明进程中必然要为人类文明作出自己的贡献，在价值方面也是如此，即为人类解决价值问题贡献中国的价值力量。国家不仅要成为行动的巨人，也要成为精神的强者，即要为世界的发展提供中国智慧。既寻求人类共同价值，也要重新审视当今世界多元价值共生及其中国立场。多元价值共生问题指称多元价值之间相互作用、相互借鉴、相互吸收，共同发展，形成一种既有竞争又有合作的价值关系。价值共

---

① 《习近平谈治国理政》第二卷，外文出版社 2017 年版，第 42 页。

生的主体在于人，在于不同价值主体之间的共生发展，是不同价值主体在实践交往中逐渐形成的共同体。人类共同价值只有根植于世界各民族文化土壤才能得到滋养，多元价值共生为培育人类共同价值提供土壤。全球化时代，任何一个民族的价值观念都或多或少地吸收了其他民族国家的价值观念。因而，那种追求纯之又纯的单一性的价值观念越发显得不可能。这就为多元价值共生提供了基础，也为实现多元价值共生提供了路径，这种基础和路径为人类寻求共同价值铺平了道路。今天谈人类共同价值，要重新审视多元价值共生的立场问题，其核心在于多元价值之间进行友好对话，实现多元价值之间相互补充、相互借鉴、互通有无，共同发展。因此，从多元价值共生中寻求人类共同价值，既为世界多元价值发展提供出路，勾勒出人类文明进程中最符合人类利益的价值形成方向，又为多元价值共生发展提供指引。面对当前复杂的多元价值共生局面，当代中国的价值观要努力"在多元中立主导，在多样中谋共识，在多变中定方向"，以中国价值推动世界多元价值更加有利于促进人类和平，为解决人类价值问题贡献中国智慧。

2015 年 9 月 28 日，习近平在出席第七十届联合国大会一般性辩论时的讲话中提出"共同价值"，"'大道之行也，天下为公。'和平、发展、公平、正义、民主、自由，是全人类的共同价值，也是联合国的崇高目标。目标远未完成，我们仍须努力。当今世界，各国相互依存、休戚与共。我们要继承和弘扬联合国宪章的宗旨和原则，构建以合作共赢为核心的新型国际关系，打造人类命运共同体。"[①] 共同价

---

① 《习近平谈治国理政》第二卷，外文出版社 2017 年版，第 522 页。

值的提出，为解决长期以来的各种价值争论提供了一种思路，也为全球化时代寻求共同的价值目标提供了基础。多元价值除具有其特殊性之外，还包含着共同性价值。多元价值之间的平衡点或许是寻求共同价值的支点。人们一旦打破这个平衡点，新的价值冲突也就难以避免。当前，面对世界各种复杂的价值冲突态势，如何避免价值冲突，或竭力化解价值冲突，应该努力寻求这个平衡点。今天谈共同价值，也正是为寻求这个平衡点提供思路。

寻求人类共同价值，意味着要打破西方价值垄断，消解文化霸权。习近平指出："坚持交流互鉴，建设一个开放包容的世界。'和羹之美，在于合异。'人类文明多样性是世界的基本特征，也是人类进步的源泉。世界上有 200 多个国家和地区、2500 多个民族、多种宗教。不同历史和国情，不同民族和习俗，孕育了不同文明，使世界更加丰富多彩。文明没有高下、优劣之分，只有特色、地域之别。文明差异不应该成为世界冲突的根源，而应该成为人类文明进步的动力。"① 人类在走进现代文明的进程中，各个国家都要参与全球性的价值建构，要寻求共同价值，就必须涉及不同民族国家之间的价值观念，汲取世界各民族的优秀文明的精华。当前，寻求共同价值：一方面要破解由文化霸权导致的价值垄断和价值霸权。进言之，要破解以西方为主导的文化霸权，其核心是价值霸权。破解以西方价值观为主导的图式，改变其笼罩世界的镜像，逐渐从西方的价值概念、价值评价、价值实践中游离出来，实现世界多元价值的共同发展，协同发

---

① 《习近平谈治国理政》第二卷，外文出版社 2017 年版，第 543—544 页。

展，打破西方价值垄断的怪圈，即打破西方在价值层面"它按照自己的面貌为自己创造出一个世界"① 的怪圈。长期以来，以西方为主导的价值观笼罩着世界许多地方，吞噬着许多民族国家的价值观念，并冠以"普世价值"的符号，形成一种价值霸权和垄断。打破这种价值格局对激活世界民族国家的价值发展具有重要意义。另一方面，尊重并充分发挥民族国家的价值，挖掘更加符合人类文明进程的价值资源，也就是挖掘地方性的价值观念，不断为培育人类共同价值提供土壤。

寻求共同价值，意味着要站在全人类命运共同体的高度去审视价值，意味着要站在人类长期以来追求的理想社会中去审视共同的价值，为此，共同价值应当为全球化提供新的价值导航。马克思主义为人类的理想社会勾勒出图景，这种图景在《共产党宣言》中有着丰富的描述，在未来的社会中"将是这样一个联合体，在那里，每个人的自由发展是一切人的自由发展的条件"②。寻求人类共同价值，就要以人类未来社会理想为最高目标，探索人类未来社会共同追求的价值。

因此，全球化的价值走向，不应该也不会以某些特殊性的价值为目标，而应该以人类的未来命运息息相关的价值为共同价值。追求共同价值应该成为全球化的价值诉求，成为人类价值领域的重要归宿。共同价值的探索和追求在一定程度上为审视全球化价值、进一步洞察人类的价值世界迈出艰难的一步，而且是非常及时的一步。新时代建

---

① 《马克思恩格斯选集》第 1 卷，人民出版社 1995 年版，第 276 页。
② 《马克思恩格斯选集》第 1 卷，人民出版社 1995 年版，第 294 页。

构人类共同价值，要积极倡导"和平、发展、公平、正义、民主、自由"的共同价值，让人类共同性的文明汇聚力量，共同为人类和平发展、文明进步提供价值引领。中国价值也必将会发挥更大的作用，展现中国价值的力量。

（三）人类命运共同体为统领，推动社会主义核心价值体系话语权建设

习近平提出构建人类命运共同体至少体现在以下两个方面：一是全世界要形成一种人类命运休戚与共的整体意识，全世界要团结合作，共同应对全球风险，实现共生共赢发展。习近平指出："让我们更加紧密地团结起来，携手构建合作共赢新伙伴，同心打造人类命运共同体。让铸剑为犁、永不再战的理念深植人心，让发展繁荣、公平正义的理念践行人间！"[1] 二是中国要为构建人类命运共同体肩负历史使命、履行责任，不断为解决人类问题贡献中国智慧、中国方案和中国力量。

构建人类命运共同体，意味着社会主义要肩负更大的历史使命。从马克思主义经典作家的阐释可以看出，未来的人类社会将是这样一个联合体，"每个人的自由发展是一切人的自由发展的条件。"[2] 这就决定了社会主义在推动人类命运共同体建设中具有重要作用。进言

---

[1] 《习近平谈治国理政》第二卷，外文出版社 2017 年版，第 526 页。
[2] 《马克思恩格斯文集》第 2 卷，人民出版社 2009 年版，第 53 页。

之，作为社会主义国家倡导人类命运共同体与资本主义国家倡导人类命运共同体有着不同的价值诉求，社会主义国家在倡导人类命运共同体时必须体现社会主义制度的价值特征。社会主义国家倡导的人类命运共同体与未来社会发展紧密联系在一起，与人类的进步事业紧密联系在一起。因此，社会主义国家倡导人类命运共同体意味着要与人类的进步事业紧密联系起来，意味着社会主义要肩负起新的时代使命，因此，毫无疑问，在人类命运共同体建设过程中社会主义要有国际话语权。

中国倡导构建人类命运共同体有着特殊的价值，意味着中国要作出更大的贡献。中国是社会主义国家，而且是当今世界发展最好的社会主义国家，不管是从经济实力、综合国力、国际贡献等方面来看，决定了中国必将要为社会主义的发展肩负更大的历史责任。习近平指出："让和平的薪火代代相传，让发展的动力源源不断，让文明的光芒熠熠生辉，是各国人民的期待，也是我们这一代政治家应有的担当。中国方案是：构建人类命运共同体，实现共赢共享。"①

长期以来，中国在自身发展的过程中不断为国际社会作贡献。"1950年至2016年，中国累计对外提供援款4000多亿元人民币，今后将继续在力所能及的范围内加大对外帮扶。国际金融危机爆发以来，中国经济增长对世界经济增长的贡献率年均在30%以上。未来5年，中国将进口8万亿美元的商品，吸收6000亿美元的外来投资，中国对外投资总额将达到7500亿美元，出境旅游将达到7亿人次。

① 《习近平谈治国理政》第二卷，外文出版社2017年版，第539页。

这将为世界各国发展带来更多机遇。"① 中国的和平发展推动世界的
和平发展，中国越发展，对世界的贡献率就越大，就越能为世界的和
平事业作出中国贡献。因此，新时代提出人类命运共同体，毫无疑
问，作为社会主义国家的中国必将发挥更加积极的推动作用，以实际
行动发挥表率作用。因此，需要逐渐构建中国的国际话语权。为什么
这样说？因为过去几十年中国对世界的贡献很大，但是并不为世界很
多国家了解和理解，甚至被一些国家误解，十多年来，国际上"中
国威胁论""黄祸论""崩溃论"等各种反对声音层出不穷，给中国
的国际地位带来很大的消极影响。中国在国际秩序中并没有掌握一定
的话语权，中国的国际贡献与国际话语权不成比例，为此，新时代，
构建人类命运共同体，中国要掌握更多的国际话语权。

中国倡导构建人类命运共同体有着特殊的价值，意味着构建社会
主义核心价值体系话语权。中国的国际话语权，核心是价值观话语
权，具体体现在社会主义核心价值体系的话语权。一是中国的话语权
必须要体现中国的价值意图和价值特征。从这个意义上说，中国的话
语权毫无疑问要体现中国的价值力量（事实上，没有哪个国家话语
不黏附一定的价值观）。二是当前最能体现中国价值的毫无疑问是社
会主义核心价值体系（含社会主义核心价值观）。从 2006 年至今，
中央高度重视社会主义核心价值体系建设，强调其在多元价值体系中
的核心地位和主导地位。当前，中国积极倡导构建人类命运共同体建
设，不能由此而遮蔽中国行为中所体现的中国价值，相反，要通过中

---

① 《习近平谈治国理政》第二卷，外文出版社 2017 年版，第 546 页。

国价值的力量为世界的和平发展提供一种新的价值思维，从而破解西方价值垄断。三是让世界了解中国价值，了解社会主义核心价值体系，进而了解中国的政治主张，和平的主张，为人类命运共同体奋斗的主张提供正能量。因此，在构建人类命运共同体框架下，要积极推动新时代社会主义核心价值体系的国际化表达，增强国际国内话语权。

进言之，中国在构建人类命运共同体的进程中，要推出社会主义核心价值体系，推动其掌握国际话语权；同时，在推动世界多元价值交流互动中，展现社会主义核心价值体系的理论魅力以及对解决人类问题的价值主张、价值追求，让世界人民理解和认同，并对中国为构建人类命运共同体的努力给予理解和支持，两者形成一种良性互动，形成共振，共同为解决人类问题提供中国方案。

总之，人类命运共同休是全世界人民的共同事业，也是全世界的共同责任。2017 年 12 月 1 日，习近平在中国共产党与世界政党高层对话会上的主旨讲话中指出："人类命运共同体，顾名思义，就是每个民族、每个国家的前途命运都紧紧联系在一起，应该风雨同舟，荣辱与共，努力把我们生于斯、长于斯的这个星球建成一个和睦的大家庭，把世界各国人民对美好生活的向往变成现实。"① 中国作为一个负责任的大国，积极引导人类命运共同体建设，不断传播中国价值，为赢得世界广大人民的价值认同而努力。

---

① 习近平：《携手建设更加美好的世界——在中国共产党与世界政党高层对话会上的主旨讲话》，人民出版社 2017 年版，第 4 页。

主要参考文献

（一）

《马克思恩格斯选集》第 1 卷，人民出版社 1995 年版。

《马克思恩格斯选集》第 2 卷，人民出版社 1995 年版。

《马克思恩格斯选集》第 3 卷，人民出版社 1995 年版。

《马克思恩格斯选集》第 4 卷，人民出版社 1995 年版。

《马克思恩格斯文集》第 1 卷，人民出版社 2009 年版。

《马克思恩格斯文集》第 2 卷，人民出版社 2009 年版。

《马克思恩格斯全集》第 1 卷，人民出版社 1995 年版。

《马克思恩格斯全集》第 3 卷，人民出版社 1960 年版。

《马克思恩格斯全集》第 6 卷，人民出版社 1961 年版。

《马克思恩格斯全集》第 26 卷，人民出版社 1974 年版。

《马克思恩格斯全集》第 42 卷，人民出版社 1979 年版。

《马克思恩格斯全集》第 46 卷，人民出版社 1979 年版。

《马克思恩格斯全集》第 47 卷，人民出版社 2004 年版。

《毛泽东选集》第一卷，人民出版社 1991 年版。

《毛泽东选集》第二卷，人民出版社 1991 年版。

《毛泽东选集》第三卷，人民出版社 1991 年版。

《毛泽东文集》第二卷，人民出版社 1993 年版。

《毛泽东文集》第七卷，人民出版社 1999 年版。

《邓小平文选》第一卷，人民出版社 1994 年版。

《邓小平文选》第二卷，人民出版社 1994 年版。

《邓小平文选》第三卷，人民出版社 1993 年版。

《习近平谈治国理政》第二卷，外文出版社 2017 年版。

胡锦涛：《高举中国特色社会主义伟大旗帜　为夺取全面建设小康社会新胜利而

奋斗——在中国共产党第十七次全国代表大会上的报告》，人民出版社 2007 年版。

胡锦涛：《坚定不移沿着中国特色社会主义道路前进　为全面建成小康社会而奋斗——在中国共产党第十八次全国代表大会上的报告》，人民出版社 2012 年版。

习近平：《决胜全面建成小康社会　夺取新时代中国特色社会主义伟大胜利——在中国共产党第十九次全国代表大会上的报告》，人民出版社 2017 年版。

（二）

［美］塞缪尔·亨廷顿：《文明的冲突与世界秩序的重建》，周琪等译，新华出版社 1998 年版。

［美］爱德华·W. 萨义德：《文化与帝国主义》，李锟译，生活·读书·新知三联出版社 2003 年版。

［美］乔纳森·H. 特纳：《社会学理论的结构》，吴曲辉等译，浙江人民出版社 1987 年版。

［美］威廉·A. 哈维兰：《文化人类学》，翟铁鹏等译，上海社会科学院出版社 2005 年版。

［美］罗尔斯：《正义论》，何怀宏等译，中国社会科学出版社 1988 年版。

［英］约翰·汤姆林森：《全球化与文化》，郭英剑译，南京大学出版社 2002 年版。

［英］马凌诺斯基：《文化论》，费孝通译，华夏出版社 2001 年版。

［英］莫里斯·布洛克：《马克思与人类学》，冯利等译，华夏出版社 1998 年版。

［英］诺曼·费尔克拉夫：《话语与社会变迁》，殷晓蓉译，华夏出版社 2003 年版。

［英］C. W. 沃特森：《多元文化主义》，叶兴艺译，吉林人民出版社 2005 年版。

［德］伽达默尔：《伽达默尔集》，邓安庆等译，上海远东出版社 2003 年版。

［德］黑格尔：《小逻辑》，贺麟译，商务印书馆 1980 年版。

［德］黑格尔：《历史哲学》，王造时译，商务印书馆 2007 年版。

［德］黑格尔：《法哲学原理》，范扬、张企泰译，商务印书馆 1980 年版。

［德］黑格尔：《哲学史讲演录》第 4 卷，贺麟等译，上海人民出版社 2013 年版。

［德］康德：《康德著作全集》第四卷，李秋玲译，中国人民大学出版社 2007 年版。

［德］康德：《康德著作全集》第六卷，李秋玲译，中国人民大学出版社 2007 年版。

［德］康德：《判断力批判》，邓晓芒译，人民出版社 2002 年版。

［德］康德：《历史理性批判文集》，何兆武译，商务印书馆 1997 年版。

［德］尤尔根·哈贝马斯：《公共领域》，汪晖、陈燕谷译，三联书店 2003 年版。

（三）

费孝通：《费孝通集》，中国社会科学出版社 2005 年版。

文军：《西方社会学理论：经典传统与当代转向》，上海人民出版社 2006 年版。

费孝通等：《中华民族多元一体格局》，中央民族学院出版社 1989 年版。

李德顺：《价值论》（第三版），中国人民大学出版社 2013 年版。

黄骏等：《通往民族和谐之路——当代中国民族地区和谐社会构建模式的创新》，人民出版社 2013 年版。

李德顺、马俊峰：《价值论原理》，陕西人民出版社 2002 年版。

韩震：《社会主义核心价值体系研究》，人民出版社 2007 年版。

侯惠勤：《马克思的意识形态批判与当代中国》，中国社会科学出版社 2010 年版。

梅荣政：《社会主义核心价值体系与社会思潮》，中国社会科学出版社 2010 年版。

马俊峰：《马克思主义价值理论研究》，北京师范大学出版社 2012 年版。

韩震：《社会主义核心价值观凝练研究》，北京师范大学出版社 2012 年版。

江畅：《社会主义核心价值理念研究》，北京师范大学出版社 2012 年版。

孙伟平：《价值哲学方法论》，中国社会科学出版社 2008 年版。

孙伟平：《价值论转向：现代哲学的困境与出路》，安徽师范大学出版社 2010 年版。

戴木才：《中国特色核心价值观的传统、现实与前景》，广西人民出版社 2011 年版。

姜义华：《中华文明的根底：民族复兴的核心价值》，上海人民出版社 2012 年版。

孙正聿：《马克思主义辩证法研究》，北京师范大学出版社 2012 年版。

杨耕：《马克思主义历史观研究》，北京师范大学出版社 2012 年版。

王天思：《微观认识论导论——一种描述论研究》，江西人民出版社 2003 年版。

王天思：《哲学描述论引论》，上海人民出版社 2009 年版。

王天思：《悖论问题的认识论研究》，上海人民出版社 2012 年版。

王天思：《现代科学和哲学中的描述问题》，上海大学出版社 2014 年版。

王天思：《历史的逻辑：主流信仰的理论培育》，上海大学出版社 2016 年版。

陈锡喜：《马克思主义——意识形态和话语体系》，华东师范大学出版社 2011 年版。

陈新汉：《自我评价论》，上海人民出版社 2011 年版。

陈新汉等著：《社会主义核心价值体系论研究》，北京师范大学出版社 2012 年版。

陈新汉：《核心价值体系论导论》，上海大学出版社 2016 年版。

陈新汉主编：《社会主义核心价值体系价值论研究》，上海人民出版社 2008 年版。

陈新汉、邱仁富：《坚持核心价值体系的人民主体性——关于克服社会主义核心价值体系"边缘化危机"的思考》，东方出版中心 2011 年版。

陈新汉、邱仁富等：《坚持社会主义核心价值体系研究中的问题意识》，上海大学出版社 2014 年版。

邱仁富：《思想政治教育话语论》，上海交通大学出版社 2013 年版。

邱仁富：《文化共生视域下少数民族地区和谐文化构建研究》，上海交通大学出版社 2014 年版。

邱仁富：《社会主义核心价值观培育研究》，上海大学出版社 2015 年版。

邱仁富：《社会主义核心价值观的传统文化根基研究》，上海大学出版社 2018 年版。

后　记

2007 年 6 月，笔者有幸获得第一个国家社科基金青年项目"文化共生与少数民族地区和谐文化的构建研究"（07CSH023），在课题研究文化共生、和谐共生等问题时就涉及多元文化互动、社会主义核心价值体系的问题，虽然当时对多元文化互动、社会主义核心价值体系只是进行了初步的探索，但是心里一直未停止思考。文化共生与文化互动有着极为密切的关系，在一定意义上说，文化共生本身就是文化互动的一种重要方式。而研究文化共生、和谐文化建设必然也离不开社会主义核心价值体系建设。因而，多元文化互动与社会主义核心价值体系的相关关系在那时候就萦绕在脑海之中。后来国家课题结项，鉴定等级为良好，其成果《文化共生视域下少数民族地区和谐文化构建研究》在上海交通大学出版社出版。但是，对多元文化互动与社会主义核心价值体系关系的琢磨并未停下脚步。

正是在国家课题研究基础上，2012 年笔者以"多元文化互动视域下的社会主义核心价值体系话语权研究"为题申报上海市社科规划项目，力图从多元文化互动角度来构建社会主义核心价值体系的话语权问题。幸运的是，课题得到立项。其实，这是一个非常难做的选题，好在国家社科基金项目研究中已有不少研究基础，使得笔者对多元文化互动有了一定的认识。从这个意义说，拙作是国家课题研究的延伸和拓展，也算是国家社会基金项目的阶段性研究成果之一。尽管如此，此课题还是先后思考了好几年。原因主要有两点：一方面，课题是个比较难的选题，话语权概念颇具争议性，是话语权还是话语力，以及如何理解话语力等问题，学术界还没有形成共识；另一方面，课题研究过程中先后承接了两个课题，即上海市社科规划"党的十八大精神研究"系列课题"培育社会主义核心价值观研究"（2012）和上海市社科规划"研究阐释党的十九大精神"系列课题"新时代社会主义核心价值体系研究"（2017），这两个课题都要专著，而且都是比较急的任务，于是，笔者就腾出精力来做这两个课题，经过艰辛努力，两个课题都圆满结项。虽然耽搁了本课题的研究进程，但也为进一步深入研究社会主义核心价值体系话语权问题提供了坚实的基础，该课题于 2018 年顺利结项，也算完成了一个阶段性的思考，10 多年来萦绕在脑子里的多元文化互动与社会主义核心价值体系的关系问题也暂时告一段落。

2018 年 12 月 18 日，习近平总书记在庆祝改革开放 40 周年大会上的重要讲话中指出："改革开放是我们党的一次伟大觉醒"，"我们实现由封闭半封闭到全方位开放的历史转变，积极参与经济全球化进程，为推动人类命运共同体作出了应有的贡献。"随着我国经济社会发展及其在国际社会的贡献力不断增强，如何讲好中国故事，让世界更好地了解中国、理解中国，了解一个和平的中国、理论的中国、哲学社会科学中的中国等，着力破解"有理说不出，说了传不开"的难题，这就不得不涉及话语体系建设，其核心是话语权。易言之，话语权是我国综合势力发展到一定阶段的必然要求，是讲好中国故事的内在要求。作为社会主义意识形态本质体现的社会主义核心价值体系，如何使之能够引领社会思潮、凝聚社会共识，构筑中国精神、中国价值、中国力量，真正起到为人民精神提供指引的作用，就必须要重视话语权建设，增强话语力。简言之，新时代构建社会主义核心价值体系建设，毫无疑问要重视话语权建设问题，让中国价值的力量更加得到彰显。拙作则围绕这一问题开展探索，抛砖引玉，力图有一孔之见。

拙作得以出版，首先要感谢人民出版社特别是池溢编辑的辛勤劳动，他为此倾注了大量的心血；感谢中国人民大学刘建军教授在百忙之中给予写序，刘教授和蔼可亲，睿智和善，对晚辈不吝赐教，每次向刘教授求教都有很大收获，得到启迪；感谢上海市社科规划办的关心和支持，给青年学者提供良好平台，营造良好学术环境。

从多元文化互动角度研究社会主义核心价值体系的话语权问题，目前还只是一个起步，特别是随着大数据、人工智能的快速发展，以及信息文明的崛起，必将深层次改变多元文化互动的格局，对进一步研究新时代社会主义核心价值体系话语权问题具有重大启迪。拙作只是对近年来自己思考的一个小总结，挂一漏万，不足之处在所难免，敬请专家学者批评指正。

邱仁富

2018 年 12 月 28 日于北京大木仓胡同